JESSICA SCHWARZER

W0094951

WIE WIRKLICH JEDER ENTSPANNT REICH WERDEN KANN

JESSICA SCHWARZER

WIE WIRKLICH JEDER ENTSPANNT REICH WERDEN KANN

15 AUSREDEN, DIE NICHT MEHR ZÄHLEN

FBV

Bibliografische Information der Deutschen Nationalbibliothek
Die Deutsche Nationalbibliothek verzeichnet diese Publikation in der Deutschen Nationalbibliografie. Detaillierte bibliografische Daten sind im Internet über http://dnb.d-nb.de abrufbar.

Für Fragen und Anregungen
info@finanzbuchverlag.de

Originalausgabe,
1. Auflage 2021

© 2021 by FinanzBuch Verlag, ein Imprint der Münchner Verlagsgruppe GmbH
Türkenstraße 89
80799 München
Tel.: 089 651285-0
Fax: 089 652096

Redaktion: Judith Engst
Korrektorat: Christine Rechberger
Umschlaggestaltung: Karina Braun, München
Umschlagabbildung: Shutterstock.com/photolinc, kristnu
Bearbeitung Grafiken: Tobias Prießner
Abbildungen Innenteil: Shutterstock.com/kristnu; Shutterstock.com/AVIcon
Satz: ZeroSoft, Timisoara
Druck: CPI books GmbH, Leck
Printed in Germany

ISBN Print 978-3-95972-458-6
ISBN E-Book (PDF) 978-3-96092-866-9
ISBN E-Book (EPUB, Mobi) 978-3-96092-9867-6

Weitere Informationen zum Verlag finden Sie unter

www.finanzbuchverlag.de

Beachten Sie auch unsere weiteren Verlage unter www.m-vg.de

Inhalt

Vorwort

Wirklich jeder kann entspannt reich werden? Zugegeben, das ist ein wenig übertrieben. Journalisten würden sagen: zugespitzt. Und ich bin Journalistin – Finanzjournalistin. Natürlich weiß ich, dass nicht jeder reich werden kann. Sicher können wir reich an Erfahrungen werden, aber mit Blick auf den Kontostand? Das ist nicht so einfach. Wer nur ein geringes Startkapital hat oder einen nur durchschnittlich bezahlten Job, wird nicht so einfach ein Millionenvermögen aufbauen können. Aber darum geht es im Grunde auch gar nicht. Unser Ziel sollte nicht Reichtum sein, sondern finanzielle Freiheit: ein bisschen mehr Spielraum, ein entspannter Blick auf das Girokonto, Vorfreude aufs Alter statt Angst vor der Altersarmut. Altersvorfreude! Hört sich das nicht toll an? Wir alle können unsere Finanzen optimieren. Mehr geht eigentlich immer, besser sowieso. Und das ist gar nicht so schwierig. Versprochen.

Leider stehen wir uns dabei oft selbst im Weg. Finanzen, Geldanlage, Altersvorsorge – für viele ist das Stress pur. Wir beschäftigen uns nur sehr ungern mit dem Thema. Wir haben jede Menge mal bessere und mal schlechtere Ausreden, warum wir es nicht tun. Kein Geld, keine Zeit, kein Wissen – das sind nur drei davon. Hinzu kommen all die Vorurteile, die immer noch fast schon wie ein Mantra von Generation zu Generation getragen werden. Kostprobe gefällig? Aktien sind gefährlich, die Börse ist ein Casino, auf dem Konto ist das Geld sicher. Alles falsch!

Die Deutschen sind aber nun mal ein Volk von Sparern und kein Volk von Aktionären. So lernen wir es, so leben es uns unsere

Eltern und Großeltern vor. Die Folge: Wir legen extrem vorsichtig an, scheuen jedes Risiko und verpassen so jede Menge Chancen. Das geht besser. In Zeiten von Niedrig-, Null- und sogar Minuszinsen muss es sogar besser gehen. Viele Ausreden und Vorurteile dürfen wir einfach nicht mehr gelten lassen.

Wir müssen uns um unsere Finanzen kümmern. Frauen übrigens noch ein bisschen dringender als Männer. Denn sie verdienen weniger, bauen weniger Vermögen auf und sorgen weniger für das Alter vor. Nicht umsonst heißt es, dass Altersarmut weiblich ist. So weit darf es nicht kommen. Die gesetzliche Rente der Männer fällt aber auch nicht gerade üppig aus. Wir alle müssen unsere Geldanlage optimieren. Wir müssen die Rendite unserer Geldanlage verbessern. Das heißt nicht, dass Sie jetzt alles in Aktien investieren sollen, auch wenn diese langfristig die beste Rendite bringen. Das wäre zu viel des Guten. Aber einen kleinen (Rendite-)Kick sollten Sie Ihrem Geld geben. Lassen Sie es nicht mehr nur herumliegen, lassen Sie es arbeiten!

Blockaden lösen, negative Glaubenssätze überdenken

Ich will Ihnen mit diesem Buch Denkanstöße geben, Ihnen helfen, Ihre Einstellung zum Thema Geld und vor allem Geldanlage zu überdenken. Neudeutsch sagt man wohl: Ich möchte Ihnen helfen, ein neues »Money Mindset« zu entwickeln. All die Blockaden, Glaubenssätze und Verhaltensmuster, die wir uns im Laufe unseres Lebens – auch durch familiäre Prägung – angeeignet haben, gilt es zu überdenken. Unser Money Mindset ist quasi die Brille, durch die wir Geld, Finanzen, reiche Menschen und unser Wirtschaftssystem betrachten. Passt diese Brille noch oder brauchen wir eine neue? Sollte sich unsere individuelle Einstellung und persönliche Beziehung zu Geld ändern? Etwas zugespitzt könnte man sagen: Unsere Gedanken bestimmen unseren Kontostand. Negative Glaubenssätze wie »Geld macht nicht glücklich« sollten ebenso der Vergangenheit angehören wie all die Ausreden, warum wir uns nicht um unsere Finanzen kümmern, warum wir kein Vermögen aufbauen können.

Lassen Sie sich bitte darauf ein. Hinterfragen Sie sich. Welche Ausreden benutzen Sie? Welche Vorurteile bemühen Sie immer wieder? Und warum? Muss das sein?

Nicht jeder muss zum leidenschaftlichen Aktionär werden, auch wenn ich überzeugt bin, dass es ganz ohne Aktien nicht geht. Nicht jede muss meiner Meinung folgen, dass Gold keine wirklich überzeugende Anlageklasse ist. Und vielleicht ist für Sie, anders als für mich, die Immobilie der wichtigste Baustein für den Vermögensaufbau überhaupt. Wichtig ist aber, dass Sie Vor- und Nachteile einzelner Anlageklasse kennen. Dass Sie wissen, wie Chance und Risiko einander bedingen, mit welchen Renditen Sie rechnen können und auf welche Anlagen Sie nicht verzichten sollten.

Was Geld, Zeit und Wissen angeht – alles halb so wild. Sie haben wahrscheinlich mehr Geld (übrig), als Sie denken. Die Zeit für Ihre Finanzen müssen Sie sich einfach nehmen, auch um wichtige Risiken auszuschließen. Und damit meine ich auch, aber nicht nur, die Altersarmut. Das Wissen kann ich Ihnen hoffentlich vermitteln. Es ist nämlich alles halb so kompliziert, wie Sie befürchten. Und auch der Zeitaufwand wird sich in Grenzen halten. Anfangs ist es etwas mehr, nach und nach – mit zunehmender Erfahrung – wird es immer weniger. Wie wäre es mit einem regelmäßigen Wellness-Tag für Ihr Geld? Anfangs vielleicht monatlich, später einmal im Quartal.

Es sei denn, es geht Ihnen wie mir: Ich bin begeisterte Börsianerin und kann gar nicht genug vom Auf und Ab an den Märkten bekommen. Ich lese so viel es geht über Finanzen, zugegeben lieber über die Börse als über Versicherungen oder Immobilien. Ich habe meine Leidenschaft sogar zum Beruf gemacht, als Journalistin und als Buchautorin. Vielleicht kann ich Sie ein wenig anstecken, zumindest aber überzeugen: keine Ausreden mehr, weg mit den Vorurteilen! Das sind die wichtigsten Schritte auf dem Weg zu finanzieller Freiheit. Auch wenn es vielleicht nicht zu großem Reichtum führt. Aber was reich zu sein eigentlich bedeutet, wie man es definiert, liegt ja auch im Auge des Betrachters. Geld mag nicht glücklich machen, aber es gibt uns finanzielle Freiheit. Und ein bisschen mehr davon wollen wir doch alle, oder? Um sie zu erreichen, müssen wir uns nicht verbiegen wie in einer besonders anspruchsvollen Yogaposition. Wir gehen das Projekt ganz entspannt an.

In diesem Sinne: Ich wünsche Ihnen viel Erfolg, aber auch viel Spaß beim Vermögensaufbau und auf Ihrem Weg zu mehr finanzieller Freiheit.

Jessica Schwarzer

Keine Zeit.
Kein Geld.
Keine Ahnung.

Ausrede 1
Über Geld spricht man nicht

Kaum vorstellbar: Ein verliebtes Paar spricht beim Candle-Light-Dinner angeregt über finanzielle Unabhängigkeit. Oder ein paar Fußballfans diskutieren zur besten Bundesliga-Zeit an der Theke der Sportsbar über ihre Anlagestrategie, während auf den Bildschirmen die Zusammenfassung des Spieltags läuft. Oder einige Freundinnen tauschen sich beim Sushi über ihre Investments aus. Auch über die jüngste Gehaltsverhandlung und vor allem ihren Ausgang schweigen sie nicht. Und auf der Bank am Spielplatz wird über den Fondssparplan für den Nachwuchs geredet. Nein, all das ist kaum vorstellbar. Schon gar nicht hierzulande. Über Geld spricht man nicht!

Wie es um unsere Finanzen steht, wie wir unser Geld anlegen oder eben nicht anlegen, das geht niemanden etwas an. Es scheint noch nicht mal uns selbst wirklich zu interessieren. Viele Deutsche haben ein fast schon gestörtes Verhältnis zum Geld. Zumindest wenn es darum geht, es zu investieren und es arbeiten zu lassen. Sie horten es lieber, und das am liebsten auf Sparkonten. Das mag ja früher mal eine ganz gute Idee gewesen sein – allerdings auch nicht die beste, aber dazu später mehr. Früher gab es wenigstens noch Zinsen, das Geld hat sich quasi von selbst vermehrt. In Zeiten von Null- und Niedrigzinsen und sogar Verwahrentgelten – dieses gruselige Wort haben sich kreative Marketingexperten in den Frankfurter Banktürmen ausgedacht, um das Wort »Strafzinsen« zu vermeiden – ist es aber nicht besonders clever, nur zu sparen. Das Geld vermehrt sich nicht; im Grunde wird es sogar weniger.

Nun sind wir Deutschen aber leider einmal ein Volk von fleißigen Sparern. Es ist kein Geheimnis, dass die meisten extrem konservativ, fast schon ängstlich investieren. Obwohl man von Investieren eigentlich nicht reden kann. Das Geld liegt einfach nur herum. Der Erhalt ihres Ersparten geht den fleißigen Sparern über alles. Kursschwankungen und mögliche Verluste sind ihnen ein Graus, Stress pur. Deshalb setzen sie vor allem auf Sparanlagen wie Sparbuch, Tages- oder Festgeld, von denen sie glauben, dass diese risikolos und absolut stressfrei sind. 10.000 Euro bleiben 10.000 Euro. Es sind nicht plötzlich nur noch 8000 Euro (aber eben auch keine 12.000 Euro). Dem sauer Verdienten kann nichts »passieren«. Doch dauerhaft sichere Anlagen, die gegen sämtliche Krisen und Katastrophen immun sind, gibt es nicht.

Jede Geldanlage hat ein Risiko

Für jede Anlage gibt es Katastrophen-Szenarien, die wir oft nur schwer vorhersagen können und vor allem wollen. Keine Geldanlage ist ohne Risiko, aber es ist eben auch keine ohne Chance. Es gilt das richtige, das passende Chance-Risiko-Verhältnis zu finden. »Richtig« bedeutet in diesem Fall, dass es auf uns, unsere Ziele, unseren Anlagetyp, unser Risikoprofil und unsere Lebenssituation abgestimmt ist. Es gilt, das Risiko zu kontrollieren und dadurch zu minimieren, die Chancen aber zu optimieren. Das ist gar nicht so schwierig. Und dabei soll Ihnen dieses Buch helfen. Damit das aber funktioniert, müssen wir offen über Geld reden. Je mehr, je öfter, je länger, desto besser. Denn der Austausch mit anderen – ob nun im privaten Umfeld oder mit einem Berater oder sogar via Social Media – hilft uns, uns das Thema zu erschließen, die Angst zu verlieren und vielleicht sogar ein bisschen Spaß daran zu haben.

Denn eins ist klar: Übertriebenes Sicherheitsdenken führt nicht ans Ziel, es hilft nicht beim Vermögensaufbau. Im Gegenteil. Vielen Deutschen ist das zwar mittlerweile bewusst, doch sie ändern nichts an ihrem Anlageverhalten. Aber warum ist das so? Absolute Sicherheit ist ein Wunschdenken, das musste die Generation unserer Groß- und Urgroßeltern schmerzhaft erfahren. Sie musste in den 1940er-Jahren erleben, dass im Extremfall Sparbuch, Anleihen, Immobilien und der eigene Staat nicht sicher sind.

Keine Entspannung für Sparer

Auch heute übersehen die Menschen Risiken. Denn selbst ein Sparbuch ist nicht 100-prozentig sicher. Zwar sind Bankenpleiten durch die gesetzliche Einlagensicherung abgedeckt und Sparanlagen zumindest bis zu einer Summe von 100.000 Euro abgesichert. Mit Blick darauf ist das Geld also sicher. Wer mehr Geld hat, verteilt es einfach auf mehrere Banken. Problem gelöst. Eine Gefahr aber oder doch zumindest ein großes Problem für Sparer ist die aktuelle Geldpolitik der Notenbanken. Mitunter drohen sogar die bereits erwähnten Strafzinsen. Immer mehr Institute verlangen »Verwahrentgelte«. Die Strafzinsen sind zwar gering, aber es gibt sie. Und wir sollten sie möglichst vermeiden.

Viel gewichtiger ist aber die Inflation. Viele Waren und Dienstleistungen werden über die Jahre immer teurer, unser Geld verliert an Kaufkraft. Die Europäische Zentralbank (EZB) hat ein Inflationsziel von »nahe 2 Prozent« für die Euro-Zone herausgegeben. Zwar hat

> Unser Geld verliert an Kaufkraft.

sie dieses in den Jahren nach der Finanzkrise nicht erreicht, in Deutschland aber waren wir gar nicht so weit davon entfernt. Inflationsraten von 1,4 oder 1,5 Prozent waren vor der Coronakrise nicht so selten. Das klingt natürlich erst mal nicht schlimm. Was sind schon 1,5 oder auch 2 Prozent? Aber mit der Zeit ist der Schaden ziemlich heftig. Mit der Zeit wird die Inflation ganz schön gefährlich für unser Erspartes, denn es verliert an Kaufkraft. 10.000 Euro sind in zehn, 20 oder 30 Jahren immer noch 10.000 Euro, aber sie sind weniger wert.

Um es mal in Zahlen auszudrücken: Wer heute 50.000 Euro auf ein deutsches Konto legt, besitzt mit der größtmöglichen Wahrscheinlichkeit auch in 30 Jahren noch mindestens 50.000 Euro – der Einlagensicherung sei Dank. Ein paar Euro Zinsen kommen vielleicht noch dazu. Vielleicht auch ein paar mehr, wenn wir besonders optimistisch sind und an eine Zinswende glauben, was ich übrigens bis auf Weiteres nicht tue. Aber zurück zu unseren 50.000 Euro. Dafür können wir uns in 30 Jahren nämlich voraussichtlich viel weniger kaufen. Dramatisch weniger sogar: Bei 2 Prozent Inflation ist es fast die Hälfte weniger. Das klingt immer noch wahnsinnig mathematisch, ich weiß. Aber wir erinnern uns doch alle, was eine Kugel Eis in unserer Kindheit gekostet hat. Und wir wissen, was sie heute kostet. Das ist Inflation. Wir erinnern uns, was unser erster Neuwagen oder der erste Gebrauchte gekostet haben und wir wissen, wie teuer ein Auto heute ist. Das ist Kaufkraftverlust.

Auch in Zeiten von Null- und Minuszinsen sparen die Deutschen weiter wie verrückt. Seit Jahren legen sie etwas mehr als jeden zehnten Euro zur Seite. Das ist ziemlich sportlich. In der Coronakrise 2020 schoss die Sparquote dann sogar von knapp 11 Prozent auf stolze 16 Prozent nach oben, wie das Statistische Bundesamt errechnet hat. Viele Haushalte haben wohl aus Sorge vor Einkommenseinbußen ihren Konsum eingeschränkt. Denn wer wusste schon, wie schlimm die Krise noch werden würde, wessen Jobs ernsthaft gefährdet sein oder sogar abgebaut werden würden? Und dann waren natürlich auch noch die Geschäfte geschlossen. Nicht jeder kauft eben gerne im Internet ein. Die Lockdown-Maßnahmen haben schlicht und einfach den Verbrauch behindert. Wer braucht im Lockdown schon neue Schuhe oder einen neuen Blazer? Von großen Anschaffungen wie einem neuen Auto mal abgesehen. Und auch den ein oder anderen Urlaub haben sich die Deutschen gespart.

Die steigenden Kontostände haben die Bundesbürger noch ein bisschen reicher gemacht: Das private Geldvermögen ist 2020 in Deutschland nach Berechnungen der DZ Bank um 393 Milliarden Euro oder 5,9 Prozent auf 7,1 Billionen Euro gewachsen. Soweit die gute Nachricht. Die schlechte: Im Vergleich zu 2019 hat sich das Wachstumstempo leicht abgeschwächt. Und das liegt an genau diesem fleißigen Sparen: Zinsanlagen werfen eben nur noch minimale oder gar keine Erträge mehr ab, Aktien bringen die deutlich höheren Renditen. 62 Prozent der Bundesbürger legen regelmäßig Geld zur Seite. Der am häufigsten genannte Grund ist hierbei das Sicherheitssparen für Notfälle. Das ist auch gut so; ohne Notgroschen geht es nicht. Aber 30 Prozent geben an, sich langfristig ein Vermögen aufbauen zu wollen. Vermögen rein über die Einzahlungen auf ein Bankkonto aufzubauen, ist aber leider ein ziemlich mühsamer Weg.

Schlechtes Sparen wird vererbt

Aber so ticken die Deutschen eben. Wir lernen es aber leider auch nicht anders. Schlechte Angewohnheiten bei der Geldanlage werden auf die nächste Generation übertragen. Die Kinder legen Geld anscheinend so an, wie sie es bei ihren Eltern beobachtet haben, nämlich in niedrig verzinste Anlageprodukte wie Sparbücher oder

Prämiensparverträge. Das hat eine Untersuchung der Fondsgesellschaft Deka ergeben. Die Deka wollte wissen, ob die Deutschen für ihren Nachwuchs überhaupt ein finanzielles Polster ansparen und wie die einzelnen Generationen das Geld für ihre Kinder genau anlegen. Die gute Nachricht: Immerhin ein Drittel der Deutschen sorgt für die Kinder vor, rund 50 Euro werden im Durchschnitt zurückgelegt. Die schlechte Nachricht: Sie könnten es nicht falscher anstellen. Mehr als jeder Zweite packt seine Euro in Niedrig- oder Nullzins-Produkte – neben Prämiensparverträgen, Sparbüchern und Sparbriefen fließt Geld in eine Lebensversicherung oder bleibt einfach auf dem Girokonto. Das Verwunderliche: So läuft es seit Jahrzehnten. Sämtliche Generationen haben das Geld für die Kinder ähnlich angelegt. Oft sparen Menschen noch so, wie sie es in ihrer Kindheit gelernt haben. Nur hat sich die Welt deutlich verändert, Zinsen gibt es nicht mehr. Trotzdem wird die Angewohnheit zum schlechten Sparen in Deutschland vererbt.

> Die Angewohnheit zum schlechten Sparen wird vererbt.

Wir sparen wie verrückt, aber wir investieren nicht. Die meisten zumindest nicht. Sie wählen renditelose Sparanlagen oder Versicherungen, meiden aber risikostarke Investments wie Aktien. Das zeigen eindrucksvoll die Zahlen zum privaten Geldvermögen der privaten Haushalte nach Daten der Bundesbank. Kaum zu glauben, aber gut 40 Prozent oder fast 3 Billionen Euro des stattlichen Vermögens der Privathaushalte entfallen auf Bargeld und Einlagen, also Girokonten, Tages- und Festgeld, sogar auf das gute, alte Sparbuch. Fast 30 Prozent bunkern die Deutschen in Versicherungen.

Auch darüber müssen wir sprechen. Sicherheit über alles, dieses Motto funktioniert in Zeiten von Null- und Niedrigzinsen einfach nicht mehr. Diese Einsicht scheint sich auch immer weiter zu verbreiten. Zum Glück. Viele haben erkannt, dass sie ihre

Geldanlage überdenken müssen und dass einfaches Sparen sie beim Vermögensaufbau nicht weiterbringt. Wunsch und Wirklichkeit liegen nur leider oft weit auseinander. Wie würden Sie 100.000 Euro investieren, wurden deutsche Sparer für den Statista Global Consumer Survey 2020 gefragt. Mehrfachnennungen waren möglich. Jeder Zweite würde das Geld in Aktien und Fonds anlegen. Ebenso viele allerdings auch in Sparbuch, Spareinlagen und Sparverträgen. Und das in Zeiten von Null- und Negativzinsen. 45 Prozent wählten Grundeigentum. Das erscheint sinnvoll, die eigene Immobilie ist für viele Menschen ein Traum. Fast jeder Dritte würde Anleihen und festverzinsliche Wertpapiere wählen, was angesichts homöopathisch niedriger Zinsen schon weniger Sinn ergibt, aber nicht überrascht. Die Deutschen gehen eben gerne auf Nummer sicher. Es folgen mehr oder weniger überraschend die Rohstoffe mit 30 Prozent. Hier dürften die Befragten vor allem an Gold gedacht haben. Immerhin 27 Prozent sorgen sich anscheinend um ihren wohlverdienten Ruhestand und geben private Alters- und Lebensversicherungen an. Immerhin 16 Prozent wären für ein Investment in Kryptowährungen offen. Soweit das Ergebnis der Umfrage, soweit der Wunsch. Die Wirklichkeit: Bei den beliebtesten Geldanlagen der Deutschen ist das Sparbuch mit 56,0 Prozent auf dem ersten Platz. Es folgen Immobilien mit 22,9 Prozent und vermögenswirksame Leistungen (VL) mit 20,9 Prozent. Beim VL-Sparen habe ich zumindest die Hoffnung, dass einige hier in Aktienfonds und ETFs investieren. Das ist nämlich durchaus möglich. Es müssen nicht immer der Banksparplan oder der Bausparvertrag sein. Tagesgeld und Festgeld sind ebenfalls sehr beliebt, gefolgt von Riester-Produkten. Nur 11,3 Prozent investieren in Investmentfonds, knapp 10 Prozent in Aktien. Dass es überhaupt noch Sparbriefe gibt, wundert mich immer wieder. Aber sie werden anscheinend nachgefragt, und zwar von 7,8 Prozent der Befragten.

Es steckt einfach viel zu wenig Geld in Aktien – den Zahlen der Bundesbank zufolge nur etwas mehr als 700 Milliarden – und Investmentfonds (gut 820 Milliarden). Deutschland ist und bleibt ein Land der Aktienmuffel. Das zeigen auch die Zahlen des Deutschen Aktieninstituts Jahr für Jahr. Nur 17,5 Prozent der Bevölkerung ab 14 Jahren besitzen Aktien oder Aktienfonds. Oder in konkreten Zahlen: Knapp 12,4 Millionen Deutsche sind am Aktienmarkt engagiert – das ist etwa jeder sechste Bundesbürger. Zum Vergleich: In den USA haben mehr als 50 Prozent der Menschen Aktien oder Aktienfonds. Immerhin sind im Corona-Jahr 2020 aber 2,7 Millionen neue deutsche Aktionäre dazugekommen. Vor allem Jüngere haben die Börse für sich entdeckt, auch das zeigen die Zahlen. Insgesamt ist der Zuwachs wirklich bemerkenswert. Haben wir den Lockdown vielleicht genutzt, um über unsere Finanzen nachzudenken und dann auch zu handeln? Sehr gut. Wirklich begeistert bin ich von diesen Zahlen aber immer noch nicht. Es ist immer noch nur jeder Sechste. Ein Depot – am liebsten prall gefüllt mit Aktien und Fonds – gehört zu einem guten Finanzmix aber dazu. Leider meiden nach wie vor zu viele Deutsche die Börse.

> Wir müssen dringend über das Thema Börse reden, damit mehr Menschen die Scheu vor der wirklich sinnvollen Anlageklasse »Aktien« verlieren.

Fakt ist: Vernünftiger, cleverer und vor allem renditestarker Vermögensaufbau sieht anders aus. Wir müssen dringend über das Thema Börse reden, damit mehr Menschen die Scheu vor der wirklich sinnvollen Anlageklasse »Aktien« verlieren. Die meisten Bundesbürger verzichten auf wertvolle Rendite und scheinen die aktuelle Zinssituation stoisch zu ertragen. Oder wie sonst ist es zu erklären, dass die Deutschen lieber Lotto spielen – bei mehr oder weniger garantiertem Totalverlust –, als sich an Unternehmen zu beteiligen? Diesen

Eindruck bekommt man nämlich, wenn man sich die Ergebnisse einer Umfrage des Instituts für Demoskopie in Allensbach anschaut: Rund 7,3 Millionen Bundesbürger spielen regelmäßig Lotto oder Toto, mehr als 21 Millionen spielen immerhin gelegentlich. Es wäre cleverer, das Geld an der Börse zu investieren. Das Risiko eines Totalverlusts ist dort nämlich relativ gering, wenn wir einige grundlegende Regeln befolgen – dazu kommen wir später noch. Anders sieht es beim Lotto aus. Da ist der Totalverlust quasi garantiert. Und die Chance für sechs Richtige liegt bei rund 1:15 Millionen. Wer mit weniger als einem Sechser zufrieden ist, hat natürlich größere Chancen glücklich zu werden: Die Wahrscheinlichkeit, überhaupt etwas im Lotto zu gewinnen, liegt bei 1:54. Noch Fragen? Lieber Aktien statt Lotto und Toto. Leider sehen das viele Menschen nicht so.

Überraschenderweise sind viele Menschen mit ihrer eigenen Situation zufrieden. Sie sehen keine Notwendigkeit, aktiv zu werden, sich um ihr Geld zu kümmern und es besser anzulegen. Das Ergebnis? Ein gut verdienender Enddreißiger hortet das Geld auf dem Konto. Fehlt es ihm an Ideen? Oder hat er noch ein paar andere Ausreden? Eine zweifache Mutter in den Vierzigern bügelt das Thema gleich ganz ab. Um das gemeinsame Vermögen kümmert sich schließlich ihr Mann.

Finanzen sind keine Männersache

Ob verheiratet oder ledig, Frauen haben finanziell leider oft das Nachsehen. Sie verdienen noch immer weniger, neudeutsch »Gender Pay Gap« genannt. Und dieser Unterschied ist wirklich gewaltet: Im Jahr 2020 waren es durchschnittlich 18 Prozent. Das liegt zum Teil auch daran, dass Frauen häufiger in schlechter bezahlten Branchen und Berufen arbeiten und seltener Führungspositionen

Apropos: Frauen und Finanzen

Ein Thema, das mir wirklich sehr am Herzen liegt. Finanzen dürfen nicht länger reine Männersache sein. Davor kann ich wirklich nur warnen. Hält eine Ehe »für immer und ewig« und hat der Göttergatte ein gutes Händchen für Geld, dann ist natürlich alles fein. Aber das Risiko für uns Frauen ist groß, größer als viele glauben. Mehr als jede dritte Ehe wird geschieden, neben dem emotionalen Schaden kommt es oft leider auch zum finanziellen Drama. In den meisten Fällen stehen Frauen, die das klassische Familienbild gelebt und sich nicht entsprechend abgesichert haben, vor einer finanziellen Katastrophe. So weit muss es nicht kommen. Auch und vor allem in der Partnerschaft muss deshalb über Geld gesprochen werden: über die gemeinsame Anlagestrategie, über eine Altersvorsorge für beide und am besten auch über Regelungen für eine Trennung. Über das, was man geregelt hat, muss man später dann auch nicht streiten.

erreichen. Aber auch wenn Frauen und Männer mit gleichwertiger Qualifikation und Tätigkeit verglichen werden, gibt es einen Lohnunterschied. Dieser bereinigte »Gender Pay Gap« wird alle vier Jahre erhoben und lag 2018 bei 6 Prozent. Die Folge: Männer häufen die größeren Vermögen an, weil sie mehr verdienen und oft schneller Karriere machen. Dadurch haben Frauen statistisch einen deutlich geringeren finanziellen Spielraum als die meisten Männer. Wenig verwunderlich, dass auch die Rentenkonten der Männer in der Regel besser gefüllt sind. Frauen haben wirklich Nachholbedarf. Sie sind sehr viel stärker von Armut bedroht als

Männer. Altersarmut ist weiblich! Und das nicht nur, weil Frauen weniger verdienen und weniger vorsorgen können. Frauen brauchen auch länger Geld fürs Alter als Männer. Frauen von heute werden im Durchschnitt 83,6 Jahre alt und damit fast fünf Jahre älter als Männer. Gehen sie mit 67 in Rente, verbringen sie fast 20 Jahre im Ruhestand, manche auch länger. Das ist eine lange Zeit, für die es vorzusorgen gilt. Das Risiko Altersarmut gilt es unbedingt auszuschalten – allein oder gemeinsam mit dem Partner. Sprechen Sie darüber!

Und wenn wir schon dabei sind: Warum nicht gleich auch mal mit dem Chef über Geld sprechen? Das könnten natürlich Frauen wie Männer tun. Als Frau sollten Sie es aber unbedingt tun. Denn Sie verdienen unter genau gleichen Bedingungen immer noch etwa 6 Prozent weniger als Männer. Hinzu kommt, dass viele Frauen ihre Berufstätigkeit im Laufe der Zeit unterbrechen und danach nur noch in Teilzeit arbeiten. Sie bekommen Kinder, möchten für ihre Familie da sein, pflegen eventuell auch Angehörige. Durch diese Pausen und die Teilzeit, die leider in der Regel auch weniger Verantwortung im Job bedeutet, vergrößert sich das Gehaltsgefälle zwischen Männern und Frauen weiter.

Übrigens hat Deutschland den drittgrößten »Gender Pay Gap« in der Europäischen Union. Auch bei Boni und Sonderzahlungen kassieren die Männer mehr ab. Zahlen des Statistischen Bundesamts zeigen, dass der »Gender Pay Gap« hier sogar bei 48 Prozent liegt, und damit mehr als doppelt so hoch wie bei den fixen Gehaltsbestandteilen. Auch wenn etwa drei Viertel des »Gender Pay Gaps« auf Unterschiede in Branche, Beruf und Beschäftigungsumfang zurückgehen, lässt sich sicher an der einen oder anderen Stelle nachverhandeln. Aber man muss eben über Geld sprechen. Wenn wir es nicht tun, wird sich an den Ungerechtigkeiten nichts ändern.

Nicht nur mit dem Chef und in der Partnerschaft sollten wir dringend öfter über Geld sprechen, sondern auch mit unseren

Eltern und Großeltern. Es ist ein unangenehmes Thema, weil wir natürlich nicht über den Tod geliebter Menschen nachdenken möchten, aber auch Nachlassplanung ist wichtig. Vor allem bei größeren Vermögen, die irgendwann unweigerlich auf die nächste Generation übergehen, ist das extrem wichtig. Denn der Fiskus erbt mit und das kann die Erben schnell in eine finanzielle Notlage bringen. Ist nicht genügend Bargeld da, müssen eventuell Immobilien oder Firmenbeteiligungen verkauft werden.

Deutschland hat den drittgrößten »Gender Pay Gap« in der EU.

Ängste und Vorurteile abbauen

In diesem Buch soll es aber vor allem darum gehen, überhaupt erst mal Vermögen aufzubauen, das Ersparte nicht mehr nur herumliegen, sondern arbeiten zu lassen. Es geht um Geldanlage. Aber wer spricht schon gerne über etwas, wovon er oder sie keine Ahnung hat? Schließlich könnte das ziemlich peinlich enden. Ob die mangelnde finanzielle Bildung ein Grund ist, dass die Deutschen nicht über Geld sprechen wollen? In Umfragen geben sie auf jeden Fall immer wieder an, dass ihnen das Verständnis für die angeblich so komplexen Zusammenhänge an den Kapitalmärkten fehlt. Sie kennen sich einfach nicht genug aus mit Aktien und Anleihen, aber auch nicht mit Versicherungsverträgen oder Altersvorsorge-Policen. Aber gerade dann sollten wir darüber sprechen. Wir tauschen uns doch auch aus, wenn wir gesundheitliche Probleme haben oder einen guten Handwerker oder einen versierten Computer-Spezialisten brauchen.

Wann haben wir schon mal Kollegen oder Freunde gefragt, wo es gute Beratung rund um das Thema Geldanlage gibt? Wann haben wir uns einen guten Finanzberater, Versicherungsmakler oder

Baufinanzierungs-Experten empfehlen lassen oder über gute Erfahrungen berichtet? Dass viele Deutsche sich nicht an Kapitalmarktinvestments herantrauen, ist bereits häufig untersucht worden, und die Gründe hierfür liegen scheinbar wirklich oft im mangelnden Finanzwissen. Berater bei Banken, Sparkassen und unabhängigen Finanzvertrieben können helfen, Ängste und Vorurteile rund um die Kapitalmärkte und Anlagemöglichkeiten abzubauen. Viele haben jedoch eine Art Schwellenangst, Angst übervorteilt zu werden oder »dumme« Fragen zu stellen. Es gibt keine dummen Fragen, wenn es um unsere Finanzen geht. Es gibt nur dumme Antworten. Das klingt banal, zugegeben. Aber es ist wichtig nachvollziehen zu können, was mit unserem Geld passiert, dass wir die Produkte verstehen, die Strategie, in die wir investieren. Wenn das nicht so ist, dann hat es der Berater zu kompliziert (oder sogar schlecht) erklärt. Wenn weiteres Nachfragen keine Klarheit bringt, heißt es: Finger weg!

Niemals ein Anlageprodukt kaufen, das wir nicht verstehen!

Es ist eine der obersten Regeln der Geldanlage, niemals ein Produkt zu kaufen, das wir nicht verstehen. Das heißt aber nicht, dass wir halbe Studiengänge absolvieren müssen, bevor wir eine Versicherung abschließen oder einen Aktienfonds kaufen. Aber wir sollten wissen, wann die Versicherung einspringt und wann nicht, wie der Fonds investiert, welche Chancen und Risiken er hat und vor allem was so ein Fonds überhaupt »ist«. Es gibt tolle neue Formate – auch und gerade virtuell – die uns dabei helfen. Vor allem in den Corona-Lockdowns hat diese Entwicklung Fahrt aufgenommen. Es haben sich ganz neue Beratungs- und Informationsmöglichkeiten ergeben.

Apropos: Beratung

Unsere guten und noch wichtiger unsere schlechten Erfahrungen mit diesen neuen Angeboten, aber auch mit der Beratung in einer Filiale, sollten wir unbedingt mit anderen teilen. Wir können doch alle nur dazulernen. Finanzen sind ein ähnlich wichtiges Thema wie unsere Gesundheit, die Erziehung des Nachwuchses oder unsere Karriere. Trotzdem reagieren wir verhalten bis ablehnend, wenn es um Geldanlage geht. Es stimmt natürlich, dass es um die ökonomische und vor allem die finanzielle Bildung der Deutschen nicht besonders gut bestellt ist. Das Thema hält eher langsam Einzug in die Unterrichtspläne. Noch gilt aber: Die wenigsten von uns haben in der Schule gelernt, was eine Aktie oder eine Anleihe ist und worin sie sich unterscheiden. Selbst wer Volks- oder Betriebswirtschaftslehre studiert hat, sagt selten von sich, dass er die Finanzmärkte versteht, und noch seltener, dass er sich mit Geldanlage auskennt. Wenn wir es also in der Schule nicht gelernt haben und das VWL- oder BWL-Studium auch nur begrenzt Licht ins Dunkel gebracht hat, müssen wir selbst aktiv werden. Eigeninitiative ist gefragt. Und dazu zählt auch der Austausch.

Ich wage es übrigens zu bezweifeln, dass wir über Medizin mehr wissen als über Finanzen. Wieso sprechen wir also ständig über die beste Diät, geben einander Tipps, welcher Arzt der beste ist, tauschen uns über das perfekte Rücken-Workout aus, aber wir sprechen nicht über Geld? Wir haben auf jeden Fall jede Menge Ausreden – und damit räume ich in diesem Buch auf.

Ausrede 2
Ich habe keine Zeit, mich um meine Finanzen zu kümmern

Mal Hand aufs Herz: Wie viel Zeit haben Sie in Ihren letzten Autokauf investiert? Das richtige Modell ist wahrscheinlich noch recht schnell gefunden. Die Entscheidung für die Farbe fällt ähnlich fix wie die für oder gegen das Schiebedach. Über den Antrieb denken wir vielleicht schon länger nach. Wieder ein Benziner oder sind wir schon bereit für den Schritt zu Hybrid oder Elektro? Stunden verwenden wir wahrscheinlich auf die Auswahl der Extras. Selbstverständlich treibt es uns mehrmals ins Autohaus, wir machen natürlich auch Probefahrten. Bis der Kauf- oder Leasingvertrag steht, vergehen viele Stunden. Auch aus dem Möbelkauf machen wir mitunter ein Projekt. Wir rennen von Möbelhaus zu Möbelhaus, kämpfen mit Software, die uns zu kleinen Innenarchitekten macht, schieben Sofas, Sessel oder Tische durch den virtuellen Raum. Aus dem nächsten Urlaub wird natürlich ebenfalls ein größeres Projekt. Da werden Kataloge gewälzt, die Webseiten von Reiseanbietern, Hotels und Touristikregionen sowie Bewertungsplattformen stundenlang durchforstet, schließlich geht es um die schönste Zeit des Jahres.

Wenn es aber um unsere Finanzen geht, dann haben wir oft so gar keine Zeit. Oder nur ganz wenig. Wir huschen beim Bank- oder

Finanzberater vorbei, beantworten ein paar lästige Fragen, nicken irgendwas ab, unterschreiben – fertig! Gerade wenn es um die Altersvorsorge geht, muss es anscheinend immer ganz schnell gehen. Die Gegenwart ist ja auch viel spannender als die Zukunft. Vor allem, wenn die Zukunft noch so fern ist. Wer will sich schon mit dem Alter, der Rente und damit irgendwie auch dem Lebensabend, der eigenen Gebrechlichkeit auseinandersetzen? Eben!

Auch Versicherungen sind ein eher leidiges Thema. Die ewig langen Vertragstexte, dieses Fachchinesisch. Und teuer sind die Policen dann auch noch. Überhaupt: Will uns da nicht schon wieder jemand etwas andrehen? Was brauchen wir überhaupt? Darum können wir uns »gerade jetzt« wirklich nicht kümmern.

Dass sich auf Sparkonten über die Monate und Jahre die Tausender ansammeln, freut uns natürlich. Dass es keine Zinsen mehr dafür gibt, ist weniger erfreulich. Und irgendwie ist auch jedem klar, dass es besser geht, dass das Geld zumindest teilweise angelegt werden müsste. Nur wie? Man müsste sich informieren, man müsste sich kümmern. Keine Zeit! Sie merken es schon, irgendwie kommt immer das Leben dazwischen. Wir haben wirklich keine Zeit. Das ist wohl eine der Lieblingsausreden, wenn es darum geht, sich nicht um die eigenen Finanzen zu kümmern. Na, erwischt?

Aber warum ist alles andere wichtiger? Warum nehmen wir uns für Autos, Möbel und Urlaub so selbstverständlich Zeit, nicht aber für ein so wichtiges Thema wie unsere Finanzen? An mangelnder Einsicht kann es kaum liegen. Denn im Grunde bestreitet niemand, dass zumindest die Altersvorsorge ein sehr wichtiges Thema ist; dass es ohne private Altersvorsorge nicht geht. Und dass wir Alltagsrisiken absichern müssen, sehen auch die meisten ein. Aber von dieser Einsicht zum Handeln zu kommen, scheint mitunter ziemlich große Überwindung zu kosten.

Das Gehirn giert nach schnellen Belohnungen

Psychologen können das ganz einfach erklären. Unser Gehirn ist süchtig nach Belohnungen, und zwar nach schnellen Belohnungen. Der neue Stadtflitzer und der nächste Urlaub auf unserer Lieblingsinsel bedienen diese Sucht relativ zeitnah, die bloße Aussicht auf einen hoffentlich angenehmen Lebensabend in einigen Jahren oder gar Jahrzehnten aber eben nicht. Das Gehirn will schnelle Belohnungen. Die Dopamin-Rezeptoren in den Belohnungszentren des Gehirns wollen nicht warten, sie wollen glühen.

Das ist ein spannendes Phänomen, an das wir uns von Zeit zu Zeit – auch bei der Geldanlage übrigens – erinnern sollten. Wissenschaftler haben dieses Phänomen mit einem häufig wiederholten Experiment bewiesen. Wenn sie ihre Testpersonen vor die Wahl stellen, sie könnten entweder sofort 30 Euro bekommen oder 50 Euro in vier Wochen, entscheidet sich die Mehrheit für die geringere Summe. Und hier geht es nur um Wochen, nicht um Jahre. Die Testpersonen verzichten damit auf 20 Euro, dafür erhalten sie das Geld aber eben sofort. Samuel McClure und Jonathan Cohen, zwei Neurowissenschaftler der Universität Princeton, konnten mithilfe der Magnetresonanztomographie (MRT) nachweisen, dass durch die direkte Belohnung die emotionalen Zentren des limbischen Systems stärker angeregt werden als durch Belohnungen, die in ferner Zukunft liegen. Und deshalb sind der nächste Urlaub oder das neue Auto eben verlockender als der sorglose Ruhestand in 20 oder 30 Jahren.

Evolutionsbiologisch lässt sich das übrigens gut erklären. Für unsere Jäger-und-Sammler-Vorfahren ging es ständig um das bloße Überleben. Sie lebten von Tag zu Tag, die kurzfristige Nahrungsbeschaffung war wichtiger als die langfristige Vorratshaltung. Das ist irgendwie in unserer DNA gespeichert. Lieber Lotto oder wildes Zocken mit Bitcoin als langfristiger und eher langweiliger Vermögensaufbau via Fondssparplan. Dabei ist ein solcher

Sparplan eine ziemlich gute Idee (aber dazu später mehr), während der Lottogewinn ja eher ausgeschlossen ist und Kryptowährungen eine sehr heiße, äußerst riskante Spekulation sind.

> Wir müssen uns die Zeit für unsere Finanzen nehmen.

Auch wenn es uns schwerfällt: Wir müssen uns die Zeit für unsere Finanzen nehmen. Das Thema ist einfach zu wichtig, um es immer wieder vor uns herzuschieben oder gar zu ignorieren. Es geht darum, uns finanziell abzusichern und vor allem eine möglichst große finanzielle Freiheit zu erreichen. Es ist übrigens ein tolles, fast schon berauschendes Gefühl, wenn man diesem Ziel Schritt für Schritt näherkommt. Und natürlich geht es um das leidige Thema Altersvorsorge. Ich mag diesen Begriff nicht, er ist »unsexy«. Ich spreche lieber von langfristigem Vermögensaufbau oder auch von »Altersvorfreude«. Das klingt doch gleich viel besser, oder?

Das große Umdenken in der Krise

Leider interessieren sich die wenigsten Deutschen für Finanzthemen, das zeigen Studien immer wieder. Die Folge: Rund zwei Drittel der Deutschen beschäftigen sich eher ungern mit ihren Finanzen und der Geldanlage. Das hat eine Studie von YouGov im Auftrag der Fondsgesellschaft Fidelity International vor einiger Zeit ergeben. Gut die Hälfte der Befragten befasst sich auch lediglich eine Stunde pro Monat oder weniger mit Geldanlage oder Versicherungen. Aber: Jeder Vierte beschäftigt sich überhaupt nicht mit seinen Finanzen. Ein Fehler. Ich würde sogar sagen: grob fahrlässig. Es geht schließlich um unsere Zukunft. Und die sollte doch eher rosig sein, anstatt von finanziellen Sorgen belastet. Also müssen wir uns kümmern und uns ein bisschen mehr Zeit für unsere Finanzen nehmen.

Vor allem beim weiblichen Geschlecht hat das Desinteresse an Finanzthemen übrigens in den vergangenen Jahren deutlich zugenommen. Jede Dritte will von dem Thema nichts wissen, jede Fünfte beschäftigt sich zumindest ungern damit. Unter den Männern kümmern sich fast zwei Drittel mehr oder minder intensiv um Finanzthemen. Geld ist anscheinend immer noch Männersache. Womit leider auch mal wieder ein Klischee bedient wird. Im Grunde gilt aber für beide Geschlechter: Die wenigsten beschäftigen sich gerne mit Geld und dessen Vermehrung. Nein danke, da gehe ich lieber zum Sport! So in etwa denkt jeder zweite Deutsche, denn 50 Prozent der Bundesbürger treiben in ihrer Freizeit gerne Sport.

Bei der Finanzplanung müssen die meisten von uns den inneren Schweinehund dagegen viel stärker überwinden. Nur 35 Prozent der Bundesbürger ziehen dies als Freizeitgestaltung in Betracht. Ich bin da völlig anders. Ich beschäftige mich gerne mit meinen Finanzen und auch mit meiner Altersvorsorge. Für mich ist das fast schon ein Hobby. Denn die Börse ist meine große Leidenschaft. Und die habe ich zu meinem Beruf gemacht. Versicherungen sind auch für mich ein leidiges Thema, aber ich nehme mir die Zeit dafür trotzdem immer mal wieder. Ich will gut versichert sein, ich will eine gute Altersvorsorge. Einen Teil davon bestreite ich aber mit Aktien, und das macht mir richtig Spaß. Ich kümmere mich gerne um mein Geld, um meinen Vermögensaufbau. Leider gehöre ich damit eher zu einer Minderheit.

Noch! Denn immer mehr Menschen erkennen nicht nur die Notwendigkeit, sich Zeit für ihre Finanzen zu nehmen. Sie werden auch aktiv. Und sie werden dabei zu Aktionären. In der Coronakrise haben viele deutsche Sparer und Anleger ihre bisherige Finanzplanung überdacht. Endlich, möchte man jubeln. Denn einer repräsentativen Studie im Auftrag der Fondsgesellschaft Columbia Threadneedle Investments zufolge, bedauert fast jeder Zweite die Art und Weise, wie er oder sie seine oder ihre Finanzen vor der Krise organisiert hat. Besonders ausgeprägt ist dieses Bedauern bei jungen Menschen. Der Grund: Viele hatten nach eigener Einschätzung bislang keine angemessene Finanzplanung. Ebenfalls überdurchschnittlich häufig ist der Unmut, die eigenen Finanzen nicht rechtzeitig vor der Krise abgesichert zu haben. Als weiterer Grund kommt hinzu, dass viele in der Vergangenheit zu kurzfristig gedacht und nicht genug von ihrem monatlichen Verdienst gespart oder investiert haben.

Dass diese Einsicht genau in einer Krise kam – noch genauer im Frühjahr 2020, also im ersten Lockdown –, überrascht eigentlich nicht. Wer zu Hause hockt, seinen Hobbys nur noch eingeschränkt nachkommen kann, hat sie eben auf einmal: die Zeit! Oder er nimmt sie sich, weil die Ausreden ausgehen? Fakt ist, dass respektive jede Zweite davon ausgeht, dass die Coronakrise die eigene finanzielle Situation nachhaltig belasten wird, dass das langfristige Vermögen sinkt und das finanzielle Wohlergehen durch die Krise mehr leidet, als es sonst der Fall gewesen wäre. Auch mit Blick auf die Altersvorsorge übrigens. Das hat wahrscheinlich ebenfalls den Druck erhöht, sich endlich zu kümmern. Obwohl ich auch dieses Wort nicht mag. »Kümmern« klingt so sehr nach Zwang, nach unangenehmer Notwendigkeit. Wie viel besser klingt es doch, wenn wir unsere finanzielle Lage, unseren Vermögensaufbau aktiv gestalten, oder?

Die Krise als Chance

Ein Großteil der deutschen Sparer und Anleger hat in der Coronakrise beschlossen, die eigene Finanzplanung aufgrund dieser neuen Einsicht optimieren zu wollen. Dabei spielt auch eine Rolle, dass fast zwei Drittel der Befragten im Zuge der Krise neue Anlagechancen erkannten. Und das mitten im heftigsten Börsencrash der Geschichte oder unmittelbar danach! Das ist irgendwie verrückt, aber auch gut! Denn wie sonst im Wirtschaftsleben gilt auch an der Börse: Im Einkauf liegt der Gewinn. Aber dazu später mehr. Auf jeden Fall nahm sich im Krisensommer 2020 jeder Dritte vor, seine Vermögensaufteilung künftig noch besser über verschiedene Anlageformen, -klassen und -märkte hinweg zu streuen.

Und es ist nicht nur bei diesem Vorhaben geblieben: Es wurde gehandelt! Depots wurden eröffnet, erste Orders aufgegeben, Sparpläne angelegt, Aktien, Fonds und ETFs gekauft. »Aktien werden bei den Deutschen immer beliebter«, jubelten im Herbst 2020 die Direktbanken Comdirect, Consorsbank und ING Deutschland, die sich schon vor einigen Jahren zur »Aktion pro Aktie« zusammengetan haben. Im Vergleich zum Vorjahr sei der Anteil an Aktienbesitzern um 5 Prozentpunkte gestiegen und liege nun bei 34 Prozent der Bevölkerung. Damit hätte jeder Dritte Aktien. Auch wenn das Deutsche Aktieninstitut zu deutlich niedrigeren Zahlen kommt – zur Erinnerung: nur jeder Sechste ist laut DAI an der Börse aktiv –, die Zahl der Aktionäre steigt, wenngleich kurzfristige Anlagen mit geringer Rendite bei der Geldanlage weiterhin dominieren. Die Deutschen lassen ihr Geld nach wie vor am liebsten auf dem Girokonto, dem Sparbuch und dem Tagesgeldkonto rumliegen. Allerdings hat die Nutzung aller drei Anlageformen im Vergleich zum Vorjahr abgenommen. In den beiden Vorjahren parkten beispielsweise noch 78 Prozent ihr Geld auf dem Girokonto, 2020 sind es 5 Prozentpunkte weniger. Auch die Beliebtheit von Sparbüchern nahm kontinuierlich ab. Fast jeder fünfte Bundesbürger besitzt Aktienfonds, was diese zum beliebtesten Wertpapier macht – gefolgt von Wertpapiersparplänen (15 Prozent) und Einzelaktien (13 Prozent). Börsengehandelte Indexfonds (ETFs) sind noch nicht ganz so populär: Sie werden zurzeit von 10 Prozent der

Deutschen als Geldanlage genutzt. Insgesamt kommt die Studie zum Ergebnis, dass jeder Dritte Aktionär ist – über welchen Weg auch immer.

Das ist die gute Nachricht. Die schlechte: Es gibt auch viele Sparer und Anleger, die durch die Erfahrungen während der Coronakrise risikoscheuer geworden sind. Sie zählen sicher nicht zu denjenigen, die sich erstmals an die Börse getraut und in Aktien investiert haben. Das zeigen andere Studien.

Beratung vom Profi kann helfen

Fakt ist aber auf jeden Fall: Viele Deutsche haben sich in der Coronakrise mehr Zeit für ihre Finanzen genommen. Aber wie viel Zeit brauchen wir denn eigentlich, um uns um unsere Finanzen zu kümmern? Die Antwort auf diese Frage ist natürlich sehr individuell. Eines kann ich jedoch versprechen: Es ist weniger Zeit, als viele denken. Zugegeben, anfangs ist es etwas mehr – Sie lesen dieses Buch und hoffentlich noch das eine oder andere mehr, recherchieren weiter, sprechen mit Experten und hoffentlich auch mit Ihrem Partner, Ihrer Familie und Ihren Freunden, müssen sich für eine Strategie und die entsprechenden Produkte entscheiden. Klingt mühsam? Sehr zeitaufwendig? Mehr als ein paar Tage dauert das nun aber auch nicht. Vielleicht zwei oder drei Wochenenden? Das ist doch relativ überschaubar. Dann ein Termin beim Versicherungsberater und einer beim Finanzberater? Vielleicht brauchen Sie die aber auch gar nicht, weil Sie selbst entscheiden und alles via Internet auf eigene Faust abschließen.

Es ist natürlich wunderbar, sich von niemandem reinreden zu lassen, aber Beratung vom Profi kann uns weiterhelfen. Er kann uns hoffentlich all unsere Fragen beantworten und alle Anlageklassen erklären. Er kennt die Chancen und Risiken. Er kann uns helfen, unsere Ziele, unseren Anlagehorizont und unsere Strategie zu definieren. Der Austausch mit einem Experten kann sehr wertvoll sein. Bankberater haben aber leider einen ziemlich schlechten Ruf. Es ist ja auch immer wieder reichlich schiefgelaufen, die eigene Provision war mitunter wichtiger als der Erfolg des Kunden. Zumindest können wir das in der Presse häufig lesen. Solche Schlagzeilen kommen eben an. Besonders groß waren sie im Fall der »Lehman-Oma«. Einer älteren Frau wurden Zertifikate empfohlen und verkauft – oder besser angedreht –, die weder zu ihrem Risikoprofil noch zu ihrem Anlagehorizont passten. Das ist übel, das darf nicht passieren. Noch schlimmer: Als die US-Investmentbank Lehman Brothers pleiteging, waren die Papiere dann wertlos. Ich würde aber niemals die Branche unter Generalverdacht stellen. Aber wir sollten über unser Verhältnis zu Bankberatern und Versicherungsvermittlern nachdenken. Beim Versicherungsvermittler steckt ja zumindest schon im Namen, dass er uns etwas vermittelt.

Beim Bankberater ist das anders. Seine Berufsbezeichnung suggeriert, dass er uns beraten und hoffentlich nur unser Bestes will. Aber natürlich will er uns auch etwas verkaufen. Das ist sein Job. Wenn wir zu einem Autoverkäufer gehen, ist uns das sehr bewusst. Und natürlich verkauft uns der Fachmann im BMW-Autohaus keinen Mercedes. Wieso sollte es in der Bank anders laufen? Natürlich wollen uns die Experten etwas verkaufen, vorzugsweise die Produkte aus dem eigenen Haus. Das muss auch gar nicht schlecht sein. Wir sollten das nur wissen, gegebenenfalls die Empfehlungen hinterfragen und nicht sofort zu allem »Ja und Amen« sagen. Wir sollten ihn mit Fragen löchern. Das kostet zwar mal wieder Zeit, aber es lohnt sich.

Ein Wellness-Tag für das liebe Geld

Aber zurück zu unserem Zeitaufwand. Der Anfang mag ein biss-chen mühsam sein, vor allem dann, wenn Ihnen das Vorwissen fehlt. Aber da müssen Sie leider durch. Steht das Grundgerüst, also Ihre persönliche Strategie aber erst einmal, dann hält sich der Zeitaufwand wirklich in Grenzen. Ich persönlich verwende einen Tag zwischen Weihnachten und Neujahr für meine Finanzen. Es ist eine Art Wellness-Tag für mein Geld. Dann wird alles einmal überprüft: Wo stehe ich? Wie hat sich mein Depot entwickelt? Muss ich irgendwo nachjustieren? Ehrlich gesagt dauert das aber gar keinen ganzen Tag. Manchmal ist es eine Stunde, manchmal sind es auch drei.

Etwas länger dauert es bei größeren Veränderungen. Als ich mich vor einigen Jahren selbstständig gemacht habe, habe ich natürlich alles überprüft. Versicherungsverträge wurden geän-dert, die Altersvorsorge neu geplant, ETF-Sparverträge angepasst. Auch Mobilfunkverträge und Stromtarif wurden überprüft. Hoch-zeit, Familiengründung, Hauskauf, Selbstständigkeit, Trennung – es gibt einige Anlässe, zu denen man sich zwingend die Zeit neh-men muss, sich um die eigenen Finanzen zu kümmern. Passiert nichts Großartiges, kann man die meisten (Spar-)Verträge weiter-laufen lassen und muss nur wenig nachjustieren. Dann braucht es nur ganz wenig Zeit.

Es lohnt sich, immer mal wieder ein paar Stunden oder Tage zu investieren. Denn wie schön kann die schönste Zeit des Jahres, also der Urlaub sein, wenn uns das nötige Geld fehlt? Wie üppig kann die Ausstattung des neuen Autos ausfallen und wie luxuriös die neuen Möbel? Das alles kostet. Wenn uns der nötige finanziel-le Spielraum fehlt, dann müssen wir Abstriche machen. Wenn es ganz schlecht läuft, droht Altersarmut. Und das heißt: eine winzige Wohnung, jeder Euro wird umgedreht. Essengehen, Ausflüge, Ur-laube? Nicht drin. Wir sollten uns die Zeit also dringend nehmen und uns um unsere Finanzen kümmern, auch um die langfristige Vermögensbildung beziehungsweise Altersvorfreude. Noch mal zur Erinnerung: Frauen von heute werden im Durchschnitt über 83 Jahre alt und damit fünf Jahre älter als Männer. 20 und mehr Jahre sind eine verdammt lange Zeit, da können wir uns schon mal ein paar Stunden nehmen, um vorzusorgen. Wer will schon in Altersarmut leben?

Dann doch lieber jetzt ein paar Stunden pro Jahr und später glücklich, zufrieden und vor allem ohne finanzielle Sorgen, oder? Und falls Sie jetzt spontan sagen möchten, dass Sie gar kein Geld haben, um vorzusorgen ... – Sie ahnen es bereits, auch diese Ausrede lasse ich nicht oder nur in sehr begrenztem Umfang gelten. Wetten, dass Sie viel mehr Gestaltungsspielraum haben als gedacht?

Ausrede 3
Ich habe kein Geld

Zeit für die persönlichen Finanzen mag man sich ja gerade noch nehmen können, aber was, wenn der finanzielle Spielraum fehlt? Wenn einfach kein Geld übrig ist, um das wir uns kümmern könnten? Wenn wir jeden Cent umdrehen müssen? Wenn am Ende des Geldes immer so viel Monat übrig ist und wir ständig im Dispo hängen? »Ich habe kein Geld« ist ein absolutes Totschlag-Argument. Aber ich halte dagegen: Fast jeder von uns hat mehr Spielraum, als wir denken. Oft ist es sogar überraschend viel mehr. Ein bisschen was geht auf jeden Fall fast immer.

Erst einmal gilt es, den Status quo zu ermitteln: Kassensturz ist angesagt. Das ist ein wenig mühsam, muss aber leider sein. Ab und zu sollten wir ihn auch wiederholen. Oder haben Sie jederzeit einen Überblick über Ihre Einnahmen und Ausgaben? Ich kenne Menschen, die mit ihrem Geld völlig planlos umgehen und wirklich keine Kontrolle darüber haben. Spontane Käufe für mehrere hundert Euro? Warum nicht? Dass das Konto dann ins Minus rutscht, wird einfach hingekommen. Es wird sich schon wieder erholen, irgendwann. Der gleiche Kontrollverlust bei der Geldanlage: Mal legen sie 200 Euro im Monat zur Seite, dann wieder 1000 Euro, dann gar nichts. Andere investieren ihr ganzes Geld an der Börse, müssen aber Aktien verkaufen, sobald eine etwas teurere Reparatur oder Anschaffung ansteht. Wenn es dann an den Märkten gerade mal schlecht läuft, müssen sie Verluste realisieren. Das ist sehr ärgerlich. Wieder andere eröffnen Sparpläne oder schließen Versicherungspolicen ab, nur um sie ein paar Wochen oder Monate später wieder zu kündigen, weil die monatliche Rate doch zu hoch gewählt war. Oder sie greifen ständig auf das Ersparte zurück, das eigentlich der Altersvorsorge dienen soll. Das ergibt alles keinen Sinn, hat wenig mit einer durchdachten Strategie zu tun und führt selten zum Erfolg.

Kassensturz und Status quo – ein erster Überblick

Wir brauchen einen guten Überblick über unsere Finanzen, damit wir nicht in diese Fallen tappen. Deshalb müssen wir bei unserem Kassensturz wirklich ehrlich zu uns selbst sein, auch wenn das manchmal unangenehm ist. Nur dann können wir unsere finanzielle Zukunft planen. Wir haben in der Regel leider wenig Überblick über unsere Finanzen. Ich selbst bin da übrigens keine Ausnahme, wie ich vor einiger Zeit feststellen musste. Natürlich dachte ich, ich hätte den totalen Überblick und alles im Griff. Ich wurde eines Besseren belehrt. Als ich mich selbstständig machte, musste ich einen Business-Plan erstellen. Als ich den Existenzgründer-Zuschuss beantragte, wollte die Bundesagentur für Arbeit nicht nur Informationen über mein künftiges Geschäftsmodell. Die Sachbearbeiter wollten auch wissen, ob ich mit meinem Unternehmen mein Leben finanzieren kann. Sie wollten wissen, wie das Verhältnis von Einnahmen und Ausgaben ist – nicht nur geschäftlich, auch privat. Das war für mich ein kleiner »Striptease«. Denn wenn ich ganz ehrlich bin, hatte ich meine Finanzen zwar eigentlich ganz gut unter Kontrolle, hatte regelmäßig Geld auf Tagesgeld- und Anlagekonten geschoben, monatlich in Sparpläne, Riester-Rente, Lebensversicherung und Co. investiert. Aber wie viel ich wirklich wofür ausgebe, das war auch mir nicht ganz klar. Immerhin war ich so gut wie nie ins Minus oder gar in den Dispo gerutscht. So ein Kassensturz tut wirklich gut, er öffnet die Augen und kann sogar sehr beruhigend sein. Er hat einiges an Sparpotenzial offenbart und den guten Vorsatz gefestigt – immerhin den – weniger Geld für Schuhe und Kleidung auszugeben.

Wir haben in der Regel leider wenig Überblick über unsere Finanzen.

Los geht es mit den Einnahmen: Gibt es bei Ihnen neben dem Gehalt weitere Einnahmen? Neben Weihnachts- und Urlaubsgeld oder dem jährlichen Bonus gehören auch Zinserträge, Dividenden oder Ausschüttungen von Investmentfonds auf die Liste, außerdem Kindergeld, möglicherweise sogar Mieteinnahmen. Wer selbstständig ist, überweist vielleicht monatlich eine feste Summe vom Geschäfts- auf das Privatkonto. Oder variiert die Summe? Ein Automatismus würde sicher mehr Planbarkeit bringen. Wie auch immer: Was reinkommt, ist meistens schnell aufgelistet.

Mühsamer wird es mit dem, was rausgeht. Fixe Kosten wie Miete plus Nebenkosten, Versicherungen, Strom, Telefon- und Handykosten, Fitnessstudio und andere Mitgliedschaften sowie das Theater-Abo, die Kitagebühren oder Abokosten für Zeitungen, Zeitschriften und Streaming-Dienste sind schnell aufgelistet. Auch Sparpläne und Altersvorsorge-Sparen gehören zu den Ausgaben. Eventuell gibt es einen Raten- oder Immobilienkredit. Im Grunde müssen Sie nur die Kontoauszüge der vergangenen Monate durchgehen. Vergessen Sie aber bitte die Versicherungspolicen nicht, die häufig nur einmal im Jahr fällig werden.

Einen Überblick über die variablen Ausgaben zu bekommen, ist leider etwas schwieriger, vor allem wenn man viel bar zahlt. Ich nutze fast immer EC- oder Kreditkarten, daher ließen sich die Ausgaben ganz gut rekonstruieren. Ein bisschen mühsam bleibt es trotzdem. Am besten nehmen Sie auch hier Ihre Kontoauszüge zur Hand und schauen, wie viel Bargeld Sie abgehoben haben und wie oft Supermarkt, Drogerie, Getränkehändler und andere Geschäfte abgebucht haben. Natürlich können Sie auch ab jetzt sämtliche Belege sammeln und ein Haushaltsbuch führen. Das würde Ihnen sicher den besten, weil detailliertesten Überblick über Ihre Finanzen geben. Aber so weit müssen Sie nicht gehen. Sie brauchen nicht zwingend einen Überblick über jeden Euro und jeden Cent.

Das Alles müssen wir auch nicht mühsam mit Stift und Papier zusammenstellen oder ellenlange Excel-Tabellen programmieren und ausfüllen. Es gibt heute viele nützliche Vorlagen im Internet, die über eine Suchmaschine schnell gefunden sind. Und natürlich gibt es auch unzählige digitale Helferlein für das Handy. Ein Blick in den App-Shop – Stichwort »Haushaltsbuch« – genügt.

Nach diesem Kassensturz wissen Sie ziemlich genau, wie viel Geld Sie überhaupt zur Verfügung haben, wofür Sie es ausgeben und vor allem wie viel übrig bleibt. Oft gibt es dabei eine angenehme Überraschung. Mitunter ärgern wir uns auch, weil wir einfach viel zu viel Geld bei unserem Lieblings-Italiener lassen oder wir unsere Leidenschaft für schöne Schuhe einfach viel zu oft ausleben. Das sind aber Ausgaben, die wir wahrscheinlich recht schnell auf Kontoauszügen oder Kreditkartenabrechnungen identifizieren können. Weniger gut unter Kontrolle haben wir die ganz kleinen Ausgaben: eine Latte macchiato to go auf dem Weg zur Arbeit, ein Eis auf die Hand während des sommerlichen Stadtbummels, ein After-Work-Drink mit den Kollegen – da kommt ganz schön was zusammen. Das müssen wir uns ab jetzt natürlich nicht »sparen«, aber rechnen Sie mal nach! Ich habe mir jahrelang morgens auf dem Weg in die Redaktion zwei belegte Brötchen in einem Café gegönnt – beste Lage und alles andere als günstig. Drei bis fünf Euro pro Tag, nur für mein Frühstück, das Ganze malgenommen

> Sparpotenzial haben wir wahrscheinlich alle irgendwo.

mit fünf Tagen mal vier Wochen mal zwölf Monate ... Irgendwann wurde mir das zu teuer, ganz darauf verzichtet habe ich aber nicht. Es müssen ja nicht fünf Tage pro Woche sein, nicht immer zwei Brötchen. Und die Raucher unter Ihnen wissen sicher ziemlich genau, wie viel Geld sie dieses Laster kostet. Sparpotenzial haben wir wahrscheinlich alle irgendwo.

Unterschätztes Sparpotenzial heben

Apropos: Sparpotenzial

Das gibt es auch bei vielen Verträgen. Wir zahlen Unsummen für überflüssige Abos von Zeitschriften, die wir nie oder nur manchmal lesen, für irgendwelche Streaming-Dienste oder Hörbuch-Anbieter, die wir nie nutzen. Wer fast nie ins Fitness-Studio geht, sollte vielleicht über eine Zehnerkarte nachdenken und die Mitgliedschaft kündigen. Richtig viel Sparpotenzial bieten aber Versicherungsverträge. Dazu, welche Policen wir wirklich brauchen und welche überflüssig sind, kommen wir im nächsten Kapitel. Es ist aber durchaus sinnvoll, den Versicherungsmakler zu kontaktieren und nach günstigeren Tarifen zu fragen. Oft sind die neuen Policen nämlich auch noch besser. Weniger Prämie, mehr Leistung – das lohnt sich auf jeden Fall. Mein etwas unfreiwilliger Kassensturz hat sich übrigens auch gelohnt. Ein paar Wochen später hatte ich einen neuen und deutlich günstigeren Stromanbieter, einen besseren Handy-Vertrag für 20 Euro weniger und einige günstigere, aber leistungsstärkere Versicherungstarife. Damit hatte ich nicht gerechnet.

Viele von uns unterschätzen das Sparpotenzial im Alltag. Nach einer Untersuchung des Fintechs Raisin verwendet jeder Bundesbürger rund 1,01 Euro pro Stunde für vermeidbare Ausgaben. Auf das Jahr gerechnet heißt das: Jeder Deutsche wirft etwa 8857 Euro im Jahr zum Fenster hinaus. Na bravo! Wie kann das passieren? Ganz einfach: Die größte vermeidbare Ausgabe ist das tägliche Essen in der Mittagspause – ein Kostenpunkt, der durch die Lockdowns und durch Homeoffice-Regelungen in der Coronakrise für die meisten sicherlich zuletzt kleiner ausgefallen ist. Zu normalen Zeiten kommen laut der Studie im Schnitt 3927 Euro für den täglichen auswärtigen Business-Lunch zusammen – bei 249 Arbeitstagen sind das 15 Euro pro Tag. Wer aufhört zu rauchen, kann im Schnitt 3,25 Euro am Tag sparen – aufs Jahr gerechnet sind das immerhin 1186 Euro. Ein großer Kostenpunkt für viele Deutsche ist außerdem der Umgang mit Lebensmitteln. Innerhalb eines Jahres landet noch genießbares oder verdorbenes Essen im Wert von 235 Euro in der Abfalltonne. Kundentreue lohnt sich auch oft nicht, vor allem nicht bei den lokalen Grundversorgern. Wer den Tarif trotzdem nicht wechselt, verschwendet im Schnitt 243 Euro für Strom und 575 Euro für Gas. Ein teurer Handy-Tarif bei einem der drei großen Netzbetreiber kostet zusätzlich 179 Euro mehr als nötig, so Raisin. Sparen können viele Deutsche auch bei einem ungeliebten Thema: der Steuererklärung. Die durchschnittliche Steuererstattung lag zuletzt bei 1027 Euro. Viele verzichten aber darauf, eine Erklärung abzugeben – und schenken dem Staat Geld.

Am Ende bleibt es jedem selbst überlassen, wie er oder sie das Geld unters Volk bringt. Jeder setzt seine Prioritäten anders, und das ist auch unser gutes Recht. Das Argument, kein Geld zu haben, zählt deshalb aber trotzdem nicht. Irgendwas geht fast immer. Und wir wollen schließlich Vermögen aufbauen, wir wollen finanziell unabhängig, zumindest aber unabhängiger werden. Deshalb brauchen wir einen guten Überblick über unsere Einnahmen und

Ausgaben. Erst wenn wir den haben, können wir unsere Sparrate sinnvoll festlegen.

Ein Sicherheitspolster für kleinere und größere Katastrophen

Zuallererst sollten wir einen Notgroschen aufbauen. Viele Menschen verzichten leider auf dieses Sicherheitspolster. Dabei ist es so wichtig. Denn die kleinen und größeren Katastrophen kommen leider oft im ungünstigsten Moment, zum Monatsende, wenn das Girokonto leer ist, oder wenn gerade der Urlaub gebucht wurde. Ich empfehle drei bis sechs Nettogehälter oder Monatsbudgets auf einem separaten Konto. Da dieser Notgroschen jederzeit verfügbar sein sollte, eignet sich ein Tagesgeldkonto am besten. Trennen Sie den Notgroschen unbedingt von Ihrem normalen Budget und greifen Sie ihn auch wirklich nur im Notfall an. Ein neues Paar Sneaker ist definitiv kein solcher Notfall.

Ich würde meinen Notgroschen niemals missen wollen und neige eher zu sechs Monatsbudgets, die ich zur Seite lege. So komme ich nie in eine Klemme, wenn neue Autoreifen fällig sind, die Spülmaschine den Geist aufgibt, ein neuer Fernseher hermuss oder alles auf einmal. Auch für teurere Urlaubsreisen nutze ich diesen Notgroschen manchmal. Ganz wichtig allerdings: Greife ich die Summe auf dem Tagesgeldkonto an, werden meine Reserven in den folgenden Monaten wieder aufgefüllt. Auch das sollten Sie bei Ihrer Finanzplanung bedenken.

Es ist wirklich wichtig, dass Sie einen solchen Notgroschen ansparen. Viele von uns waren im Krisenjahr 2020 plötzlich in Kurzarbeit. Denn das Herunterfahren von Gesellschaft und Wirtschaft hat fast alle Branche getroffen, auch Unternehmen, die sehr gut dastanden, gerieten in den Strudel. Kurzarbeit mag ein sehr gutes Instrument sein, um ohne Personalabbau durch die Krise zu kommen. Für Angestellte bedeutet das aber trotzdem einen Verdienstausfall. In den ersten drei Monaten landeten nur noch 60 Prozent des Netto-Gehalts auf dem Konto, bei Angestellten mit Kind waren es immerhin 67 Prozent. Ab dem vierten Monat waren es immerhin 70 beziehungsweise 77 Prozent, ab dem siebten 80 beziehungsweise 87. Vielleicht hat der Arbeitgeber auch ein wenig aufgestockt. Wenn nicht, dann wurde es bei vielen – wahrscheinlich den meisten – finanziell doch etwas enger. Denn mit der Coronakrise hat nun wirklich niemand gerechnet. Wer in diesen Monaten einen dicken Notgroschen hatte, konnte seinen Verdienstausfall abfedern. Zum Glück.

Aber auch in normalen Zeiten gibt es immer wieder unvorhersehbare Ausgaben. Und es wäre wirklich ärgerlich, wenn Sie dann Ihre Sparpläne oder Ihre Altersvorsorge angreifen oder kündigen müssten. Daher: Bauen Sie erst den Notgroschen auf und gehen Sie dann den langfristigen Vermögensaufbau an. Ich fühle mich sehr wohl mit meinem relativ prall gefüllten Tagesgeldkonto. Auch wenn es dafür schon länger keine Zinsen mehr gibt, was natürlich bitter ist, bleibt der Notgroschen dort. Natürlich würde ich das Geld lieber an der Börse anlegen, aber das Geld muss jederzeit verfügbar sein und zwar in voller Höhe. Das ist es auf dem Tagesgeldkonto. Hier gibt es keine Kursschwankungen, aber eben auch keine Rendite. Zumindest im Regelfall.

Tagesgeld – Vergleichen lohnt sich

Denn bei einigen Onlinebanken gibt es noch Zinsen. Ein Vergleich lohnt. Oft sind es allerdings Lockangebote. Dann gibt es die Zinsen nur für Neukunden und -kundinnen und auch nur für eine begrenzte Zeit. Das kann aber auch ratsam sein. Wichtig ist die Prüfung der Einlagensicherung, bei den Banken gibt es nämlich

Unterschiede. Neben der staatlichen Einlagensicherung sind viele Banken Mitglied in Sicherungssystemen der verschiedenen Bankengruppen. Das schützt Ihr Geld, sollte die Bank pleitegehen. In der gesamten Europäischen Union gilt ein gesetzlicher Entschädigungsanspruch von 100.000 Euro pro Anleger. In Deutschland gibt es darüber hinaus freiwillige Einlagenschutzsysteme, die noch größere Entschädigungssummen versprechen. Darauf gibt es aber keinen Rechtsanspruch. Oft sind auch ausländische Banken auf Kundenjagd in Deutschland – mit entsprechenden Lockangeboten. Schauen Sie also zweimal hin, bevor Sie ein Konto eröffnen. Oder entscheiden Sie sich einfach für eine deutsche Bank. Die meisten Vergleichsrechner im Internet bieten übrigens auch Informationen zur Einlagensicherung. Sie müssen also nicht mühsam irgendwelche Geschäftsbedingungen auf den Seiten der Anbieter wälzen.

Lassen Sie Ihren Notgroschen nur bitte nicht auf dem Girokonto liegen. Die Gefahr, dass Sie ihn schleichend ausgeben, ist zu groß. Er gehört auf jeden Fall auf ein Extrakonto. Wenn Sie dort auch noch Zinsen bekommen, wunderbar. Beim Notgroschen geht es aber im Grunde gar nicht um Rendite. Trotzdem sollten Sie das alles wissen. Und wenn Sie doch ein paar Euro Zinsen im Jahr bekommen, hilft das bei dem Aufbau Ihres Vermögens schließlich auch ein bisschen. Aber: Rennen Sie nicht von Bank zu Bank. Ob Sie 0,01 oder 0,03 Prozent Zinsen bekommen, macht im Grunde keinen Unterschied. Der Aufwand, ein neues Konto zu eröffnen, ist für dieses homöopathische Zinsplus einfach zu groß. Es sei denn, Sie wollen Millionen parken.

Neben Tages- gibt es auch noch Festgeld. Das bringt in der Regel ein kleines bisschen mehr Zinsen, aber das Geld ist für Monate oder Jahre nicht verfügbar. Das müssen Sie bedenken. Im Grunde lohnt sich der Aufwand auch nicht.

Ein Beispiel:

Mein Onlinebroker zahlt für das Tagesgeld 0,01 Prozent pro Jahr, aber nur bis 10.000 Euro. Danach gibt es nichts mehr. Für dreimonatiges Festgeld bekomme ich 0,05 Euro pro Jahr. Das können Sie getrost vergessen!

Falls Sie sich trotzdem für Festgeld entscheiden, dann parken Sie bitte nicht den gesamten Notgroschen dort. Denn wie der Name schon sagt, liegt es »fest«. Sie mögen für Notsituationen einen feinen Dispo-Kredit haben, aber der kostet richtig viel Geld. Deshalb sollte Ihr Notgroschen frei verfügbar sein, und zwar jederzeit, in voller Höhe und ohne irgendwelche Bedingungen.

Dieses Polster ist ein erster Schritt in Richtung finanzielle Unabhängigkeit oder doch zumindest Sorglosigkeit. Es tut wirklich gut, wenn man weiß, dass kleinere Katastrophen wie ein kaputtes Haushaltsgerät oder Auto kein Drama sind. Wie groß Ihr Notgroschen ausfallen sollte, ist von Ihrem persönlichen Sicherheitsbedürfnis abhängig. Ob das Geld für drei, sechs oder sogar mehr Monate Leben ausreichen sollte, entscheidet jeder selbst. Mein Notgroschen fällt etwas größer aus, seit ich selbstständig bin. Schließlich kann ich nur grob kalkulieren, was Monat für Monat reinkommt. Meine Auftragslage kann sich jederzeit verändern, leider auch negativ. Auch das ist ein unvorhersehbares Ereignis, für das ich sehr gerne ein finanzielles Polster habe.

> Wie groß Ihr Notgroschen ausfallen sollte, ist von Ihrem persönlichen Sicherheitsbedürfnis abhängig.

Gute und schlechte Schulden

Bevor wir nun beginnen, Vermögen aufzubauen, sollten wir uns mögliche Schulden genauer anschauen. Ich unterscheide immer gerne zwischen guten und schlechten Schulden. Gute Schulden sind solche, mit denen wir beispielsweise eine Immobilie finanzieren oder die wir für unsere Unternehmensgründung aufgenommen haben. Sie sind im Grunde ein Investment. Diese Schulden bringen uns weiter – beim Vermögensaufbau im Falle der Immobilien oder eben beim Aufbau einer geschäftlichen Existenz. Schlechte Schulden sind solche, mit denen wir unseren Konsum finanzieren. Es sind Ratenkredite für eher unnötige Anschaffungen, beispielsweise das neueste Handy-Modell, die modische Designer-Tasche oder Luxusreisen. Grundsätzlich sollten wir unsere Schulden so schnell wie möglich abzahlen, denn sie kosten – Stichwort Kreditzinsen – natürlich Geld. Eine Immobilie ist zwar eine Investition, trotzdem lohnt es sich, wenn möglich, über Sondertilgungen nachzudenken.

Es mag ein wenig Arbeit sein – diese Zeit müssen wir uns nehmen –, aber wenn wir erst einen Überblick über unsere Finanzen haben, dann tun sich ganz neue Spielräume auf. Ist der Notgroschen aufgebaut und das mögliche Sparpotenzial gehoben, dann haben wir in der Regel doch Geld. Es muss übrigens nicht viel sein. Schon mit 10, 25 oder 50 Euro monatlich können wir beispielsweise an der Börse aktiv werden. Alles was nun »übrig« ist, kommt ab jetzt auf ein separates Konto, ein Anlagekonto vielleicht, aber bitte nicht auf das Konto für den Notgroschen. Wir sollten unsere Budgets trennen: Das tägliche Leben läuft über das Girokonto, der Notgroschen liegt auf dem Tagesgeldkonto, das Ersparte auf einem weiteren Konto.

Übrigens nehmen sich das alles viele Menschen Jahr für Jahr vor. Eine repräsentative Befragung der Fondsgesellschaft J.P. Morgan Asset Management zu den finanziellen Neujahrsvorsätzen für

2021 hat gezeigt, welche Prioritäten die Deutschen haben. Jeder Dritte will seine Ausgaben reduzieren, jeder Vierte Schulden abzahlen und immerhin 16 Prozent wollen sich Kostentransparenz durch ein Haushaltsbuch schaffen. Auch Sparen – auf dem Sparbuch, aber zum Glück auch via Sparplan und an der Börse – stand hoch im Kurs. Das klingt doch gut. Und das klingt nicht nach »Ich habe kein Geld«, es klingt eher nach »Ich will etwas tun«. Wunderbar.

Die To-Do-Liste für den einfachen Start

☐ Machen Sie einen Kassensturz

☐ Ermitteln Sie Ihren finanziellen Status quo

☐ Bauen Sie einen Notgroschen auf

☐ Arbeiten Sie »schlechte« Schulden ab

☐ Definieren Sie Ihren finanziellen Spielraum

Ausrede 4
Mir ist Geld nicht wichtig

Wenn man nicht über Geld spricht oder sprechen sollte, wenn wir kein Geld und keine Zeit für das Thema Finanzen haben, dann heißt es oft unweigerlich auch: Geld ist mir nicht wichtig. Damit machen wir uns aber etwas vor. Die einen verdrängen, dass sie sich dringend mal darum kümmern müssten, die anderen sind einfach zu faul, oder andere Dinge sind immer wichtiger. Es ist eine beliebte Ausrede, dass Geld uns nicht wichtig ist. Aber natürlich lasse ich auch das nicht gelten!

Geld sollte uns wichtig sein, sehr wichtig sogar. Auch wenn das in einem Land, in dem es fast ehrenrührig ist, wohlhabend oder reich zu sein, natürlich eher verpönt ist. Aber seien wir doch mal ehrlich: Ohne Geld geht relativ wenig, das Leben kostet, unsere Hobbys erst recht. Es geht auch gar nicht unbedingt darum, wohlhabend oder gar steinreich zu werden. Ein bisschen mehr aus unserem Geld herauszuholen, gibt uns finanzielle Freiheit. Und das ist ein verdammt gutes Gefühl. Dieses Wohlgefühl zu erreichen, dauert meistens ein wenig. Wir müssen uns kümmern, den inneren Schweinehund überwinden und – Stichwort Psychologie – unser Gehirn austricksen.

Natürlich sollte sich nicht alles um das liebe Geld drehen. Zugegeben, bei mir dreht sich äußerst viel darum. Aber ich habe mein Hobby auch zum Beruf gemacht und lese fast alles, was ich über die Börse in die Hände kriege: Print oder online, renommiertes Medium, gehypter Blog oder Onlineforum, natürlich jede Menge Pressemitteilungen und Fachmedien. Irgendein Finanzbuch liegt immer auf dem Nachttisch, meistens sind es mehrere. Mir ist Geld also sehr wichtig, wenn auch im übertragenen Sinne.

Obwohl mich das tägliche Auf und Ab an der Börse fasziniert, lege ich aber persönlich mein Geld sehr langfristig an. Ich bevorzuge eine ganz entspannte Geldanlage. Auch wenn meine Aktienquote recht hoch ist und Sie das vielleicht stressen würde. Zu mir passt meine Strategie und sie lässt mich tief und fest schlafen. Die wilde Jagd nach der nächsten heißen Wette liegt mir nicht. Das ist mir zu stressig und die Beute ist sowieso meistens sehr gering. Mir geht es um finanzielle Unabhängigkeit. Ich will mir über Geld keine Sorgen machen müssen, ich will, dass alles gut angelegt ist (und arbeitet), dass ich gut abgesichert und im Notfall liquide bin. Und natürlich will ich mir schöne Dinge leisten können, in den Urlaub fahren, meinen Hobbys nachgehen – ohne dass Geld ständig ein Thema ist. Das ist mein Money Mindset.

Sie müssen nicht zur leidenschaftlichen Börsianerin werden oder zum nebenberuflichen Fondsmanager. So weit muss es wirklich nicht gehen. Aber Geld sollte Ihnen wichtig sein. Dabei geht es nicht darum, die erste, zweite oder dritte Million anzuhäufen – auch wenn das sicher ganz nett wäre mit Blick auf die finanzielle Unabhängigkeit. Es geht darum, sich abzusichern, sich langfristig gut aufzustellen.

Alltagsrisiken absichern

Der Notgroschen ist auch deshalb so wichtig. Es tut wirklich gut, wenn man weiß, dass kleinere Katastrophen kein Drama sind. Aber es gibt auch größere Katastrophen. Auch die gilt es abzusichern, bevor wir mit unserem Vermögensaufbau beginnen. Einige Versicherungen sind Pflicht, andere sollten Sie unbedingt haben, manche sind eher die Kür, andere schlicht Unsinn.

Ich bin keine Versicherungsexpertin und überlasse die Beratung gerne Fachleuten. Wie wir uns versichern, was wir versichern, wie weit der Schutz gehen soll, das ist sehr individuell. Mitunter sind die Policen auch recht kompliziert, es gibt viele Wahlmöglichkeiten und leider noch mehr Fallstricke. Versicherungen sind definitiv ein Thema, über das Sie reden sollten – mit einem unabhängigen Versicherungsberater am besten. Auch die Verbraucherzentralen helfen.

Die Krankenversicherung ist Pflicht

Es gibt Versicherungen, die sind ein absolutes Muss. Die Krankenversicherung ist gesetzlich vorgeschrieben und deshalb Pflicht. Privat oder gesetzlich versichert? Privater Superschutz oder der abgespeckte, etwas günstigere Tarif? Gesetzlich mit Zusatzpolicen? Gar nicht so einfach. An Ihrer Gesundheit sollten Sie nicht sparen, aber dafür auch nicht mehr als nötig bezahlen. Berufsanfänger verdienen in der Regel noch nicht so üppig, sie sind deshalb eher gesetzlich versichert. Wenn Ihre Karriere aber Fahrt aufnimmt und Sie immer besser verdienen, könnten Sie in die private Krankenversicherung wechseln. Und zwar dann, wenn Sie oberhalb der Versicherungspflichtgrenze von 64.350 Euro im Jahr 2021, oder monatlich 5362,50 Euro, verdienen, haben Sie die Wahl, in die Private zu wechseln. Das sind recht stolze Summen, in vielen Berufen sind sie kaum zu erreichen.

Die meisten Deutschen sind deshalb gesetzlich versichert. Für die gesetzliche Krankenversicherung gilt im Jahr 2021 ein Beitrag von 14,6 Prozent plus Zusatzbeitrag vom Bruttogehalt. Das Ganze hat allerdings eine Grenze, und zwar die

Beitragsbemessungsgrenze. Sie deckelt den Versicherungs-beitrag für gesetzlich Versicherte auf einem bestimmten Ni-veau. Im Jahr 2021 liegt die Beitragsbemessungsgrenze bei 58.050 Euro oder monatlich 4837,50 Euro. Bis zu dieser Summe werden Beiträge für die gesetzliche Krankenkasse verlangt. Bei einer gesetzlich vorgeschriebenen Beitragsuntergrenze von 14,6 Prozent plus 1,3 Prozent durchschnittlicher Zusatzbeitrag beträgt der monatliche Beitrag für die gesetzliche Kranken-kasse also höchstens rund 734 Euro. Genau genommen sind es rund 416 Euro, denn die Hälfte des Sockelbeitrags übernimmt der Arbeitgeber, während den Zusatzbeitrag der Arbeitnehmer allein trägt. Verdienen Sie mehr, bleibt jeder weitere Euro von Beitragszahlungen befreit.

Bei Zusatzleistungen, Beitrag und Service gibt es deutliche Unterschiede zwischen den Krankenkassen. Genauso ist es bei der privaten Krankenversicherung. Deren Beiträge sind übrigens oft deutlich geringer, wenn Sie noch jung sind. Sie steigen aber immer weiter an und können im Alter zum Problem werden. Infor-mieren Sie sich. Im Internet gibt es Vergleichsrechner, die Ihnen einen ersten Überblick geben. Ich würde aber immer eine persön-liche Beratung empfehlen. Wer schon einmal den Tarif gewechselt hat, der weiß, wie viel Kleingedrucktes es zu beachten gibt.

Die gesetzliche Rentenversicherung ist für viele ein Muss

Pflicht ist auch die gesetzliche Rentenversicherung. Aber natür-lich nur dann, wenn Sie angestellt sind. Der Beitrag zur Renten-versicherung wird Monat für Monat automatisch vom Lohn oder Gehalt abgezogen. Auch einige Selbstständige wie Hebammen und Handwerker sind in der gesetzlichen Rentenversicherung pflichtversichert, alle anderen Selbstständigen können freiwillig Beiträge zahlen. In der gesetzlichen Rentenversicherung liegt der Beitragssatz für Pflichtversicherte zurzeit 18,6 Prozent vom Bruttogehalt. Für die Hälfte des Beitrages müssen Sie als Arbeitnehmer oder Arbeitnehmerin, für die andere Hälfte muss Ihr Arbeitgeber aufkommen. Pflicht ist für Sie dann auch die gesetzliche Arbeitslosenversicherung in Höhe von 2,4 Prozent vom Brutto. Wer übrigens freiwillig in die gesetzliche Rentenversicherung einzahlt, kann 2021 jeden Betrag zwischen dem Mindestbeitrag von monatlich 83,70 Euro und dem Höchstbeitrag von 1320,60 Euro wählen.

Sollten Sie ein Auto haben, ist auch die Kfz-Haftpflicht gesetzlich vorgeschrieben. Ob Sie Ihren Wagen zusätzlich Teil- oder Vollkasko versichern, ist Ihre Entscheidung. Für einen Neuwagen ist auf jeden Fall der vollumfassende Schutz empfehlenswert, bei älteren Autos, bei denen der Restwert nicht mehr so hoch ist, kann man über die Teilkasko nachdenken oder ganz auf den Versicherungsschutz für den eigenen Wagen verzichten. Letzteres würde ich aber nie tun.

Neben den Pflichtversicherungen sind einige Versicherungen eigentlich ein Muss, um Alltagsrisiken abzusichern. Denn davon gibt es jede Menge, und sie können uns schnell in finanzielle Bedrängnis bringen. Die wirklich wichtigen Versicherungen müssen übrigens nicht immer teuer sein. Auch hier können Sie sich mithilfe von Vergleichsrechnern im Internet einen Überblick über die anfallenden Beiträge verschaffen. Googeln Sie einfach die jeweilige Versicherung, die Vergleichsrechner finden Sie in der Regel unter den ersten Treffern.

Die Haftpflichtversicherung ist ein wichtiger Schutz

Auf eine private Haftpflichtversicherung sollten Sie auf keinen Fall verzichten. Sie ist extrem wichtig, denn sie schützt vor den Folgen von Personen-, Sach- und Vermögensschäden, die Sie anderen in Ihrer Freizeit zufügen. Zwar kosten 99 Prozent aller Sachschäden weniger als 5000 Euro, kommt aber ein Mensch zu Schaden, kann es richtig teuer werden. Das kann leider schneller passieren, als oft gedacht. Wenn wir beispielsweise als Fußgänger im Straßenverkehr einen Fehler machen, kann das große Schäden und damit enorme Kosten verursachen.

Ein Beispiel gefällig?

Vielleicht daddeln Sie wie ich auch ständig auf Ihrem Handy herum, WhatsApp, Twitter, Instagram und Co. lassen grüßen. Die Konzentration auf Anderes ist dann – wenn auch oft nur für Sekunden – ein wenig eingeschränkt. Stellen Sie sich vor, Sie laufen einer Fahrradfahrerin in den Weg und sie stürzt, verletzt sich schwer, muss ins Krankenhaus und später dann auch noch in eine monatelange Reha. Dann wird das extrem teuer für Sie. Denn Sie müssen nicht nur Schmerzensgeld zahlen, sondern auch die Behandlung und den Verdienstausfall der verunglückten Radlerin. Und es geht noch schlimmer: Fällt sie so unglücklich auf den Kopf, dass sie stirbt, können die Forderungen der Hinterbliebenen in die Millionen gehen. Ein menschliches Drama für alle Beteiligten, über das man nicht länger nachdenken möchte. Für Sie als Verursacher würde das wahrscheinlich den finanziellen Ruin bedeuten. Es sei denn, Sie haben eine Haftpflichtversicherung abgeschlossen, die in solchen Fällen zum Glück einspringt.

Meistens sind es zum Glück viel harmlosere Geschichten: Die Versicherung eines Freundes sprang ein, als er neugierig in meinem Badezimmer an irgendwelchen Töpfen und Tiegeln geschnuppert hat. Einer davon rutschte ihm aus der Hand und fiel in mein Waschbecken. Es splitterte eine große Scherbe ab, das Becken – leider ein etwas luxuriöseres Modell – war hinüber. Oder Ihr

Sohn schießt einen Fußball in die Scheibe des Nachbarn. Oder Sie laufen über die Straße und verursachen einen Auffahrunfall mit Blechschaden. Auch in diesen Fällen haften Sie für den entstandenen Schaden – und zwar bis zu Ihrer persönlichen Pfändungsgrenze. Geld wird dann auf einmal sehr wichtig.

Unfälle kommen einfach vor, wir können noch so gut aufpassen. Mitunter sind es nur Sekunden oder auch nur Bruchteile einer Sekunde, die wir unachtsam sind, schon ist es passiert. Oder wir handeln schlicht fahrlässig. Sollten dadurch übrigens einer Person oder einem Unternehmen Gewinne entgehen, ist das ein Vermögensschaden. Auch hier springt die private Haftpflicht ein. Das gilt allerdings nicht für Fehler im Job, für diese Fälle bräuchten Sie eine Berufshaftpflicht. Auch für Schäden aus strafbarem Vergehen, vorsätzlich verursachte Schäden und Schäden durch Vertragsverletzungen kommt die Versicherung nicht auf. Für alle anderen Unglücke aber schon, durch die andere zu Schaden kommen. Ein sehr guter Schutz, auf den niemand verzichten sollte.

Die Berufsunfähigkeitsversicherung sichert ein großes Risiko ab

Noch eine weitere Police sollte für fast jeden Pflicht sein: die Berufsunfähigkeitsversicherung. Wir blenden es gerne aus, aber Berufsunfähigkeit ist eines der größten Lebensrisiken und kann existenziell sein. Fällt das Einkommen weg, noch dazu von einem Tag auf den anderen, kann das zu einer erheblichen Versorgungslücke führen. Eine Berufsunfähigkeitsversicherung (kurz BU) kann sie schließen. Es sind übrigens nicht nur die Folgen von Unfällen, die uns berufsunfähig werden lassen. Der lädierte Rücken ist längst Volkskrankheit, auch psychische Erkrankungen nehmen zu. Solche Diagnosen können das berufliche Aus bedeuten. Wenn Sie ohne Einkommen dastehen, droht Ihnen der finanzielle Ruin. Spätestens dann dürfte Ihnen Geld sehr wichtig sein.

Natürlich gibt es eine gesetzliche Erwerbsminderungsrente, doch die ist sehr niedrig und reicht oft nicht. Wie hoch die Rente ausfällt, hängt von den erworbenen Rentenansprüchen ab und wie lange Sie pro Tag noch arbeiten können. Sind es weniger als drei Stunden, gibt es die volle Erwerbsminderungsrente, bei drei bis sechs Stunden nur die halbe. Wie hoch die Rente ausfällt, das hängt von den erworbenen Rentenansprüchen ab. Verlassen Sie sich bloß nicht auf den Staat! Denn dann sind Sie – im Fall der Fälle – leider auch verlassen: Wer zum Jahresende 2019 eine Erwerbsminderungsrente erhielt, musste im Schnitt mit weniger als 840 Euro im Monat vorlieb nehmen. Das zeigen Daten der Deutschen Rentenversicherung. Insgesamt waren mehr als 1,8 Millionen Menschen betroffen. Wer nach dem 2. Januar 1961 geboren wurde, dem sichert die gesetzliche Rentenversicherung keinen Schutz mehr bei Berufsunfähigkeit zu, sondern nur noch bei Erwerbsminderung. Soll heißen, der gesetzlich Versicherte erhält nur noch eine volle Rente, wenn er aus gesundheitlichen Gründen weniger als drei Stunden pro Tag arbeiten kann, und zwar in irgendeinem Beruf. Bei weniger als sechs Stunden Erwerbsfähigkeit gibt es immerhin eine teilweise Erwerbsminderungsrente. Status und Einkommen des aufgegebenen Berufes werden hierbei nicht mehr berücksichtigt. Wie hoch Ihre Erwerbsminderungsrente nach jetzigem Stand ausfallen würde, sehen Sie in Ihrer jährlichen Renteninformation. Die Summe ist ernüchternd! Bitter auch: Etwa die Hälfte der Anträge auf Erwerbsminderungsrente wurde 2014 abgelehnt.

Privat vorzusorgen für den Fall, dass Sie nicht mehr arbeiten können, ist absolut nötig. Verzichten können Sie darauf nur dann, wenn Sie durch Ihre Familie oder durch vorhandenes Vermögen bereits ausreichend versorgt und auf Ihr Arbeitseinkommen nicht angewiesen sind. Aber wer lebt schon in einer solch luxuriösen Situation? Die Berufsunfähigkeitsversicherung bietet die umfassendste Möglichkeit, sich abzusichern. Vor allem, wenn Sie jung oder selbstständig sind, sollten Sie sich absichern – je früher Sie anfangen, desto besser. Denn für Berufseinsteiger gibt es spezielle, günstige Tarife. Eine BU ist nämlich leider recht kostspielig. Der monatliche Beitrag bei einer versicherten Rente von 1500 Euro kann je nach Beruf mehrere hundert Euro kosten. Vergleichen Sie unbedingt die Angebote und lassen Sie sich beraten. Aber sparen Sie bitte nicht an falscher Stelle.

Ob eine BU-Versicherung sinnvoll ist, ist eigentlich gar nicht die Frage, sondern vielmehr, ob Sie sich diesen Schutz leisten können. Denn sinnvoll ist diese Versicherung auf jeden Fall. Die BU zahlt eine monatliche Rente, wenn Sie Ihren zuletzt ausgeübten Beruf, so wie er ohne gesundheitliche Beeinträchtigung ausgestaltet war, voraussichtlich auf Dauer nicht mehr ausüben können. Die Leistung aus der BU ist also an den letzten Beruf gekoppelt. Ob Sie noch einen anderen Job machen könnten, ist nicht wichtig. Ob eine Krankheit oder ein Unfall der Grund für Ihre Berufsunfähigkeit ist, spielt auch keine Rolle. Die Rente fließt, wenn Sie nach Einschätzung Ihrer Versicherung zu mindestens 50 Prozent berufsunfähig sind. Das bedeutet, Sie haben mindestens die Hälfte Ihrer Leistungsfähigkeit verloren und können nur noch wenige Stunden arbeiten oder für Ihren Beruf notwendige Tätigkeiten nicht mehr ausüben. Das müssen Sie natürlich beweisen und unzählige Dokumente wie Arztberichte und Atteste bei der Versicherung einreichen. Steht die Berufsunfähigkeit fest, fließt die im Vertrag vereinbarte monatliche Rente. Es hat dabei übrigens keine Bedeutung, wie viel Sie vorher verdient haben.

Zwei »Kann«-Versicherungen:
Rechtsschutz und Hausrat

Zwei Versicherungen sind sicherlich eher »Kann«-Versicherungen: die Hausrat- und die Rechtsschutzversicherung. Sie sind die Kür, wenn Sie noch weitere Alltagsrisiken absichern möchten. Meine Hausratversicherung hat allerdings schon so oft Schäden regulieren müssen, dass sie für mich ein absolutes »Muss« ist. Und auch mein Rechtsschutz kam bereits zum Einsatz. Außerdem sind beide Policen auch nicht sehr teuer. Die Hausratversicherung versichert den Neuwert Ihres Inventars wie Möbel, Kleidung und Laptop bei Schäden durch Feuer, Einbruchdiebstahl, Leitungswasser, Sturm oder Hagel. Mit den Jahren sammeln sich immer mehr Dinge an, die Sie vielleicht schützen möchten. Bei mir hat einmal ein Blitzschlag beide Fernseher zerstört. Obwohl die Geräte schon ziemlich in die Jahre gekommen waren, gab es den Wiederbeschaffungswert. Prima. Ein paar Monate später lief die Spülmaschine aus. Mein neuer Laminatboden in der Wohnküche? Auch kein Problem. Und dann hat es auch noch im Golfclub gebrannt und meine Ausrüstung war nur noch ein schwarzer Klumpen. Auch das wurde dank »Außenversicherung«, die normalerweise Bestandteil jeder neueren Police ist, übernommen. Man glaubt gerne, diese Versicherung wäre überflüssig. Aber wehe, wenn es dann doch zum Schadensfall kommt. Und davon gibt es leider mehr, als wir oft denken. Bei mir waren es drei in wenigen Monaten. Manchmal geht eben alles schief.

Auch die Rechtsschutzversicherung ist optional, ein »Kann« und kein »Muss«. Aber bedenken Sie bitte: Wenn Sie Ihr Recht durchsetzen möchten, brauchen Sie heute fast immer einen Anwalt. Ohne juristischen Beistand geht es selten. Wenn Sie Mitglied im Mieterverein sind, dann sind Sie bereits günstig gegen Streit mit Ihrem Vermieter versichert – und dazu kommt es bekanntlich recht häufig. Richtig teuer kann es werden, wenn Sie sich mit Ihrem Arbeitgeber streiten. Als Gewerkschaftsmitglied sind Sie gegen Verfahren im Arbeitsrecht versichert. Alle anderen brauchen zusätzlichen Schutz. Und der kann sehr sinnvoll sein, denn unsere Karrieren sind nicht mehr so geradlinig wie früher. Den einen Job für das ganze Leben gibt es nicht mehr. Vor allem unfreiwillige Jobwechsel sind oft mit einigem juristischen Ärger verbunden. Das erlebe ich in meinem Freundeskreis nicht nur gelegentlich, sondern mittlerweile ziemlich regelmäßig. Aus eigener Erfahrung weiß ich: Es schont die Nerven ungemein, Verhandlungen über eine Trennung vom Arbeitgeber einem Profi zu überlassen. Und ich wage die Behauptung, dass am Ende auch mehr dabei herauskommt. Ich möchte meinen Rechtsschutz auf keinen Fall missen.

Auf eine Basisausstattung sollten Sie auch in Ausbildung und Studium nicht verzichten. Natürlich ist das Geld dann meist knapp, aber ein gewisser Schutz muss sein. Oft sind wir aber noch über den Familientarif der Eltern abgesichert. Das spart Geld. Pflicht ist natürlich eine Krankenversicherung. Wer noch nicht älter als 25 Jahre ist und weniger als 450 Euro pro Monat verdient, darf in der Familienversicherung der Eltern bleiben. Für alle anderen gibt es die studentische Krankenversicherung. Sie ist oft schon unter 100 Euro pro Monat zu haben. Experten empfehlen außerdem eine private Haftpflichtversicherung, auch hier ist eine Absicherung über den Familientarif der Eltern oder über die Police des Partners möglich. Sobald Sie bei Ihren Eltern ausziehen, sind Sie nicht mehr mitversichert. Wenn Sie Ihren Besitz absichern möchten, brauchen Sie eine eigene Police.

Es gibt Alltagsrisiken, die wir unbedingt absichern sollten.

Natürlich kosten all diese Versicherungen Geld. Wenn es keinen Schadensfall gibt, dann ist das Geld natürlich irgendwie zum Fenster hinausgeschmissen. So fühlt es sich zumindest an. Aber wer weiß schon, wann die eine oder andere Katastrophe uns doch trifft? Ich bin gerne gut versichert, aber nicht überversichert. Hier gilt es, sich zu informieren, Experten um Hilfe zu bitten. Ab und zu sollten Sie Ihre Policen überprüfen (lassen). Gibt es mittlerweile günstigere Tarife? Vielleicht sogar günstigere und bessere? Nach einigen Jahren lautet die Antwort in der Regel auf beide Fragen: Ja. Es gibt einfach Alltagsrisiken, die wir unbedingt absichern sollten. Denn abschalten können wir sie leider nicht. Tun wir das nicht und es passiert etwas, dann stehen wir vor dem finanziellen Ruin, wenn es ganz übel kommt. Von finanzieller Freiheit sind wir dann weiter entfernt als jemals zuvor. Und Geld wird auf einmal so wichtig, unangenehm wichtig.

Sorglos(er) dank finanzieller Freiheit

Apropos: finanzielle Freiheit

Was ist das überhaupt? Diese Formulierung habe ich jetzt schon ziemlich oft verwendet. Jeder definiert das ein bisschen anders. Das hat auch etwas mit unserem Money Mindset zu tun. Im Grunde geht es aber darum, dass wir uns keine Sorgen ums Geld machen müssen, kleinere und größere Katastrophen sollten wir finanziell überstehen können – unserem Notgroschen und unseren Versicherungen sei Dank. Und dann wird es wirklich individuell. Manchen reicht es, sich jederzeit ein kleines Extra gönnen zu können oder einen größeren Urlaub. Andere möchten finanziell so gut aufgestellt sein, dass der Jobverlust erst mal gar kein Problem

> *wäre oder dass jederzeit ein Sabbatical drin wäre. Soll das Geld für ein oder zwei Jahre ohne Job reichen? Damit wir jederzeit den Job schmeißen und den Schritt in die Selbstständigkeit komplett ohne finanzielle Sorgen wagen könnten? Dass wir von heute auf morgen aufhören können zu arbeiten, das Geld aber bis zu unserem Ende reichen würde, ist wahrscheinlich ein zu hohes Ziel – wäre aber die maximale finanzielle Unabhängigkeit.*

Doch auch das gehört wohl dazu: sich keine Sorgen über das Alter, über die Rente machen zu müssen. Dass die gesetzliche Rente nicht ausreicht, wissen wir im Grunde alle. Die Folgerung daraus, privat vorsorgen zu müssen, ist uns auch bewusst. Ein bisschen was haben auch die meisten, aber leider bei Weitem nicht alle, schon gemacht. Meistens reicht es nicht, trotzdem lautet eine weit verbreitete Ausrede, wenn es ums Thema Geldanlage geht: Das muss reichen! Das wird schon reichen!

Ihre To-Do's aus diesem Kapitel

☐ Sichern Sie Ihre Alltagsrisiken ab

☐ Überdenken Sie Ihr Money Mindset

Ausrede 5
Das muss reichen für die Rente

Die Rente ist nicht sicher. So viel zumindest ist sicher. Zum Glück hat sich diese Erkenntnis mittlerweile durchgesetzt. Zwar gibt es immer noch Menschen, die sich auf die gesetzliche Rente verlassen – ich hoffe, Sie gehören nicht dazu. Denn wer das tut, ist im Alter oft auch verlassen. Die meisten aber sind aktiv geworden. Sie nutzen die vermögenswirksamen Leistungen (VL), sofern sie welche bekommen können. Viele riestern auch. Vielleicht kommt ein bisschen betriebliche Altersversorgung dazu. Aber das muss dann auch reichen, heißt es oft. Tut es aber leider nicht oder doch zumindest nur in den seltensten Fällen. Wenn Sie nicht demnächst noch üppig erben oder wider Erwarten im Lotto gewinnen, müssen Sie aktiv werden.

Unsere Altersvorsorge reicht nämlich leider sehr oft nicht aus. Die meisten von uns sorgen viel zu wenig für das Alter vor. Die Folge: Wir haben fast alle eine Rentenlücke, die es zu schließen gilt. Nur wie groß ist diese wohl? Wie viel Geld brauchen wir wirklich im Alter? Und wie viel ist der Euro dann noch wert? Wir wissen leider nicht, wie hoch die Inflation in den kommenden 20, 30 oder 40 Jahren sein wird. Wir wissen auch nicht, wie lange wir sehr fit bleiben oder ab wann wir kostspielige

> Wir haben fast alle eine Rentenlücke, die es zu schließen gilt.

Pflege brauchen. Wir wissen auch nicht, wie lange wir leben. Eine Million ist schnell aufgebraucht, vor allem wenn sie nur noch 500.000 Euro wert ist.

Es muss also etwas passieren. Das wissen wir. Und deshalb werden die vermögenswirksamen Leistungen investiert und die Riester-Rente wird bespart. Leider ist das nur ein Tropfen auf den heißen Stein. Denn wir unterschätzen unseren tatsächlichen späteren Kapitalbedarf und wir überschätzen die Rendite, die wir mit unserer Geldanlage erzielen können. Es wird schon irgendwie reichen, heißt es deshalb oft. Wer recht nah an der Rente ist und eine gute, alte Lebensversicherung hat aus Zeiten, als es noch Zinsen gab, mag klarkommen. Vielleicht muss der eine oder die andere den Gürtel ein bisschen enger schnallen. Hoffentlich nicht zu eng. Wer nur auf die gesetzliche Rente gesetzt hat, steht aber vor einem finanziellen Problem. Denn es ist mehr oder weniger unmöglich, den persönlichen Lebensstandard mit dieser Rente auch nur annähernd zu halten. Aktuell liegt das gesetzliche Rentenniveau für einen Durchschnittsverdiener mit 45 Beitragsjahren bei rund 48 Prozent des Einkommens vor Steuern. Da halbiert sich dann mal eben das monatliche Budget. Bis 2032 wird das Niveau sogar auf unter 43 Prozent abschmelzen. Es landet also Monat für Monat noch nicht mal mehr die Hälfte des bisherigen Gehalts auf dem Konto.

Die Rentenlücke wird immer größer

Heute 50- bis 65-Jährige dürften noch gut 64 Prozent ihres Bruttoeinkommens aus der Rentenkasse erwarten. Aber heute 20- bis 24-Jährige müssen wohl von etwa 38 Prozent leben, hat der Freiburger Professor Bernd Raffelhüschen laut einem Beitrag des *Handelsblatts* errechnet. Das ist keine Rentenlücke mehr, das ist ein Rentenkrater. Das System funktioniert einfach nicht mehr. Wir bekommen immer weniger Kinder, werden aber immer älter. Wenig Nachwuchs in Kombination mit einer wachsenden Zahl älterer Menschen – das ist ein Problem für die gesetzliche Rentenkasse. Wenn immer weniger Beitragszahler immer mehr Empfängern gegenüberstehen, kommt das System an seine Grenzen. Was nichts anderes bedeutet, als dass sich die Rentner von morgen mit deutlich weniger Rente begnügen müssen als die Ruheständler von heute.

Natürlich fallen im Alter auch einige Ausgaben weg. Trotzdem sinkt der persönliche Wohlstand dramatisch, wenn wir später nur von der staatlichen Rente leben müssen. Um den Lebensstandard zu sichern, braucht man laut Experten übrigens 85 Prozent des letzten in der Erwerbsphase erzielten Nettoeinkommens. Das klingt nach einer recht willkürlichen Zahl und ist sicher von Person zu Person verschieden – mal ist der Prozentsatz höher, mal niedriger. Umfragen haben aber ergeben, dass Rentner bei diesem Wohlstandswert mit der finanziellen Lebenssituation zufrieden sind.

Von 64, 48 oder später 38 Prozent zu 85 Prozent – das ist unsere Rentenlücke. Da kommt ein ganz schönes Sümmchen zusammen. Je nach Beruf und Gehaltsniveau liegt die durchschnittliche Rentenlücke, die sich zwischen dem 85-Prozent-Niveau und der jeweils erreichten gesetzlichen Rente auftut, zwischen 500 und 1500 Euro pro Monat. Das macht 6000 bis 18.000 Euro pro Jahr. Das ist viel Geld, vor allem wenn wir sehr alt werden. Und schon gehen sie los, die munteren Rechenspielchen. Natürlich können wir nun einen sehr komplizierten Kassensturz machen, uns mit Beratern austauschen, jede Menge Annahmen zur künftigen Inflation und zum hoffentlich irgendwann wieder steigenden Zinsniveau treffen. Es könnte eine kleinere, aber leider auch eine sehr viel größere Rentenlücke dabei herauskommen. Aber arbeiten wir doch fürs Erste mit einer angenommenen Rentenlücke zwischen 500 und 1500 Euro.

Nun wissen wir in etwa, was monatlich wahrscheinlich fehlen wird. Nur wie viele Monate lang? Womit wir bei einem echten Wortungetüm sind: dem Langlebigkeitsrisiko. Das lange Leben als Risiko? Klingt bescheuert, schließlich möchten wir bei entsprechender Gesundheit doch alle lieber 90 Jahre werden als nur 70, oder? Mit Blick auf die Finanzen kann das lange Leben aber durchaus zum Risiko werden. Wenn wir nun ausrechnen wollen, wie viel Geld wir ansparen müssen, um den Gürtel im Alter eben nicht enger schnallen zu müssen, müssen wir uns einige Fragen stellen. Wir müssen ein paar Annahmen treffen. Leider ist das Ganze mit einer Reihe von Fragezeichen verbunden, aber es hilft ja nichts. Legen wir also los: Wie viele Jahre soll die Rente reichen? Mit welcher Verzinsung lässt sich beim Entnahmeplan seriös kalkulieren? Einen solchen Entnahmeplan brauchen wir: Monat für Monat werden wir unser Kapital im Alter angreifen, es ausgeben. Aber das passiert eben über viele Jahre und während dieser Zeit ist das Geld auch irgendwie angelegt. Aber natürlich so, dass uns monatlich Summe X zur Verfügung steht. Der Idealzustand wäre, allein von den Erträgen – Zinsen und Dividenden – leben zu können. Aber das schaffen nur mehrfache Millionäre.

Wenn wir die durchschnittliche Lebenserwartung in Deutschland zugrunde legen, muss die Rente für mindestens 25 Jahre reichen. Viele werden aber eben auch älter. Beruhigender ist es deshalb, den Entnahmeplan auf 30 Jahre auszulegen. Wer konservativ kalkuliert, geht von einer Rendite von null Prozent aus. Schließlich ist das die Verzinsung, die es aktuell für sichere Investments gibt. Eine Zinswende ist bis auf Weiteres nicht in Sicht. Es ist besser, wir setzen auch nicht darauf. Allerdings ist eine Null-Rendite schon sehr, sehr konservativ gedacht. Experten empfehlen, mit einer Rendite von 2,5 Prozent zu rechnen. Sie ist auch bei konservativen Anlagen durchaus drin. Wir können natürlich einen kleinen Renditeturbo einbauen – dazu später mehr –, aber wir wollen an dieser Stelle möglichst vorsichtig kalkulieren. So erleben wir im Alter keine bösen, dafür aber hoffentlich sehr schöne Überraschungen.

Also Taschenrechner raus:

Bei einer Rentenlücke von monatlich 1000 Euro und 25-jähriger Laufzeit müssen zu Rentenbeginn 300.000 Euro im Spartopf sein. Wer auf Nummer sicher gehen will und auf 30 Jahre rechnet, benötigt bereits 360.000 Euro. Aber natürlich kann das Geld auch im Alter weiter Rendite erwirtschaften. Wer mit 2,5 Prozent kalkuliert, braucht für 25 Jahre Laufzeit lediglich 237.100 Euro im Spartopf, für 30 Jahre dann 272.800 Euro. Dabei ist auch die Abgeltungsteuer inklusive Soli von 26,375 Prozent berücksichtigt. Nur mal so zum Vergleich: Bei einer Rendite von 4,5 Prozent benötigen Sparer sogar nur 202.000 beziehungsweise 226.100 Euro. Die Summe im Spartopf hängt also nicht nur von der Rentenlücke, sondern auch maßgeblich von der Risikoneigung im Alter ab.

Liegt die persönliche Rentenlücke bei 500 Euro, müssen bis zum Rentenstart bei renditeloser Anlage im Alter 150.000 Euro vorhanden sein. Bei einer Rendite von 2,5 Prozent reduziert sich diese Summe auf 116.700 Euro, soll das Geld 25 Jahre reichen. Bei einer Rentenlücke von 1500 Euro braucht man sage und schreibe 358.000 Euro. Bei dieser Rechnung ist unterstellt, dass die Rendite auf den finalen Spartopf 2,5 Prozent beträgt und die Rente 25 Jahre ausgezahlt wird. Das sind heftige Zahlen. Und wer jetzt noch mal schnell die Unterlagen zum VL-Sparen und zur Riester-Rente rauskramt, wird einen ziemlichen Schreck bekommen. Es reicht eben doch nicht!

Frauen haben die größere Rentenlücke

Frauen haben übrigens in der Regel eine größere Rentenlücke als Männer – sie verdienen weniger, arbeiten oft in Teilzeit, machen Pausen für die Kindererziehung und dann leben sie auch noch länger. Die Coronakrise hat die Lage noch einmal verschärft. Jede Sechste hat weniger für ihre Rente zurückgelegt und riskiert damit Altersarmut, wie eine Umfrage der Fondsgesellschaft Fidelity International gezeigt hat. Denn Frauen in Deutschland waren besonders stark von den wirtschaftlichen Auswirkungen der Krise betroffen. Jede fünfte Frau musste in den ersten zwölf Monaten der Krise Einkommenseinbußen hinnehmen und hatte durchschnittlich 517 Euro brutto pro Monat weniger zur Verfügung. Das wirkt sich auch auf ihre finanzielle Zukunft aus. Wenn man bedenkt, dass Frauen schon vorher mit erheblichen geschlechtsspezifischen Gehalts- und Rentenlücken konfrontiert waren, ist das ein Fiasko. Jede weitere Reduzierung vergrößert diese finanziellen Defizite noch weiter. Hoffen wir, dass die Einbußen in Zeiten der Pandemie ein vorübergehender Effekt waren. Als Frau sollten Sie aber trotzdem lieber mit einer Rentenlücke von 1000 Euro oder mehr kalkulieren. Als gutverdienender Mann reichen wahrscheinlich auch 500 Euro pro Monat. Aber natürlich ist das alles sehr, sehr individuell. Und es kommt auch darauf an, wie wir im Alter leben wollen. Wer ständig auf Weltreise gehen möchte, braucht sicher ein größeres Budget.

Wir sollten die Rendite, die wir mit unseren Anlageprodukten erzielen, nicht überschätzen.

Leider können wir uns unserem finanziellen Bedarf, unserer Rentenlücke nur grob annähern. Es kommt halt immer das Leben dazwischen. Einen Fehler sollten wir aber vermeiden: Wir sollten die Rendite, die wir mit unseren Anlageprodukten erzielen, nicht überschätzen. Dass die Deutschen ein Volk von leidenschaftlichen Sparern sind, hatten wir ja schon. Erschreckend ist aber, dass die fleißigen Sparer so gar nicht in der neuen Welt ohne Zinsen angekommen sind. Sie schätzen ihre Rendite völlig falsch ein. Die Sparer erwarten einen jährlichen Ertrag von durchschnittlich 4,6 Prozent. Das ist das erschreckende Ergebnis einer Kantar-Emnid-Umfrage im Auftrag der Postbank im Herbst 2019. Nennenswerte Zinsen gab es da schon seit einigen Jahren nicht mehr. Und mehr als 4 Prozent pro Jahr auf Sparbuchguthaben gab es zuletzt in den 1980er-Jahren.

Diese völlig falschen Rendite-Erwartungen sind brandgefährlich. Vor allem dann, wenn wir unseren wirklichen Finanzbedarf im Alter falsch einschätzen. Es muss reichen, aber es wird wahrscheinlich nicht reichen. Daran wird übertriebener Spareifer leider nichts ändern. Deshalb müssen wir uns mit dem Thema sehr aktiv auseinandersetzen und gegensteuern. Das muss auch gar nicht so furchtbar kompliziert sein. Ein paar Produkte sollten Sie kennen, einige davon können Sie dann je nach Anlegertyp kombinieren. Ein sehr wichtiger Baustein beim langfristigen Vermögensaufbau sind Aktien, dazu kommen wir später noch sehr detailliert. Allerdings können wir diesen Renditeturbo teilweise auch bei klassischen Altersvorsorge-Produkten zünden, wenn auch mit etwas weniger Zündkraft als in unserem Depot.

Die drei Säulen der Altersvorsorge

Mit einem Sparbuch, Tages- oder Festgeldkonto werden wir leider nicht sehr weit kommen. So viel ist klar. Was also tun? Wie so oft führen viele Wege zum Ziel. Die Altersvorsorge kann nämlich aus verschiedenen Bausteinen bestehen, die sich je nach persönlichem Geschmack kombinieren lassen: gesetzliche Rente, Vorsorge über den Arbeitgeber, private Versicherungspolicen, Mieteinnahmen, Vermögen. Diese Bausteine funktionieren ganz unterschiedlich, sind mal planbarer, mal weniger planbar, mit Garantie versehen oder eben nicht. Sie bringen mal mehr und mal weniger Rendite. Es ist ein Zusammen- beziehungsweise Wechselspiel zwischen Sicherheit und Rendite, zwischen Chance und Risiko. Auch wenn wir eine möglichst hohe Rendite erzielen wollen und sogar sollten, ist eine gewisse Sicherheit extrem wichtig.

Die drei Säulen der Altersvorsorge

Gesetzliche Säule	Betriebliche Säule	Private Säule
Deutsche Rentenversicherung	Betriebliche Altersvorsorge	Private Rentenversicherung
		Private Lebensversicherung
		Immobilien
Berufsständige Versorgungswerke		Aktien
		Bargeld

Die drei Säulen der Altersvorsorge

Die Altersvorsorge in Deutschland ruht auf drei Säulen. Erstens: die Basisversorgung. Sie besteht aus der gesetzlichen Rentenversicherung und der Rürup-Rente. Letztere richtet sich vor allem an Selbstständige und Freiberufler, die nicht gesetzlich rentenversichert sind. Aber auch für Besserverdienende kann sie interessant sein. Zweitens: die Zusatzversorgung. Dazu zählen staatlich geförderte Produkte wie die betriebliche Altersvorsorge über eine Direktversicherung und die Riester-Rente. Drittens: die Kapitalanlage. Es gibt verschiedenste Anlageprodukte, die für ein zusätzliches

Einkommen im Ruhestand sorgen können. Das kann eine private Rentenversicherung sein, eine Lebensversicherung, eine Immobilie, ein Fondssparplan oder (mein Favorit) ein Aktiendepot.

Diese unterschiedlichen Elemente gilt es – je nach finanziellem Spielraum, Lebenssituation und Risikoneigung – zu kombinieren. Leider gibt es keine Standardlösung, welche Variante und welche Mischung die richtige ist. Diese Entscheidung ist sehr individuell. Vielleicht fangen Sie mit einem Baustein an und nehmen mit der Zeit weitere dazu. Wichtig ist, dass Sie überhaupt irgendwas tun. Bedeutsam ist zudem, einen Überblick über die späteren Ansprüche aus den verschiedenen Quellen zu bekommen. Wie hoch ist die prognostizierte Rente, was bringen unsere Versicherungen, wann ist die Immobilie abbezahlt?

Schauen wir uns die einzelnen Bausteine etwas genauer an. Eines allerdings vorab: Dieses Buch kann Ihnen nur einen Überblick geben. Informieren Sie sich auf jeden Fall detailliert über die einzelnen Produkte, lassen Sie sich auch von Experten beraten. Viele Policen sind mitunter recht kompliziert, die Kosten oft hoch, die Flexibilität aber gering und erst recht die Rendite. Trotzdem sichern sie aber unser Langlebigkeitsrisiko ab, und das ist wichtig. Nehmen Sie sich Zeit für Ihre Altersvorsorge. Es ist aber auch nicht jedes Produkt, jeder Baustein für den langfristigen Vermögensaufbau kompliziert und teuer. Manchmal gibt es sogar Geschenke. Und die bekommen wir doch eigentlich alle gerne, oder?

Vermögenswirksame Leistungen: das Geschenk vom Chef

Warum verschmähen dann so viele Deutsche ein Geschenk von ihrem Chef? Eine gute Frage, auf die es keine gute Antwort gibt. Monat für Monat könnten viele Deutsche zusätzliches Geld vom

Chef geschenkt bekommen und für den langfristigen Vermögensaufbau nutzen, aber sie nehmen es einfach nicht an. Aus Unwis-
senheit? Weil sie sich kümmern müssten? Weil sie aber genau
dazu mal wieder keine Zeit haben? Es geht um die vermögenswirksamen Leistungen (VL). Wieder so ein deutsches Wortungetüm. Klingt wenig sexy, sehr bürokratisch und irgendwie mühsam.
Ist es aber nicht. Wenn Sie diesen Teil gelesen haben, kostet es
Sie noch maximal zwei Stunden, dann ist Ihr VL-Sparplan einge-
richtet und Sie haben für Jahre oder sogar für immer Ruhe. Es sei
denn, Sie wollen etwas ändern.

Bis zu 40 Euro monatlich können Arbeitnehmer, Auszubilden-
de, Beamte, Richter oder Soldaten vom Arbeitgeber erhalten. Die
vermögenswirksamen Leistungen sind freiwillige Zahlungen, die
aber für viele Berufe im Tarifvertrag garantiert werden. Ob Sie da-
zugehören, erfahren Sie ganz schnell mit einer Rückfrage in der
Personalabteilung. 40 Euro oder sogar weniger – das klingt erst
mal nicht besonders üppig, läppert sich aber über die Jahre. Zumal es auch noch eine staatliche Arbeitnehmer-Sparzulage on top
gibt, wenn die Voraussetzungen erfüllt sind. Denn wer nicht über
ein zu versteuerndes Einkommen von mehr als 20.000 Euro (Ehe-
paare 40.000 Euro) verfügt, bekommt diese Zulage vom Staat. Bei
einer VL-Anlage in Aktienfonds fällt die Förderung mit 20 Prozent
oder maximal 80 Euro am höchsten aus. Bei Banksparplänen gibt
es übrigens keine Förderung, bei Bau-
sparvertrag und Tilgung eines Baukre-
dits – zwei weitere VL-Varianten – gibt
es eine geringere Arbeitnehmer-Sparzulage. VL-Verträge laufen über sechs Jahre, gefolgt von einem beitragsfreien
siebten Jahr, in dem der Vertrag ruhen muss. Erst dann können
Sie als Sparer über das eingezahlte Geld verfügen oder Sie lassen
es einfach weiter liegen und Erträge bringen.

> Vermögenswirksame Leis-
> tungen sind eine richtig
> gute Sache.

Zugegeben, vermögenswirksame Leistungen sind nur ein kleiner Baustein der Altersvorsorge. Aber wie heißt es so schön: »Einem geschenkten Gaul ...« Sie wissen schon. Trotzdem lassen sich Berufstätige 1,6 Milliarden Euro durch die Lappen gehen – Jahr für Jahr, heißt es beim Bundesverband deutscher Banken. Ein Fehler: Vermögenswirksame Leistungen sind eine richtig gute Sache. Vor allem dann, wenn das Geld clever angelegt wird – und zwar an der Börse. Das kleine Extra vom Chef sollte sich deshalb auch niemand entgehen lassen.

Vor allem VL-Sparpläne auf Aktienfonds bieten Sparern langfristig richtig gute Renditechancen. Das zeigt eine Analyse des Fondsverbandes BVI, die allerdings schon aus dem Jahr 2017 stammt. Viel dürfte sich an dem Ergebnis aber nicht geändert haben. Die Börsenjahre waren seither relativ »durchschnittlich«, auch wenn es zwischenzeitlich heftigere Schwankungen gab. Das Ergebnis des BVI: Die Rendite eines VL-Sparplans auf Fonds mit Schwerpunkt deutsche Aktien, in den über einen Zeitraum von sechs Jahren monatlich 40 Euro, also insgesamt 2880 Euro eingezahlt wurden, war rückblickend ziemlich gut. Berechnungen für alle Siebenjahres-Zeiträume seit 1962 zeigen, dass die in dieser Zeit möglichen 50 Sparpläne ohne die staatliche Zulage eine durchschnittliche jährliche Rendite von 7,6 Prozent erzielt hätten. Aus 2880 Euro wurden stolze 3901 Euro. Mit Arbeitnehmer-Sparzulage waren es sogar durchschnittlich 10,5 Prozent pro Jahr. Ob mit oder ohne Zulage: VL-Sparen in Aktienfonds lohnt sich! Vor allem dann, wenn man den Vertrag viele, viele Jahre laufen lässt, auch dazu liefert der BVI Zahlen. Da wird dann aus einem kleinen Vermögen mit der Zeit ein mittleres.

Ein Argument gegen die VL, das ich immer wieder gehört habe – übrigens sogar von einer ehemaligen Kollegin aus der *Handelsblatt*-Redaktion – lautet: Vermögenswirksame Leistungen sind steuer- und sozialabgabenpflichtig. Denn sie steigern praktisch das Bruttogehalt. Der Arbeitgeber überweist den vollen VL-Betrag auf das VL-Konto, Sie bezahlen im Gegenzug über die Lohnabrechnung auch auf diese nicht direkt an Sie ausgezahlten Beträge Steuern und Abgaben. Ja, im Vergleich zum Zustand ohne vermögenswirksame Leistungen verringert sich also Ihr Nettogehalt geringfügig, aber wirklich nur geringfügig. Die erwirtschafteten Kapitalerträge sind natürlich später wie andere Geldanlagen auch steuerpflichtig. Doch es bleibt ein Geschenk, es bleibt Geld übrig! Viel sogar. Vor allem dann, wenn Sie sich für möglichst renditestarke Varianten entscheiden. Und genau das sollten Sie tun: Bei geschenktem Geld zählen nun wirklich keine Argumente wie »gefährliche Aktien«, »heftige Schwankungen« oder Ähnliches.

Natürlich kommt es wie immer bei der Geldanlage auch hier auf Ihre Pläne und Ziele an. Wollen Sie in absehbarer Zeit eine Wohnung oder ein Haus kaufen, dann ist der Bausparvertrag vielleicht die richtige Variante. Besitzen Sie bereits eine Immobilie, können die vermögenswirksamen Leistungen in Ihre Baufinanzierung fließen. Meine Empfehlung wäre aber: VL-Sparpläne auf Aktienfonds. Die Rendite eines VL-Sparplans auf Fonds mit Schwerpunkt deutsche Aktien kann sich mit mehr als 7 Prozent pro Jahr wirklich sehen lassen.

Das lassen sich viele Arbeitnehmer entgehen, weil sie sich nicht kümmern. Die vermögenswirksamen Leistungen sind zwar oft laut Tarifvertrag garantiert oder in einer Betriebsvereinbarung festgeschrieben. Sie fließen aber eben leider nicht automatisch. VL-Sparer müssen selbst aktiv werden. Sie müssen klären, ob sie das Extra vom Chef bekommen. Wenn das der Fall ist, eröffnen Sie einen VL-Vertrag bei einer Fondsgesellschaft oder Bank und informieren die Personalabteilung dann, wohin das Geld fließen soll. Das dauert maximal ein oder zwei Stunden – ein bisschen Recherche inklusive. Lassen Sie sich das Geschenk nicht entgehen!

VL-Sparen wirkt mitunter ein wenig angestaubt. Sinnbild dafür ist, dass die Anlagerevolution mit kostengünstigen Indexfonds an den VL-Produkten fast vollständig vorbeigegangen ist. Die Anbieter, die Sparern ETF-Lösungen anbieten, können wir im Sommer 2021 noch an einer Hand abzählen. Und auch hier werden happige Gebühren fällig, was den Einsatz kostengünstiger ETFs ad absurdum führt. Mittlerweile haben Fintechs, die jungen Wilden unter den Finanzunternehmen, eine Mischung aus Finanzhaus und Technologie-Start-up, das Thema für sich entdeckt. Vielleicht werden wir die Staubschicht doch noch los. Aber auch wenn nicht, sollten Sie das VL-Geschenk annehmen.

Die Anlagebedingungen mögen insgesamt ein wenig starr sein, der bürokratische Aufwand lästig, mitunter sind auch die Gebühren hoch und die Produkte eher intransparent. Aber das kann doch nicht der Grund sein, dass jeder zweite Deutsche dieses Geschenk ablehnt, oder? Ein Geschenk, das dann auch noch – der Rendite sei Dank – immer größer wird. Gibt es eine lukrativere Geldanlage? Eben. Deshalb klären Sie bitte so schnell wie möglich, ob Sie vermögenswirksame Leistungen bekommen können. Falls es so ist, dann suchen Sie sich einen Fonds oder ETF aus, eröffnen Sie das VL-Konto und teilen Sie Ihrem Arbeitgeber die Kontonummer mit, auf die er das Geld überweisen soll. Egal, für welche Variante, für welchen Fonds Sie sich entscheiden: Sie bekommen dafür Geld geschenkt, das Sie sonst nicht hätten.

Die Riester-Rente, ein geförderter Lückenfüller

Anders ist das bei der Riester-Rente. Sie »kostet« uns wirklich Geld, obwohl es dann Geschenke vom Staat gibt. Die Riester-Rente wird oft kritisiert. Lohnt sie sich nun oder lohnt sie sich nicht? Und vor allem für wen? Die Renditen zu schwach, die

Verträge wenig transparent, die Kosten zu hoch – das sind die Schwachstellen, die Verbraucherschützer zu Recht immer wieder anführen. Doch es gibt auch Argumente für diese Zusatzversorgung. Die Riester-Rente punktet mit Zulagen für Sparer – und für jedes Kind noch mal extra – und Steuervorteilen. Eingeführt wurde sie im Jahr 2002, um Bürger dazu zu motivieren, privat fürs Alter vorzusorgen, und das mit staatlicher Unterstützung. Aber das ist nur die halbe Wahrheit. Denn sie musste ein Loch füllen, das die Bundesregierung vorher aufgerissen hatte. Denn durch die Reform der gesetzlichen Rentenversicherung wurde das gesetzliche Nettorenten-Niveau von damals 70 Prozent schrittweise abgesenkt.

Ein echter Verkaufsschlager ist sie nicht: Rund 16,5 Millionen Riester-Verträge wurden Ende 2020 bespart, heißt es beim Bundesarbeitsministerium. Es könnten deutlich mehr sein. Riestern dürfen alle rentenversicherungspflichtigen Arbeitnehmer sowie Beamte und deren Ehegatten. Auch Ehepartner, die kein eigenes Einkommen haben, dürfen eine Riester-Rente ansparen. Sie erhalten dann nur die Zulagen, nicht den Steuervorteil. Selbstständige und Freiberufler können grundsätzlich nicht riestern. Es sei denn, sie können sich an ihre Partner andocken. Ob Verkaufsschlager oder nicht, die Regierung hält an Riester fest und hat 2018 sogar die Förderbedingungen noch mal verbessert: Die Grundzulage stieg damals von 154 Euro auf 175 Euro pro Jahr. Für jedes kindergeldberechtigte Kind gibt es seither 185 Euro. Kam der Nachwuchs ab dem Jahr 2008 zur Welt, liegt der Förderbetrag bei 300 Euro. Für Berufseinsteiger, die bei Abschluss noch keine 25 Jahre alt sind, gibt es zudem eine einmalige Aufstockung von 200 Euro. Darüber hinaus sind die Beiträge bis zu maximal 2100 Euro jährlich von der Steuer absetzbar. Das Finanzamt prüft automatisch, ob die Steuervorteile höher sind als die bereits gezahlten Zulagen – im Fachjargon nennt sich das Günstigerprüfung. Wenn ja, behält der Sparer die Zuschüsse und erhält die Differenz als Steuererstattung. Von diesem Steuerbonus profitieren vor allem Gutverdiener.

Ob sich die Riester-Rente wirklich lohnt, hängt von der individuellen Situation ab. Für Familien mit einem niedrigen oder mittleren Einkommen ist die Vorsorge aufgrund der üppigen Kinderzulagen in der Regel lohnenswerter als für Singles. Natürlich erhalten aber auch diese später Kinderzulagen, wenn sie eine Familie gründen.

Apropos: Förderung

Um sie zu bekommen, gibt es natürlich ein paar Voraussetzungen. Sparer müssen einen Eigenbeitrag in Höhe von 4 Prozent ihres rentenversicherungspflichtigen Bruttoeinkommens aus dem Vorjahr leisten, mindestens aber 60 Euro. Sind die Beiträge niedriger, kürzt der Staat die Zulagen. Der maximale Eigenbeitrag beträgt 2100 Euro, abzüglich Zulagen. Wer also den Höchstbetrag aufbringt und 175 Euro Grundzulage erhält, zahlt nur 1925 Euro jährlich. Wer die Voraussetzungen nicht mehr erfüllt oder erfüllen will, sollte seinen Vertrag übrigens auf keinen Fall vorzeitig kündigen. Denn dann muss der- oder diejenige alle bis dato erhaltenen Zulagen und Steuervorteile zurückzahlen und bleibt – vor allem bei Versicherungsprodukten – auf hohen Verwaltungskosten sitzen. Also stellen Sie Ihren Vertrag bitte nur beitragsfrei, aber kündigen Sie nicht.

Riester-Rente ist nicht gleich Riester-Rente. Es gibt ganz verschiedene Produkte: Banksparplan, Fondssparplan, Rentenversicherung oder den Wohn-Riester. Grundsätzlich gilt, dass die spätere Rente in lebenslangen regelmäßigen Zahlungen fließen muss. Ausnahme ist der Wohn-Riester. Der Wohn-Riester eignet sich für Sparer, die auf ein Eigenheim als einen wesentlichen Baustein ihrer Altersvorsorge setzen. Die steuerbegünstigten Beiträge und Zulagen fließen in diesem Fall nicht auf ein Sparkonto, sondern direkt in die Tilgung eines Darlehensvertrags oder in einen Bausparvertrag. Auf diese Weise sinkt Ihre Zinsbelastung und Sie sind schneller schuldenfrei.

Für alle anderen Riester-Sparer gilt: Die Rentenzahlung darf frühestens im Alter von 60 Jahren beginnen. Für Verträge ab 2012 wurde die Altersgrenze auf 62 Jahre angehoben. Die Riester-Rente ist vergleichsweise sicher. Denn das Gesetz schreibt vor, dass das eingezahlte Kapital mitsamt Zulagen bei der Auszahlung garantiert zur Verfügung stehen muss. Kapitalauszahlungen sind nur einmalig zu Rentenbeginn und auch dann nur in Höhe von maximal 30 Prozent des Guthabens möglich. Während der Ansparphase darf das angehäufte Kapital aus einem Riester-Vertrag herausgezogen werden, um es in eine selbstgenutzte Immobilie zu investieren. Anderweitige Entnahmen sind tabu.

Was an Rente herauskommt beim Riestern hängt vom eingezahlten Kapital, von den Zulagen, den Kosten und natürlich auch von der Rendite ab. Der Bancsparplan gilt als einfachste und günstigste Variante. Beiträge und Zulagen landen auf einem Sparkonto, das mit einem festgelegten Wert verzinst wird. Der Vorteil: Das Guthaben ist absolut sicher und die Rente im Voraus berechenbar. Dafür darf der Sparer aber über die Zulagen hinaus nicht mit hohen Renditen rechnen. Das seit Jahren herrschende Niedrigzinsniveau verhindert hohe Zuwächse. Deshalb sollten Sie sich besser andere Varianten anschauen.

Auch die klassische Riester-Rentenversicherung macht niemanden wirklich reich. Sie unterliegt nämlich dem Garantiezins für Lebens- und Rentenversicherungen und dieser liegt seit Januar 2017 nur noch 0,9 Prozent auf den sogenannten Sparanteil, das sind die Beiträge abzüglich der Verwaltungskosten. Hinzu kommen jährliche Überschussbeteiligungen, deren Höhe maßgeblich davon abhängt, wie erfolgreich die Versicherungsgesellschaft das Geld anlegt. Auch hier gilt leider, dass die niedrigen Zinsen mögliche Erträge stark limitieren. Aber immerhin erfahren Sie bei Vertragsabschluss in der Regel, wie hoch unsere Bezüge im Alter mindestens sein werden.

Es geht aber besser, wie ich finde. Und zwar mit einer fondsgebundenen Police. Hier kommen Aktien ins Spiel, und die bringen einfach langfristig bessere Renditen. Allerdings ist auch hier wie bei der Riester-Rente Sicherheit Trumpf, es wird also sehr konservativ am Aktienmarkt investiert. Und es fließt auch nur ein Teil der Sparraten in Aktien-, und der Rest in Anleihefonds. Ich persönlich würde bei solchen langfristigen Produkten so weit »ins Risiko« gehen wie möglich. Denn auch dieses Risiko ist ja überschaubar – den Garantien sei Dank. Ein Riester-Vertrag ist aber sicher kein Rendite-Bringer und er sollte nicht die einzige Altersvorsorge neben der staatlichen Rentenkasse sein.

Und dann sind da noch die Steuern. Diesen Aspekt sollten Sie nicht nur in der Ansparphase im Blick haben. Wenn Sie riestern, schießt der Staat zwar in der Sparphase Geld zu, hält dafür aber im Alter die Hand auf. Ihre Riester-Rente müssen Sie im Alter komplett versteuern. Das gilt übrigens auch für den Wohn-Riester. In diesem Fall besteuert das Finanzamt den geldwerten Nutzen, den das mietfreie Wohnen im Alter bietet. Dazu richten die Finanzbeamten ein Wohnförderkonto ein, auf dem sie neben dem entnommenen Kapital auch die geförderten Tilgungsleistungen samt Zulagen erfassen. Die eingestellten Beträge werden zudem fiktiv mit jährlich 2 Prozent verzinst. Die errechnete Gesamtsumme müssen Sie im Ruhestand versteuern. Sie können die Steuerschuld wahlweise über bis zu 25 Jahre abstottern oder auf einen Schlag begleichen. Im zweiten Fall erhalten Sie einen Rabatt von 30 Prozent auf die Steuerschuld. Klingt erst mal unangenehm, aber da wir davon ausgehen können, dass wir im Alter weniger Steuern bezahlen als heute, ist es nicht mehr ganz so schmerzhaft.

Betriebliche Altersvorsorge – mit dem Arbeitgeber sparen

Während vermögenswirksame Leistungen und Riester-Rente noch recht einfach zu verstehen sind, auch wenn manche Riester-Verträge etwas komplizierter daherkommen, ist die betriebliche Altersvorsorge (bAV) ein dickeres Brett, das es zu bohren gilt. Ich kann Ihnen an dieser Stelle nur einen kurzen Überblick geben. Fragen Sie bei Ihrem Arbeitgeber, was angeboten wird. Lassen Sie sich unabhängig beraten. Wägen Sie ab, was Ihnen sinnvoll erscheint – jetzt und zukünftig.

Die betriebliche Altersversorgung hat in Deutschland eine längere Tradition als die gesetzliche Rentenversicherung. Arbeitnehmer sollen im Falle der Invalidität unterstützt werden und ihre Familie im Todesfall. Heute gibt es viele Mischformen der betrieblichen Altersversorgung – mal zahlen die Arbeitgeber den größten Teil, mal die Arbeitnehmer. Anspruch haben in Deutschland rund 20 Millionen Menschen. Dabei gilt: Je größer das Unternehmen, desto mehr Mitarbeiter können mit der Zusatzrente rechnen. Männer kommen im Schnitt auf eine monatliche Bruttorente von 600 Euro, Frauen auf 200 Euro.

Das wichtigste in Kürze: Mit der Betriebsrente können Sie zusätzlich zur gesetzlichen Rente für Ihr Alter vorsorgen, staatlich gefördert sogar. Doch die betriebliche Altersvorsorge lohnt sich nicht immer und es gibt Einiges zu beachten. Grundsätzlich haben Arbeitnehmer seit 2002 ein Recht auf betriebliche Altersvorsorge. Dabei sind zwei Varianten möglich: Ihr Arbeitgeber finanziert die Betriebsrente allein oder Sie stecken einen Teil Ihres Gehalts in die bAV und Ihr Chef gibt einen Zuschuss. Der erste Fall ist einfach: Da Sie selbst kein Geld einsetzen, sollten Sie die zusätzliche Versorgung auf jeden Fall mitnehmen. Wie bei allen Formen der betrieblichen Altersvorsorge muss auf die spätere Rente allerdings Einkommensteuer gezahlt werden. Sind Sie gesetzlich krankenversichert, wird zudem der volle Beitrag auf die Kranken- und Pflegeversicherung fällig.

Der zweite Fall ist leider etwas komplizierter: Jeder Arbeitnehmer hat grundsätzlich Anspruch auf Entgeltumwandlung. Das heißt, Sie können einen Teil Ihres Bruttolohns oder -gehalts in die betriebliche Altersversorgung einzahlen. Das lohnt sich in der Regel aber nur, wenn sich der Arbeitgeber mit mindestens 20, besser 30 Prozent am Bruttobeitrag beteiligt, heißt es bei der Verbraucherzentrale Bundesverband. Die finanzielle Förderung ist im Arbeits- oder Tarifvertrag oder in einer Betriebsvereinbarung geregelt. Für alle Neuverträge seit 2019 gilt ein verpflichtender Arbeitgeberzuschuss: Wird Entgelt in eine bAV umgewandelt, muss der Arbeitgeber 15 Prozent drauflegen, sofern er dadurch Sozialversicherungsbeiträge spart. Ab 2022 gilt dies auch für bereits bestehende Verträge. Wann lohnt sich das und vor allem für wen? Diese Frage ist gar nicht so leicht zu beantworten. Viele verschiedene Faktoren und natürlich mal wieder auch Ihre individuelle Situation müssen berücksichtigt werden.

Wichtig ist auch der steuerliche Aspekt. Da die Beiträge vom Bruttogehalt abgehen, müssen Arbeitnehmer und Arbeitgeber bis zu den Höchstgrenzen keine Steuern und Sozialabgaben zahlen. Die Rente ist später dann allerdings zu 100 Prozent steuerpflichtig. Die Höhe der Steuern hängt vom individuellen Steuersatz ab. Da der Steuersatz in der Regel im Alter geringer ist, lohnt sich diese Verschiebung. Bei anderen – nicht betrieblichen – Arten der Altersvorsorge ist es meist umgekehrt: Sparer müssen versteuertes Einkommen (Nettoeinkommen) einsetzen, dafür ist die Rente nur mit dem niedrigeren Ertragsanteil zu versteuern.

Die betriebliche Altersvorsorge ist leider sehr unflexibel. Vor Rentenbeginn kommen Sie nicht an das Kapital. Bei Jobwechseln kann der Vertrag nicht immer übertragen werden – für eine Entgeltumwandlung muss ein neuer Vertrag abgeschlossen, der bisherige Vertrag stillgelegt oder privat fortgeführt werden. Allein der Arbeitgeber wählt den Versorgungsträger aus. Viele Betriebe bieten lediglich die üblichen Direktversicherungen an, die zu denselben (teuren) Konditionen auch am Markt verkauft werden. Denken Sie aber trotzdem über eine betriebliche Altersvorsorge nach. Zahlt Ihr Arbeitgeber die bAV allein, brauchen Sie nicht lange zu überlegen: Nehmen Sie die zusätzliche Absicherung mit! In allen anderen Fällen müssen Sie ein bisschen rechnen. Rentabel ist die betriebliche Altersvorsorge nur, wenn sich der Arbeitgeber in ausreichendem Maß beteiligt, warnen Verbraucherschützer.

Die Lebensversicherung: Problemfall in der Nullzinsphase

Gesetzliche Rente plus Lebensversicherung – das war früher ein echtes Erfolgsmodell. Das Rentenniveau war deutlich höher als heute und es gab noch Zinsen. Da hat es oft gereicht, mehr als gereicht, einfach nur eine Kapital-Lebensversicherung abzuschließen. Mitunter kam dabei dann sogar ein ziemlich luxuriöser Ruhestand heraus, bei überschaubarem Einsatz. Aber das ist lange her. Das Rentenniveau schrumpft immer weiter zusammen und Lebensversicherungen sind längst keine so gute Idee mehr. Seit es so gut wie keine Zinsen mehr gibt, sind Garantiezins und Überschussbeteiligung zerschmolzen wie Eis in der Sonne.

Natürlich kann eine Lebensversicherung noch immer ein Beitrag zur Altersvorsorge sein. Nur ist die Einmalzahlung bei Fälligkeit eben mittlerweile ziemlich mickrig. Es sei denn, Sie zahlen monatlich horrende Summen ein. Wählen Sie aber eine Police mit Kapitalwahlrecht, dann können Sie sich auch für eine monatliche Rente entscheiden. Das kann vielleicht doch Sinn machen – Stichwort Langlebigkeitsrisiko. Mein Tipp: »Spielen« Sie mal mit einem Vergleichsrechner im Internet rum. Sie werden sich wundern. Das Ergebnis ist leider ziemlich klar: Es lohnt sich nicht mehr, klassische Lebens- und Rentenversicherungen neu abzuschließen. Das liegt an den niedrigen Zinsen und hohen Kosten. Von 0,9 Prozent Garantiezins verbleiben im Durchschnitt nur 0,14 Prozent an garantiertem Wertzuwachs.

Verbraucherschützer raten mittlerweile von den Policen eher ab. Wer sich nicht sicher ist, ob er die Laufzeit durchhalten kann, sollte keine Kapital-Lebensversicherung abschließen. Denn: Vorher kündigen bedeutet Verlust! Oft wird von Versicherern der zusätzliche Hinterbliebenenschutz gepriesen. Der kann aber auch durch eine erheblich günstigere Risiko-Lebensversicherung aufgestockt werden. Sinnvoll kann eine Kapital-Lebensversicherung im Rahmen einer betrieblichen Altersversorgung sein, zum Beispiel als Direktversicherung. Denn dann winken Steuervorteile. Grundsätzlich gibt es aber bessere Wege, für das Alter vorzusorgen.

Trotzdem haben kapitalbildende Lebensversicherungen immer noch einen guten Ruf bei den Bundesbürgern – obwohl sie kompliziert, teuer, unflexibel und intransparent sind. Und meist enttäuschend, weil die Auszahlung oft weit unter der einstigen Prognose liegt. Gleichwohl gibt es rund 92 Millionen abgeschlossene Verträge. In den 1980er- und 1990er-Jahren waren sie ein echter Verkaufsschlager. Kein Wunder, gab es doch früher vergleichsweise hohe Zinsen. Bei Vertragsabschluss im Juli 1994 lockten 4 Prozent auf die Spareinlagen nach Abzug von Kosten. Davon können wir heute nur träumen. Glücklich ist, wer einen Altvertrag hat. Bei heutigen Abschlüssen liegt der Garantiezins bei nur noch 0,9 Prozent.

Die einst so sichere Säule der privaten Altersvorsorge wankt. Zumal erste Versicherer bereits die 100-prozentige Beitragsgarantie gekippt haben. Mögliche Verluste mit der Kapital-Lebensversicherung bei mickriger Rendite? Na, schönen Dank auch! Das lohnt sich nicht.

Private Rentenversicherung mit schwindenden Renditen

Standard in der Altersvorsorge war früher ebenso die private Rentenversicherung. Auch heute noch werden viele Verträge verkauft. Und das, obwohl diese Police längst keinen finanziell entspannten Lebensabend mehr verspricht. Wie auch die Kapital-Lebensversicherung ächzt sie unter den homöopathisch niedrigen Zinsen und erwirtschaftet immer weniger für die Versicherten. Deshalb werden neben klassischen Produkten, die sicher anlegen und eine garantierte Rendite versprechen, heute immer öfter Rentenversicherungen der »neuen Klassik« verkauft, die einen größeren Aktienanteil enthalten und keine oder nur noch verringerte Garantien mit sich bringen. Denn nur so können die Versicherungen ihren Kunden weiterhin die Chance auf Rendite in Aussicht stellen.

Sie soll die Finanzrisiken eines langen Lebens absichern, und das mit lebenslangen Rentenzahlungen. Wie die Kapital-Lebensversicherung leidet aber auch sie unter Renditeschwund und hohen Kosten. Auch hier urteilen Verbraucherschützer: Lediglich in der geförderten Variante, als Riester- beziehungsweise

Rürup-Vertrag oder in Form einer betrieblichen Altersvorsorge, seien private Rentenversicherungen noch sinnvoll.

Die private Rentenversicherung gibt es in zwei Varianten. Nummer eins ist die »aufgeschobene« Variante, bei der über Jahre regelmäßig Beiträge eingezahlt werden. Nummer zwei ist die Sofortrente, zu der ich später komme. Bleiben wir zunächst bei Variante eins.

Die »aufgeschobene« Rentenversicherung

Bei der »aufgeschobenen« Rentenversicherung zahlt der Versicherer das angesparte Kapital ab dem vereinbarten Datum als monatliche Rente aus. In welcher Form das angesparte Kapital Rendite erwirtschaften soll, unterscheidet sich je nachdem, ob der Vertrag eine klassische Rentenversicherung ist, eine fondsgebundene Rentenversicherung oder eine der vielen Varianten der »neuen Klassik«.

Bei der aufgeschobenen Rente können wir im Alter wählen, ob wir uns das angesparte Kapital als lebenslange Rente auszahlen lassen oder ob wir unser Kapitalwahlrecht nutzen. Letzteres bedeutet, dass wir das Geld auf einen Schlag bekommen. Aber Achtung: Eine Rentenzahlung ist in aller Regel steuerlich günstiger als eine Auszahlung auf einen Schlag. Wie viel das einmal sein könnte – garantiert oder im besten Fall –, rechnet Ihnen der Versicherer vor und aktualisiert diese Berechnung auch regelmäßig.

Beim Abschluss einer klassischen Rentenversicherung garantiert der Anbieter eine Mindestrente im Alter. Diese Mindestrente errechnet sich aus dem garantierten Kapital, dementsprechend gibt es für diesen Teil der zukünftigen Rente einen Rentenfaktor, der bereits beim Vertragsabschluss feststeht. Doch die Rentenhöhe bestimmt sich auch aus nicht garantierten Überschüssen.

Der Rentenfaktor dafür wird erst zu Beginn der Rentenzahlung festgelegt.

Fondspolicen oder Policen der »neuen Klassik« garantieren kein bestimmtes Kapital zum Rentenbeginn, deshalb gibt es auch keine garantierte Mindestrente. Oft nennt der Versicherer dennoch einen Rentenfaktor in den Versicherungsunterlagen. Diesen kann er allerdings während der Ansparphase verändern. Je nach Versicherungsbedingungen ist das mehr oder weniger kompliziert. Wirklich festgelegt ist der Faktor erst bei Rentenbeginn.

Klassische Rentenversicherungen kämpfen genauso wie Lebensversicherungen mit den homöopathisch niedrigen Zinsen. Seit 2017 beträgt der Höchstrechnungszins, im Volksmund Garantiezins genannt, nur noch 0,9 Prozent pro Jahr. Übersetzt heißt das: Wenn Sie eine Police abschließen, verspricht die Versicherung, den Sparanteil des Beitrags, also den Anteil, der nicht für Kosten oder Risikoschutz verwendet wird, mit diesem Prozentsatz zu verzinsen. Die Garantie darf maximal dem vom Gesetzgeber vorgegebenen Höchstrechnungszins entsprechen, also 0,9 Prozent. Der Sparanteil des Beitrags liegt typischerweise zwischen 80 und 90 Prozent, wie die Branchen-Ratingagentur Assekurata berechnet hat. Von 100 Euro Einzahlung sparen Sie also nur 80 oder 90 Euro an, der Rest geht zum Beispiel für Provisionen, den Todesfallschutz oder die Verwaltung drauf. Klingt mickrig. Zum Glück bringen es die Versicherungen auf etwas mehr Rendite für uns – den erwirtschafteten »Überschüssen« sei dank. Allerdings nimmt auch deren Höhe seit Jahren ab. Für neue Policen liegt sie gerade noch bei gut 2 Prozent. Neben den Minizinsen belasten wieder einmal die hohen Kosten der Versicherungen die Rendite. Klassische private Renten- und auch Kapital-Lebensversicherungen lohnen sich daher kaum noch.

Deshalb gibt es mittlerweile eben auch die Policen der »neuen Klassik« – welches Marketing-Genie auch immer sich diesen

Namen ausgedacht hat. Sie können höhere Renditechancen versprechen, indem sie die Garantien verringern. Garantien kosten nämlich Rendite, wie immer bei der Geldanlage. Je mehr eine Versicherung garantieren muss, desto mehr Geld muss sie in sichere Anlagen investieren. Die bringen aber eben kaum noch Zinsen. Sind die Garantien niedriger, kann der Versicherer auch in Aktien und andere Anlageklassen investieren. Damit steigt die Chance auf Gewinn. Natürlich ist auch das Risiko etwas höher, aber das würde ich immer eingehen. Reich werden Sie aber auch damit nicht, die Kosten sind einfach zu hoch. Leider sind die Policen der »neuen Klassik« recht schwer zu vergleichen, weil sie sehr unterschiedlich ausgestaltet sind. Deshalb sollten Sie sich unbedingt beraten lassen, falls Sie Interesse haben.

Höhere Renditechancen, aber auch höhere Risiken bietet die fondsgebundene Rentenversicherung. Sie ist im Grunde ein Fondssparplan im Mantel einer Versicherung, und das üblicherweise ohne Garantie. Verluste sind also möglich. Ihre Beiträge werden in Aktien-, Anleihe- oder Immobilienfonds investiert. Deshalb lässt sich auch schlecht prognostizieren, wie hoch die Rente am Ende ist. Auch sind hier Provisionen und Verwaltung oft teuer, was natürlich auf der Rendite lastet. Am ehesten lohnt sich die fondsgebundene Rentenversicherung für junge Menschen, die mit einem langen Anlagehorizont Marktschwankungen aussitzen können.

Ich würde immer die Police mit dem höchsten Aktienanteil, also die »riskanteste« Variante wählen und auf Garantien ein Stück weit verzichten. Denn auch hier sind Chance und Risiko eng verbunden. Wobei das Wort »Risiko« eigentlich das falsche Wort ist. Denn die Versicherer müssen extrem sicher anlegen, das Risiko hält sich also wirklich in Grenzen. Die Chancen aber leider auch. Trotzdem sollten Sie bei den »aufgeschobenen Rentenversicherungen« auf die renditestärkste Möglichkeit setzen.

Die Sofortrente

Die zweite Variante der privaten Rentenversicherung ist die Sofortrente. Sie sparen nicht über Jahre Kapital an, sondern zahlen auf einmal – also »sofort« – einen hohen Betrag ein, die Einmaleinlage. Vielleicht haben Sie geerbt? Eine hohe Abfindung bekommen? Oder eine Immobilie verkauft? Das eingezahlte Geld verrentet die Versicherung. Der Versicherer beginnt also meist sofort damit, es wieder als monatlichen Betrag auszuzahlen – daher der Name. Es ist aber durchaus möglich, dass Sie die Rente noch etwas aufschieben und erst in einigen Jahren mit der Rentenzahlung starten. Die Sofortrente eignet sich vor allem für fitte Senioren, die erwarten, noch lange zu leben – so dass sich die lebenslange Rente lohnt. Die Höhe der Auszahlung hängt natürlich von der Summe der Einmalanlage ab. Die Versicherung rechnet diese um in eine lebenslang garantierte Mindestrente. Zusätzlich dazu werden Überschüsse ausgezahlt. Diese stehen aber nicht fest und sind auch nicht garantiert.

Wenig überraschend sind auch die Sofortrenten in den vergangenen Jahren ziemlich zusammengeschmolzen. Das liegt nicht nur an den schwindenden Zinsen, sondern auch an der längeren Lebenserwartung und der für Versicherte äußerst unvorteilhaften Kalkulation der Assekuranzen in den vergangenen Jahrzehnten. Wer 1992 umgerechnet 100.000 Euro zu einer Sofortrente machte, der erhielt stolze 750 Euro im Monat. 2008 waren es immerhin noch gut 400 Euro. Heute sind es – abhängig vom Anbieter – nur noch zwischen 310 und 340 Euro. Die Sofortrente lohnt sich damit nur für Menschen, die wirklich sehr lange leben. Wenn Sie »nur« mit der durchschnittlichen Lebenserwartung rechnen, ist ein sogenannter Entnahmeplan die bessere Variante.

Ein Beispiel:

Bei 100.000 Euro im Spartopf und einer monatlichen Auszahlung von 320 Euro reicht die Rente 38 Jahre. Zumindest dann, wenn eine Rendite von 2,5 Prozent und der Abzug der derzeit gültigen Abgeltungssteuer inklusive Soli unterstellt wird. Bei einer höheren Rendite reicht das Geld sogar noch länger! Außerdem können Sie das Geld vererben, falls Sie sterben, bevor es aufgebraucht ist. Bei einer Sofortrente »erbt« das Kollektiv, also die Versichertengemeinschaft, Ihre Familie geht leer aus.

Rürup-Rente für Selbstständige und Besserverdienende

Viele Selbstständige zahlen nicht in die gesetzliche Rentenkasse ein. Wenn sie nicht privat vorsorgen, droht ihnen erst recht Altersarmut. Um ihnen die Vorsorge zu erleichtern, wurde 2005 die Rürup-Rente – auch Basis-Rente genannt – als staatlich geförderte Altersvorsorge für Selbstständige eingeführt. Sie ist aber auch für Besserverdienende interessant, und zwar als Steuersparmodell.

Grundsätzlich kann jeder eine Basis-Rente abschließen. Da die staatliche Förderung aber ausschließlich aus der steuerlichen Abzugsfähigkeit der Beiträge resultiert, eignet sich die Basis-Rente insbesondere für Selbstständige, Unternehmer, Beitragspflichtige zu einem Versorgungswerk und Arbeitnehmer mit einem höheren Einkommenssteuersatz. Denn die steuerliche Behandlung und damit die hohe staatliche Förderung gehören zu den großen Vorteilen der Basis-Rente. Die Beiträge können Sie nämlich als Vorsorgeaufwendungen von der Steuer absetzen. Aber nur, wenn Sie diese Steuerersparnis dann renditestark investieren, kommt wirklich Altersvorfreude auf. Denn auf Rürup-Rente macht nicht reich. Im Gegenteil.

Aber zurück zum Steuervorteil. Die in der Ansparphase maximal absetzbaren Vorsorgeaufwendungen im Jahr 2021 liegen bei 23.724 Euro. Tatsächlich müssen Sie dafür aber 25.787 Euro einzahlen. Es sind nämlich erst 92 Prozent des Beitrags steuerlich absetzbar, bis 2025 dann in jährlichen Zwei-Prozent-Schritten 100 Prozent erreicht sind. Doch auch kleinere Summen machen sich steuerlich durchaus bemerkbar: Bei 10.000 Euro Einzahlung erhalten Sie also bei einem hohen persönlichen Steuersatz circa 4000 Euro vom Finanzamt zurück.

Die Rürup-Rente wird allerdings lediglich in der Ansparphase steuerlich gefördert. Auf die späteren Renten fallen dann Steuern an – bis 2039 noch anteilig, ab 2040 zu 100 Prozent. Auch für Rürup gilt natürlich: Da der Steuersatz im Alter häufig niedriger ausfällt als im Erwerbsleben, dürfte diese nachgelagerte Besteuerung für die meisten Sparer Vorteile haben. So verlockend der Steuervorteil aber auch ist: Es geht bei der Rürup-Rente natürlich nicht nur um ein Sparmodell, sondern um eine Leibrente, die lebenslang gezahlt wird. Wichtig sollte vor allem sein, was am Ende rauskommt. Das kann je nach Vertrag, je nach Variante mehr oder weniger sein.

Verbraucher haben die Qual der Wahl. Die Basis-Rente gibt es im Gegensatz zur Riester-Rente mit und ohne Garantie auf die eingezahlten Beiträge. Es gibt sie als konventionelle Rentenversicherung, fondsgebundene Rentenversicherung oder in der Ansparphase auch als Fondssparplan ohne Garantie auf die eingezahlten Beiträge. Wer aktuell für das Alter mit einer Basis-Rente vorsorgen möchte, sollte sich vor allem mit der Frage der Beitragsgarantie auseinandersetzen. Auf dem aktuellen Zinsniveau gibt es keine risikofreie Rendite. Wie bei anderen Altersvorsorgeprodukten, muss die Sicherheit einer Beitragsgarantie mit einem sehr begrenzten Renditepotenzial erkauft werden. Solange die Zinsen nicht wieder steigen, wird das auch so bleiben.

Teuer und unflexibel, wie so viele Versicherungsverträge

Immer wieder gibt es Kritik an der Rürup-Rente. Wie so oft bei Versicherungsverträgen sind Experten die hohen Kosten ein Dorn im Auge. Außerdem ist die Basis-Rente relativ unflexibel. Sie ist nicht beleihbar, vererbbar oder übertragbar. Beim Eintritt in den Ruhestand gibt es keine Kapitaloption, das heißt, Sie können sich keine größeren Beiträge auf einmal auszahlen lassen. Eine Auszahlung ist übrigens auch während der Ansparphase nicht möglich. Ebenso ist eine Möglichkeit zum Anbieterwechsel gesetzlich nicht vorgeschrieben und daher im Prinzip unmöglich. Der Steuervorteil macht vieles davon aber wieder wett.

Bevor Selbstständige oder Besserverdienende sich allerdings für eine Basis-Rente entscheiden, sollte zudem geklärt werden, ob es nicht Alternativen gibt, die besser zur persönlichen Situation passen, also beispielsweise eine betriebliche Altersversorgung, die Riester-Rente oder Immobilien. Erfahrungsgemäß erweist sich jedoch die Rürup-Rente für sehr viele Menschen als eine gute Lösung. Und wenn wir den Steuervorteil Jahr für Jahr renditestark investieren, kann daraus sogar eine ziemlich gute Altersvorsorge werden.

Ob nun Riester, Rürup, Lebens- oder Rentenversicherung – das Problem bei vielen dieser Produkte: Wir müssen uns sehr lange binden. Das wollen wir aber oft nicht. Vor allem wollen wir es dann nicht, wenn wir noch sehr jung sind. Viele dieser Produkte sind auch ziemlich unflexibel. Das hemmt uns und führt zur »Aufschieberitis«. Das haben die Versicherungskonzerne aber zum Glück erkannt. Es gibt immer öfter auch flexiblere Policen. Wir können die Sparraten anpassen oder aussetzen. Das hilft. Leider sind viele Policen sehr teuer, heißt: die Kosten sind sehr hoch. Das liegt, wie schon beschrieben, daran, dass ein großer Teil unserer Beiträge »garantiert« sind. Sie sind also sicher. Sicherheit, hier in Form von Garantien, kostet aber nicht nur Rendite, sondern eben oft auch Geld. Das sollten Sie wissen.

Aktien für die (staatliche) Rente

Ich persönlich würde am liebsten ausschließlich mit Aktien für das Alter vorsorgen. Dabei wäre ich maximal flexibel, könnte jederzeit ein- und aussteigen. Die beste Rendite würde ich damit langfristig auch einfahren. Auf dem Papier ist das für mich wirklich die beste Variante. Aber da wäre noch das Problem mit dem Langlebigkeitsrisiko. Womit wir wieder am Anfang dieses Kapitels wären: Eine Million oder welche Summe auch immer ist erstens später weniger wert und zweitens auch irgendwann aufgebraucht. Dann bleibt am Ende des Geldes nicht einfach noch viel Monat übrig, sondern sehr viel Leben. Und dann? Wir müssen uns des Langlebigkeitsrisikos bewusst sein. Wer steinalt wird, braucht auch viel Geld. Schön, wenn wenigstens ein Teil davon planbar ist – in Form einer regelmäßigen Rentenzahlung. Vor allem Selbstständige, die nicht in die gesetzliche Rentenkasse einzahlen, sollten sich darüber Gedanken machen – je früher, desto besser.

> Wer steinalt wird, braucht auch viel Geld.

In meiner Idealvorstellung sorgen wir alle mit Aktien für das Alter vor, am liebsten mit einer staatlichen Aktienrente. Die gibt es in einigen Ländern schon. Die gesetzliche Altersvorsorge in Schweden, Norwegen und anderen Ländern dient regelmäßig als Vorbild für Vorschläge in Deutschland. Auch hierzulande wird die Aktienrente nämlich immer mal wieder diskutiert, aber leider gibt es einfach zu viele Bedenken. Kein Wunder, brüsten sich namhafte Politiker wie Olaf Scholz doch allen Ernstes damit, ihr Geld auf Sparbuch und Girokonto zu bunkern. Gut, angesichts üppiger Pensionen muss er sich um seine finanzielle Zukunft keine Sorgen machen. Das gilt für uns aber leider nicht. Eine Aktienrente hätte wirklich Vorteile. Der Charme einer Lösung wie beispielsweise in Schweden wäre, dass auch Menschen mit niedrigen Einkommen von den Renditevorteilen von Aktien profitieren würden. Schweden, aber auch weitere Länder wie die Niederlande, die USA oder Großbritannien setzen in der Altersvorsorge bereits seit Langem auf die Anlageform Aktien und fahren verdammt gut damit. Norwegens Staatsfonds wird ebenfalls häufig im Zusammenhang mit möglichen neuen Altersvorsorge-Konzepten genannt. Mal sehen, ob sich hierzulande irgendetwas tut. Bis auf Weiteres sollten Sie bei Altersvorsorge-Produkten immer die Variante mit der höchsten Aktienquote wählen.

Die Immobilie und der Traum vom mietfreien Wohnen

Für viele gehört auch eine Immobilie zur Altersvorsorge. Die eigene Wohnung oder das eigene Haus garantieren uns das mietfreie Wohnen im Alter, wenn die Immobilie bis dahin abbezahlt ist. Damit fällt natürlich auch ein großer Kostenfaktor weg, denn das ist die Miete auf jeden Fall. Wir brauchen uns nur unseren Kassensturz, die Aufstellung der Ausgaben anschauen. Die Miete dürfte der größte Brocken sein und es wird nicht besser. Fällt er weg, wäre das natürlich prima.

Aber mitunter wird so eine Immobilie im Alter auch zur Belastung – zu groß, viele Reparaturen, hohe Nebenkosten. Oder die Wohnung ist einfach nicht seniorengerecht, müsste extrem kostspielig umgebaut werden. Vom Treppenlifter über die barrierefreie Badewanne oder Dusche bis zur elektrischen Markise – es kann ein ziemlich teurer »Spaß« werden, das Eigenheim, das man vor 20 oder 30 Jahren gekauft hat, unseren Befindlichkeiten im Alter anzupassen. Zum Glück können wir unsere Immobilien aber verkaufen, auch wenn das nicht von einem Tag auf den anderen geht. Mit dem Erlös können wir dann entweder eine neue

Wohnung kaufen, die unserer neuen Lebenssituation besser entspricht, oder wir ziehen eben in eine Seniorenresidenz um. Wie sinnvoll oder weniger sinnvoll eine Immobilie als Investition und damit zum langfristigen Vermögensaufbau grundsätzlich ist, dazu kommen wir übrigens im Kapitel »Immobilien sind krisenfest« noch ausführlich.

Rente, Riester und vermögenswirksame Leistungen – das reicht ganz sicher nicht für einen sorgenfreien Ruhestand. Zum Glück gibt es viele Bausteine, die wir je nach unserer persönlichen Vorliebe zusammensetzen können. Altersvorsorge ist wirklich ein mühsames, ein lästiges Thema. Ich spreche lieber von langfristigem Vermögensaufbau, lieber noch von der Altersvorfreude. Das macht es etwas besser. Dann macht das Thema zwar wahrscheinlich noch immer keinen Spaß, aber vielleicht motiviert uns das Wort. Denn das Thema vor sich herzuschieben, ergibt wirklich keinen Sinn! Und das gilt für jeden von uns. Auch wenn es eine beliebte Ausrede ist, doch noch viel Zeit zu haben. Das ist Blödsinn! Damit belügen wir uns im Grunde nur selbst. Und wenn es ganz dumm läuft, verpassen wir sogar den »richtigen« Zeitpunkt, um überhaupt loszulegen. Es spricht wirklich viel dafür, so früh wie möglich anzufangen. Und zu spät ist es oft auch noch nicht, selbst wenn wir das denken.

Die To-Do's für Ihre Altersvorsorge

☐ Berechnen Sie Ihre Rentenlücke

☐ Schauen Sie, welche Bausteine der Altersvorsorge für Sie infrage kommen

☐ Setzen Sie, wenn immer möglich, auch auf Aktien – bei der Zusatzversorgung wie bei der privaten Altersvorsorge

Ausrede 6
Ich habe noch Zeit. Oder: Ich hab den richtigen Zeitpunkt verpasst

Sie kennen wir wahrscheinlich alle. Diese ewige »Aufschieberitis«. Die Steuer hat noch Zeit, den Frühjahrsputz verschieben wir von Woche zu Woche. Auch die Schränke müssten mal wieder ausgemistet werden. Über die Autowäsche wollen wir gar nicht erst reden. Aber das muss ja nun wirklich nicht jetzt sein. Das muss nicht an diesem Wochenende, in dieser Woche oder sogar diesem Monat passieren. Und irgendwie passiert es dann gar nicht. Oder doch zumindest längere Zeit nicht, viel zu spät mitunter.

So ähnlich geht es uns mit unseren Finanzen und erst recht mit unserer Altersvorsorge. Das ist aber auch tatsächlich ein extrem mühsames Thema. Das wissen Sie spätestens nach den letzten 25 oder 30 Seiten. Gefördert oder nicht, mit oder ohne Garantie, langlaufende und sogar fesselnde Policen oder die etwas flexiblere Variante – so viele Möglichkeiten, so unterschiedliche Verträge. Die Produkte sind oft kompliziert und die Renditen mau. Kein wirklich erheiterndes oder gar unterhaltsames Thema. Und überhaupt: Wer soll da den Überblick bekommen und behalten? Altersvorfreude sieht nun wirklich anders aus. Da verwundert es kaum, dass viele das Thema vor sich herschieben. Der Zeitfaktor dient hier dann übrigens oft als Ausrede. Mal haben wir noch lange Zeit, um uns um unsere Altersvorsorge zu kümmern. Wir sind schließlich noch jung, die Rente ist in weiter Ferne. Mal haben wir keine Zeit mehr, das Kind ist sowieso schon in den Brunnen gefallen. Warum sollten wir uns also überhaupt noch kümmern?

So geht es leider viel zu vielen von uns. Wir leiden mal mehr und mal weniger unter »Aufschieberitis«. Es ist ein weit verbreitetes Phänomen. Acht von zehn Deutschen haben schon finanzielle, berufliche oder gesundheitliche Nachteile erlitten, weil sie wichtige Dinge auf die lange Bank geschoben haben. Das zeigt eine Studie zum Aufschiebe-Verhalten

> Wir leiden mal mehr und mal weniger unter »Aufschieberitis«.

der Deutschen des Sinus-Instituts im Auftrag der Initiative »7 Jahre länger« des Gesamtverbandes der Deutschen Versicherungswirtschaft (GDV). Immerhin: Die Deutschen wissen selbst um ihre mangelnde Disziplin. Rund ein Drittel der Befragten bezeichnet sich selbst als Aufschieber. Selbsterkenntnis ist bekanntlich der erste Schritt zur Besserung. Erfreulich deshalb: Von dieser Gruppe halten es 73 Prozent für notwendig, an ihrem Verhalten etwas zu ändern.

Der häufigste Grund für permanente Prokrastination – so der Fachbegriff für Aufschiebeverhalten – ist übrigens fehlende Motivation: 54 Prozent der Personen, die wichtige Dinge auf die lange Bank schieben, sagen, sie können sich einfach nicht aufraffen. Für 39 Prozent ist die Auseinandersetzung mit den eigentlich wichtigen Aufgaben schlicht zu anstrengend. Weitere populäre Gründe sind fehlende Zeit und mangelndes Geld. Das kommt uns bekannt vor, oder? All die schönen Ausreden, die wir immer wieder haben, um uns nicht um unsere Finanzen zu kümmern.

Die Zeit als wichtigster Verbündeter bei der Geldanlage

Laut Sinus-Studie vernachlässigt jeder Vierte seine Finanzen: 27 Prozent fällt es schwer, sich um ihre Geldanlage zu kümmern. Und 24 Prozent fällt es schwer, Geld für das Alter zurückzulegen. Weil wir aber immer länger leben und die Rente eben einfach nicht sicherer wird, müssen wir diese »Aufschieberitis« irgendwie überwinden. Je früher wir die Weichen für ein zufriedenes und finanziell auskömmliches Leben im Alter stellen, desto besser. Es stimmt natürlich: Viele von uns haben wirklich noch sehr, sehr viel Zeit bis zum Ruhestand. Wer 20, 25 oder 30 Jahre alt ist, mag sich natürlich nicht mit dem blöden Alter beschäftigen. Das ist alles noch so weit weg. Wir erinnern uns an die schnelle Belohnung, nach der unser Gehirn giert. Die Zeit ist aber nun einmal unser wichtigster Verbündeter bei der langfristigen Geldanlage. Die Zeit arbeitet für uns, und das sollten wir unbedingt ausnutzen.

> Die Zeit ist unser wichtigster Verbündeter bei der langfristigen Geldanlage.

Nehmen wir an, wir wollen 100.000 Euro für unsere Altersvorsorge ansparen. Oder die private Altersvorsorge soll sehr üppig ausfallen und wir möchten 500.0000 Euro zusammenbekommen. Wer nur spart, bekommt keine Zinsen mehr oder nur homöopathisch niedrige. Ich gehe jetzt mal davon aus, dass wir in den kommenden 20 bis 30 Jahren bei null Prozent Zinsen liegen. Das wird wahrscheinlich nicht so sein, aber stark werden sie auch nicht steigen. Also mache ich noch eine zweite Rechnung mit 2,5 Prozent Zinsen. Ob wir die im Schnitt als Sparer in den kommenden Jahren bekommen? Ich bezweifle es. Aber wir können ja andere Anlageformen beimischen, dann passt es wieder. Und das wäre dann auch eine recht konservative Geldanlage.

100.000 Euro in einer Welt ohne Zinsen zu sparen, ist – wenig überraschend – recht mühsam. Sie müssten 20 Jahre lang Monat für Monat etwa 417 Euro zur Seite legen. Würden Sie 30 Jahre lang sparen, dann wären es nur noch knapp 278 Euro. Hier arbeitet die Zeit für Sie. Wirklich üppig werden die Summen, wenn Ihr Sparziel bei 500.000 Euro liegt: 2083 Euro beziehungsweise 1389 Euro müssten Sie Monat für Monat sparen, um nach 20 oder 30 Jahren auf die halbe Million zu kommen. Wer schafft das schon? Gerade für Berufseinsteiger dürfte das unmöglich sein. Ob wir es im Laufe unseres Berufslebens jemals schaffen? Monat für Monat, viele Jahre lang. Unwahrscheinlich. Trotzdem zeigen die beiden Musterrechnungen, wie stark der Faktor Zeit wirkt. Im Internet gibt es übrigens jede Menge Sparrechner, mit denen Sie eigene Berechnungen anstellen können.

Und nun dieselben Beispiele bei einer Rendite von 2,5 Prozent pro Jahr: Rund 321 Euro monatlich müssten Sie 20 Jahre lang sparen, um auf 100.000 Euro zu kommen oder alternativ 186 Euro für 30 Jahre. Schon besser, oder? Bei der recht üppigen Sparsumme von einer halben Million macht sich das ebenfalls bemerkbar: gut 1605 Euro über 20 Jahre und 932 Euro über 30 Jahre. Immer noch viel Geld, zugegeben. Diese Beispiele zeigen aber ziemlich eindrucksvoll: Je früher wir anfangen, desto besser. Wenn dann auch noch ein bisschen Rendite dazukommt, sinken die monatlichen Sparraten immer weiter und unsere Sparziele werden erreichbar. Fangen Sie also an, am besten noch heute.

Wir sind nie zu alt; ein bisschen was geht immer

Und wenn uns nach all der »Aufschieberitis« die Zeit davongelaufen ist? In nur fünf oder gar zehn Jahren für das Alter vorzusorgen, das ist verdammt schwierig. Je älter wir sind, desto kürzer ist unser

Anlagehorizont. Uns läuft die Zeit davon, um unser finanzielles Ziel zu erreichen. Auch können wir in jungen Jahren höhere Risiken eingehen, weil wir viel Zeit haben, mögliche Schwankungen oder auch Crashs an der Börse auszusitzen. Das wird mit zunehmendem Alter und abnehmendem Anlagehorizont schwieriger. Aber stecken Sie bloß nicht den Kopf in den Sand, ein bisschen was geht immer.

Es ist ein häufiger Irrtum bei der Geldanlage zu glauben, der Anlagehorizont sei nicht mehr lang genug für ein Kapitalmarktinvestment. 10 Prozent der Deutschen glauben beispielsweise, dass sie zu alt sind, um zu investieren. Das zeigt das Krisenbarometer von J.P. Morgan Asset Management, das die Fondsgesellschaft mitten im ersten Corona-Lockdown erstellt hat. Es gibt aber kein falsches Alter, um mit dem Anlegen anzufangen. Wer jung ist, profitiert langfristig von einem starken Zinseszinseffekt – das sollte für jeden jungen Menschen ein guter Grund sein, so schnell wie möglich loszulegen, auch wenn es zunächst nur mit kleinen Beiträgen ist.

Aber auch wenn Sie schon etwas älter sind, lohnt sich der Einstieg. Ihr Vorteil: Sie haben vielleicht sogar etwas mehr Geld zur Verfügung, das Sie arbeiten lassen können. Nun heißt es natürlich (und zu Recht) immer, dass wir mit fortschreitendem Alter etwas weniger riskant investieren sollten. Schließlich ist unser Anlagehorizont nicht mehr so weit. Allerdings verschätzen wir uns auch dabei sehr oft: Wer bereits das Alter von 65 Jahren erreicht hat, für den liegt die Wahrscheinlichkeit, 80 Jahre oder älter zu werden, bei 67 Prozent als Mann und 76 Prozent als Frau. Bei Paaren liegt die Wahrscheinlichkeit, dass einer dieses Alter erreicht, sogar bei mehr als 90 Prozent. Und jeder vierte Mann und jede dritte Frau werden sogar 90 Jahre alt oder älter. Das bedeutet, dass auch im Ruhestandsalter noch ein ausreichender Anlagehorizont besteht, um eine positive Rendite zu erzielen. Denn die Zeit arbeitet für

Anleger – seit 1950 gab es noch keinen Zehnjahres-Zeitraum, in dem ein breit gestreutes Portfolio aus Aktien und Anleihen einen negativen Ertrag erzielte. Die beste Zeit zum Geldanlegen ist deshalb (immer) genau jetzt! Sie haben wahrscheinlich noch mehr Zeit, als Sie denken. Sie sind mit ziemlicher Sicherheit nicht zu alt, um noch vorzusorgen.

Nicht den Kopf in den Sand stecken

Natürlich wird es immer schwieriger, noch ein nennenswertes Vermögen aufzubauen, je älter wir werden. Irgendwann rennt uns leider wirklich die Zeit davon. Dann ist es tatsächlich zu spät. Nur höre ich das »Zu spät«-Argument oft von 50- und 60-Jährigen. Ja, rein rechnerisch müssen die Summen höher sein, um die Rentenlücke noch zu schließen. Ganz werden wir sie nicht mehr eliminieren können, wenn wir wirklich bei null anfangen. Aber auch hier gilt: Ein bisschen was lässt sich immer optimieren. Stecken Sie deshalb nicht den Kopf in den Sand, sondern machen Sie erst mal einen Kassensturz. Dann schauen Sie, was noch geht, was noch drin ist. Wahrscheinlich ist es mal wieder mehr als gedacht.

Wenn ich Rendite- oder Sparplan-Rechner im Internet nutze, erlebe auch ich immer wieder Überraschungen. Wer 100 Euro, 250 oder 500 Euro pro Monat zehn Jahre lang spart, kann sich bei einer Rendite von 6 Prozent über ein stattliches Sümmchen freuen: 16.331 Euro, 40.828 Euro oder 81.655 Euro. Eingezahlt hätten Sie 12.000 Euro, 30.000 Euro oder eben 60.000 Euro. Ich habe extra die Laufzeit von zehn Jahren gewählt, denn das ist der Anlagehorizont, den wir an der Börse haben sollten, um jeden Crash auszusitzen. Zehn Jahre bedeuten aber auch, dass wir selbst mit Mitte 50, vielleicht sogar mit knapp 60 Jahren loslegen können. Je nachdem, wann wir in Rente gehen wollen, natürlich. Aber die Zahlen zeigen: Ein bisschen was geht immer.

Nun werden Sie zu Recht fragen, wo Sie denn 2,5 oder 4 oder sogar 6 Prozent Zinsen bekommen. Die bekommen Sie natürlich nicht auf dem Bankkonto. Da kommt es dann auf die Mischung an. Statistisch erzielen Aktien langfristig Renditen von 6 bis 8 Prozent pro Jahr. Sie sind also Ihr Rendite-Turbo. Je nachdem wie stark Sie hier investieren, desto höher ist die Rendite Ihrer Geldanlage. Wie das genau und vor allem clever geht, mit möglichst hoher Rendite bei überschaubarem Risiko, dazu kommen wir in Teil II dieses Buches.

Natürlich ist es immer eine Frage des Alters und damit des Anlagehorizonts, wie viel Sie noch erreichen können. Und natürlich wird es immer schwieriger, eine Rentenlücke zu schließen, je älter wir sind und je begrenzter eben unser Anlagehorizont ist. Die Summen, die wir einsetzen müssen, um überhaupt noch ein nennenswertes Ergebnis zu erzielen, werden größer. Von Jahr zu Jahr übrigens. Auch deshalb ist es wichtig, so früh wie möglich anzufangen und nicht der ach so verlockenden »Aufschieberitis« zu verfallen. Vor allem seit es so gut wie keine Zinsen mehr gibt, ist das wichtiger als jemals zuvor. Denn zu viel Risiko können wir mit fortschreitendem Alter nicht mehr eingehen, oder wir wollen es schlichtweg nicht. Fangen Sie also lieber früher als später an, besser gestern als morgen, auf jeden Fall aber heute. Egal, wie alt Sie sind. Auch wenn sich das vermeintlich nicht mehr lohnt.

Ausrede 7
Sparen lohnt sich doch sowieso nicht mehr

Die Deutschen bunkern Billionen auf Sparkonten. Rendite? Fehlanzeige. Oder sogar negativ. Trotzdem halten Sparer diese Anlagen für sicher, im Gegensatz zur Börse. Dort können die Kurse schließlich massiv schwanken. Null- und Negativrenditen statt guter Börsenrenditen? Lohnt sich sparen etwa gar nicht mehr? Das ist natürlich Blödsinn, und damit fällt auch diese Ausrede durch. Manchmal höre ich sie. Zum Glück ist sie aber nicht allzu weit verbreitet. Ansonsten wären die Deutschen wohl auch keine Sparweltmeister. Es ist immer richtig und wichtig, Geld zur Seite zu legen. Wir brauchen schließlich einen Notgroschen für kleinere und größere Katastrophen.

Auch darüber hinaus sollten wir so viel Geld wie möglich zur Seite legen, aber bitte ohne uns zu kasteien. Es sei denn, Sie wollen unter die Frugalisten gehen. Diese streben nach finanzieller Unabhängigkeit, was grundsätzlich ein tolles Ziel ist. Um dieses Ziel zu erreichen, investieren sie allerdings den größten Teil ihres Einkommens in Aktien, Fonds oder Immobilien. Möglichst frühzeitig wollen sie allein von dem angesparten Vermögen und der Rendite leben können. Nur bleibt dann eben vor lauter Sparen oft nur sehr, sehr wenig Geld zum täglichen Leben übrig. Ich persönlich investiere sehr viel Geld in Aktien, und auch in meine sonstige Altersvorsorge fließt einiges. Aber das, was die Frugalisten veranstalten, wäre dann selbst mir zu viel des Guten. Ich möchte das Leben schließlich auch noch genießen, und zwar heute und nicht erst in 20 Jahren. Auch das ist finanzielle Freiheit. Die Deutschen sparen viel, aber sie übertreiben es auch nicht. Nur sparen sie eben – so ehrlich muss man sein – ziemlich falsch.

Ein Satz, den wir in diesem Zusammenhang immer wieder hören und lesen, und den auch ich schon oft geschrieben habe, lautet: Die Deutschen sparen sich arm. Und das, obwohl unser Reichtum doch Jahr für Jahr steigt? Zumindest zeigen das die Statistiken der Bundesbank eindrucksvoll. Geht das überhaupt, sich ärmer zu sparen? Leider ja. Nämlich dann, wenn Strafzinsen und vor allem Inflation ins Spiel kommen. Während wir die Strafzinsen sehr deutlich spüren, schließlich werden sie vom Konto abgebucht, ist das mit der Inflation anders. Dieses »Ärmersparen« passiert schleichend, fast unsichtbar, aber es passiert. Erinnern Sie sich an die Beispiele mit der Eiskugel in der Kindheit oder unserem ersten Auto? – Das Stichwort lautet Kaufkraftverlust.

> Die Deutschen sparen sich arm.

Leider fragen Sparerinnen und Sparer selten nach, ob die Zinsen wenigstens höher sind als die Inflation. Erst dann bleibt das Kapital wirklich erhalten. Viele schauen aber nur auf den Nominalwert. Und der ist so herrlich planbar, so schön konstant. 1000 Euro auf dem Sparbuch bleiben 1000 Euro auf dem Sparbuch, vorausgesetzt wir heben kein Geld ab. Wenn wir Glück haben, kommen sogar noch ein paar Cent Zinsen dazu. Doch so einfach ist es eben nicht, die Kaufkraft der Ersparnisse schwindet. Der Realzins ist negativ, also unsere Rendite abzüglich der Inflation. Die Europäische Zentralbank hat ein

Inflationsziel von um die 2 Prozent. Zugegeben, da waren wir lange nicht, vor allem nicht in der Euro-Zone. Aber in Deutschland waren wir vor der Coronakrise bei 1,5 Prozent. Null Prozent Rendite auf dem Tagesgeldkonto abzüglich 1,5 Prozent macht minus 1,5 Prozent.

Bankkonten bieten nur scheinbar Sicherheit. Das Geld ist auch auf dem Sparbuch nicht sicher. Klar, das Risiko, dass aus 1000 Euro 900 oder nur noch 800 Euro werden, ist null. Und die Einlagensicherung schützt unser Erspartes zusätzlich. Im Grunde ist aber das Geld nur sicher, wenn man die realen Verluste aufgrund der Geldentwertung verdrängt oder in Kauf nimmt. Genau das tun viele Sparer. Der reale Erhalt des Anlagekapitals steht im Vordergrund, höhere Ziele erscheinen zu ambitioniert. Doch selbst dieser reale Erhalt, im Grunde eine Minus-Rendite nach Abzug der Inflation, birgt eben ein gewisses Risiko.

Hoher Schaden durch die Zinspolitik der Notenbanken

Der weit verbreitete Irrtum, das Geld sei auf dem Sparkonto sicher, kann Sparer im Laufe eines Lebens ein Vermögen kosten. Aber nicht nur im Laufe eines Lebens, sondern schon in wenigen Jahren: Allein bis 2019 sind deutschen Sparern laut Berechnungen der DZ Bank rund 650 Milliarden Euro verloren gegangen. Denn nach der Finanzkrise sind die Zinsen immer weiter gesunken. Der Schaden ist extrem, auch wenn wir ihn gar nicht so direkt spüren. Wir »verlieren« ja kein Geld, das schon auf dem Konto war. Wir bekommen nur einfach keine Zinsen mehr, und dann ist das noch der negative Realzins.

Besserung ist kaum in Sicht. Durch die massiven Rettungspakete im Rahmen der Coronakrise werden die Zinsen noch lange so niedrig bleiben, dass mit bloßem Sparen kaum Wertzuwachs möglich ist. Doch viele Deutsche scheuen den Weg an den Kapitalmarkt. Geld einfach nur auf Sparkonten liegen zu lassen, das war aber schon falsch, als es noch Zinsen gab. Es geht besser. Und ein negativer Realzins ist übrigens gar nichts Neues. Es gab ihn bereits oft in den vergangenen Jahrzehnten. Mittlerweile betrifft das aber nicht mehr nur Sparguthaben, sondern eben auch länger- und langlaufende Anleihen mit guter Bonität. Die Renditen supersicherer Bundesanleihen beispielsweise sind seit einiger Zeit negativ. Wir verlieren also Geld, wenn wir dem Staat Geld leihen – sehr planbar übrigens. Das gleiche gilt für andere sehr sichere Staatsanleihen.

Dass die Zinsen mehr oder weniger abgeschafft sind, ist für Sparer noch aus einem anderen Grund problematisch. Ihnen ist mit dem Zinseszinseffekt ihr bester Verbündeter verloren gegangen, also die Zinsen auf die Zinsen, wenn das Geld auf dem Konto bleibt. In Zeiten von Null- und Niedrigzinsen habe ich, ehrlich gesagt, immer diesen Reflex: Zinsen? Welche Zinsen? Damit wären wir wieder beim Sparen, was uns leider nicht mehr weiterbringt. Das war früher einmal anders, ganz anders. Ich kann mich noch an Zeiten erinnern, als es pro Jahr 6 oder sogar 8 Prozent Zinsen gab – auf dem Sparbuch, für Bundesschatzbriefe (die Bundesschätze) oder sogar Bundesanleihen. Damals war zwar auch die Inflationsrate höher, der Realzins also nicht so gigantisch, wie man jetzt spontan denken mag. Aber trotzdem waren das auskömmliche Zinsen. Das Geld hat gearbeitet, auch wenn es supersicher angelegt war. Es hat sich sogar binnen weniger Jahre verdoppelt. Das kann man sich heute gar nicht mehr vorstellen, oder?

Mich schauen immer viele ungläubige Augenpaare an, wenn ich das in Vorträgen oder Seminaren mal vorrechne: Als ich Kind war, hat sich das Ersparte in neun bis zwölf Jahren verdoppelt. Später waren es dann 18 Jahre. Heute sind es Tausende Jahre.

Glauben Sie mir nicht? Es stimmt aber. Ausrechnen können wir das mit der 72er-Regel. Teilen wir nämlich die Zahl 72 durch die zu erwartende oder auch planbare Jahresrendite unserer Anlage, dann sagt uns das Ergebnis, wie lange es bis zur Verdoppelung in etwa dauert. Bei einem Zinssatz von 1 Prozent auf das Ersparte wären das stolze 72 Jahre. Nur – wer bekommt noch 1 Prozent Zinsen auf dem Sparbuch oder gar Tagesgeldkonto? Bei mir waren es zuletzt 0,01 Prozent Zinsen – im Grunde also null. Aber rechnen wir kurz nach: Das macht 7200 Jahre bis zur Verdoppelung. Na bravo! Eine konservative Geldanlage sollte bei einem entsprechenden Mix 2,5 Prozent im Jahr bringen, dann wären wir bei knapp 29 Jahren. Immer noch eine lange Zeit, aber immerhin erlebbar – im wahrsten Sinne des Wortes. Würden wir aber 6 oder gar 8 Prozent Rendite erzielen, dann wären es zwölf oder nur noch neun Jahre. Das hört sich doch schon viel besser an, oder nicht?

Aktien als Renditeturbo

»Nur, wo gibt es heute noch 6 Prozent Rendite pro Jahr?«, werden Sie jetzt vielleicht fragen. An der Börse, lautet die Antwort. Aktien bringen bei entsprechender Risikostreuung langfristig Renditen von 6 bis 8 Prozent – allen Crashs und Kurskapriolen zum Trotz. Damit kommen wir unserem Sparziel aus dem vorangegangenen Kapitel schon deutlich schneller näher. Um 100.000 Euro in 20 Jahren anzusparen, ist »nur« noch eine monatliche Sparrate von gut 215 Euro nötig. Und wenn wir 30 Jahre lang Zeit haben, dann müssen wir nur knapp 100 Euro monatlich investieren. Selbst das ziemlich üppige Sparziel von einer halben Million ist auf einmal besser erreichbar. Knapp 1100 Euro Monat für Monat müssten wir investieren, um in 20 Jahren die halbe Million beisammen zu haben. Über die längere Spardauer von 30 Jahren wären es »nur« noch knapp 500 Euro.

Von den langfristig guten Renditen der Aktienmärkte profitieren leider noch immer die wenigsten Deutschen. Nur jeder Sechste besitzt Aktien oder Aktienfonds, hat das Deutsche Aktieninstitut (DAI) ermittelt. Auch wenn Onlinebroker berichten, dass in der Coronakrise viele Depots eröffnet wurden, dürften die meisten Deutschen auch 2020 noch »Aktienmuffel« sein. In anderen Ländern sieht es besser aus, die Aktienquoten sind höher und die Menschen bauen mehr Vermögen auf. Ein Teil Ihres Ersparten sollte in Aktien fließen, auch dann, wenn Sie sehr konservativ und sicherheitsbewusst anlegen.

> Aktien bringen bei entsprechender Risikostreuung langfristig Renditen von 6 bis 8 Prozent – allen Crashs und Kurskapriolen zum Trotz.

Sicherheit und Rendite – das ist ein spannendes Wechselspiel. Keine Chance ohne Risiko und umgekehrt. Und noch eine dritte Komponente gibt es: die Liquidität, also die Verfügbarkeit unseres Geldes. Rendite, Sicherheit und Liquidität, das sind drei konkurrierende Ziele. Eine Geldanlage, die gute Rendite bringt, hohe Liquidität und niedriges Risiko, wäre die eierlegende Wollmilchsau. Das magische Dreieck der Geldanlage zeigt uns sehr anschaulich, dass immer nur zwei der drei Ziele erreichbar sind beziehungsweise dass bei dem Fokus auf zwei Ziele ein drittes vernachlässigt werden muss. Geldanlagen mit hoher Sicherheit und hoher Liquidität, also schneller Verfügbarkeit, sind wenig rentabel. Geldanlagen mit hoher Rentabilität und hoher Sicherheit sind nicht liquide beziehungsweise schnell verfügbar. Geldanlagen mit hoher Rentabilität und schneller Verfügbarkeit sind riskant, weisen also eine niedrige Sicherheit auf.

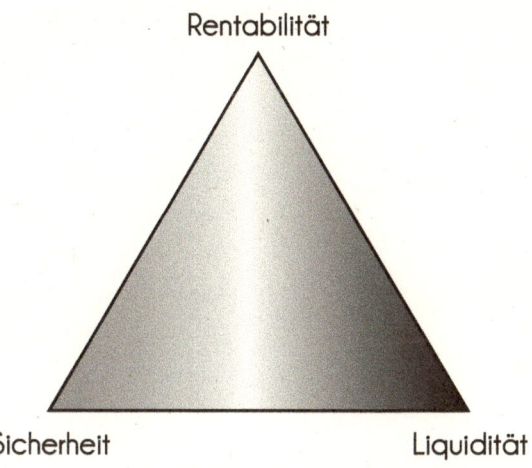

Das magische Dreieck der Geldanlage

Aktien bieten langfristig gute Renditen und sind liquide, weil wir sie jederzeit verkaufen können. Dazu kommen die Dividenden, die die Unternehmen an die Aktionäre zahlen. Die 30 Aktien im deutschen Aktienindex Dax kommen langfristig auf eine durchschnittliche Dividendenrendite von mehr als 3 Prozent. Davon können Sparbuchinhaber nur träumen. Trotzdem sind Dividenden nicht »die neuen Zinsen«, wie es oft heißt. Aber dazu kommen wir später noch. Dividenden sind die Gewinnausschüttung für das abgelaufene Geschäftsjahr einer Aktiengesellschaft. Anders als Zinsen sind Dividenden keinesfalls sicher, sie hängen stets von den Gewinnen und Zielen des Unternehmens ab.

Aber zurück zum Sparen: Sparen lohnt sich sowieso nicht mehr? Sparen ist der erste Schritt, bevor es ans Anlegen geht. Natürlich lohnt sich das Sparen noch. Wer das Gegenteil sagt, könnte auch einfach sagen: Ich habe keinen Bock auf Finanzen. Aber das bringt uns nicht weiter – nicht auf dem Weg zu mehr

Natürlich lohnt sich das Sparen noch.

finanzieller Freiheit, zu mehr finanzieller Unabhängigkeit, zu einem schönen, weil gut situierten Lebensabend. Sparen ist sogar super, wenn wir das Angesparte irgendwann investieren. Oder wir sparen regelmäßig in Aktien, Fonds und ETFs. Das würde ich favorisieren, weil es den Anlageprozess automatisiert und weil wir uns dann keine Gedanken über den richtigen oder falschen Zeitpunkt machen müssen. In den folgenden Kapiteln geht es um all die vielen Vorurteile, die es über die Börse und Aktien, über gefährlichen Kapitalismus und angebliche Investitionshürden gibt. Diese Vorurteile dienen ebenfalls oft als Ausreden. Räumen wir also auf damit. Kümmern wir uns darum, unsere Ziele möglichst schnell, mit geringem finanziellem und zeitlichem Einsatz zu erreichen.

Die Börse — verwerflich, gefährlich, kompliziert.

Ausrede 8
Die Börse ist ein Casino

Warum nur haben Aktien in Deutschland einen so schlechten Ruf? Diese Frage habe ich mir in den vergangenen Jahren oft gestellt. Und ich habe sie anderen gestellt. Die Antworten waren oft wenig erfreulich. Zu riskant, Teufelszeug, nur was für Reiche oder auch nur was für Spekulanten und Zocker – es gibt so viele Vorurteile rund um die Aktie. Besonders oft bekomme ich zu hören, dass die Börse ein Casino sei. Und das in einem Land, in dem es mehr Lottospieler als Aktionäre gibt! Aktionäre sind aber keine Spieler, zumindest die überwiegende Anzahl nicht. Sie sind Investoren, denken langfristig und agieren sehr bedacht. Aber das wollen viele einfach nicht hören und frönen ihren Stammtisch-Parolen von extremer Gefahr, hohen Verlusten und undurchsichtigen Machenschaften großer Finanzhaie. Ich kann all diese Vorurteile entkräften und hoffe, dass ich auch Sie mit meinen Argumenten überzeugen kann. Viele dieser Vorurteile verstehe ich aber auch. Es gibt einfach immer wieder negative Beispiele für übelste Zockerei mit Aktien. Es gibt immer wieder auch Anleger, die die Börse zum Casino machen oder doch zumindest machen wollen.

Aber natürlich ist die Börse keine Spielhalle, kein Wettbüro und auch kein Casino. Sie ist ein Handelsplatz, ein Markt für Unternehmensbeteiligungen, Schuldverschreibungen und Rohstoffe. Schuldverschreibungen sind Anleihen. Wer eine solche Anleihe kauft, leiht einem Unternehmen oder Staat Geld – für einen zuvor verabredeten Zeitraum, die Laufzeit der Anleihe, und zu einem in der Regel fixen Zinssatz, dem Kupon. Unternehmensbeteiligungen sind Aktien. Wer eine Aktie kauft, der beteiligt sich an einer Firma. Im Grunde werden wir als Aktionäre also Unternehmer. Und genauso sollten wir auch denken. Unternehmer denken und planen langfristig. Nicht der schnelle Euro, sondern der langfristige Erfolg ihres Unternehmens interessiert sie. Natürlich wollen sie Geld verdienen, aber sie erwarten nicht, dass sich eine Investition in den eigenen Betrieb binnen weniger Tage oder Wochen verdoppelt oder verdreifacht. Das dauert, aber ein langer Atem zahlt sich eben oft aus. Genauso ist es an der Börse auch. Wer Aktien kauft, sollte langfristig investieren. Manche raten zu einem Anlagehorizont von fünf Jahren, ich würde eher zehn oder mehr Jahre wählen. Denn dann können wir auch Durststrecken überstehen. Und die wird es geben, ebenso wie einige Kursturbulenzen oder vielleicht sogar einen Crash. Das gehört zur Börse einfach dazu. Aber langfristig stimmt die Rendite dann eben doch.

> Wer eine Aktie kauft, der beteiligt sich an einer Firma.

Grauenvolle Crashs und imposante Erholungen

Aber natürlich gibt es wirklich grauenvolle Börsenjahre, es gibt schreckliche Crashs. Meinen ersten Mega-Absturz habe ich Anfang des Jahrtausends erlebt. Ich war noch recht neu an der Börse, hatte nur wenige Jahre Erfahrung. Größere Kursschwankungen hatte ich kaum erlebt, vor allem aber keine schlechte Börsenphase und erst recht keinen Absturz. Meine ersten Börsenjahre waren richtig gute Börsenjahre. Es lief sogar sensationell. Ich hatte jede

Menge Gewinner im Depot und eigentlich keine Nieten. Dann platzte die Internetblase – dazu komme ich noch detaillierter. Es hat kräftig geknallt an der Börse. Monatelang. Jahrelang. Schon im Jahr 2000 kippte die Stimmung langsam, der Dax verlor 7,5 Prozent, im Jahr 2001 waren es dann sogar knapp 20 Prozent. Ich war schockiert. Wie konnte das sein? Es war doch zuvor so extrem gut gelaufen! Allein 1999 ging es mit den deutschen Standardwerten knapp 40 Prozent aufwärts, im Jahr davor waren es knapp 18 Prozent. Und 1995 waren es sogar gigantische 47 Prozent. Ich habe meine erste Aktie 1996 gekauft: die T-Aktie. Ich war beim ersten Börsengang der Deutschen Telekom dabei. Und dann kamen viele weitere Aktien. Für mich war die Börse eigentlich jahrelang eine Einbahnstraße. Aber das ist sie natürlich nicht. Crashs gehören einfach dazu. Und sie tun weh, sehr weh. 2000 und 2001 waren schmerzhaft – und übrigens eine Premiere: Zum ersten Mal verlor der Dax in zwei Jahren hintereinander an Wert. Es sollte noch schlimmer, sogar richtig schlimm kommen. 2002 knallte es dann wirklich: Ein Minus von 43,9 Prozent legten Deutschlands Vorzeigeunternehmen aufs Parkett. Damals verabschiedeten sich viele Neu-Aktionäre von der Börse. Was für ein Desaster! An der Börse wird doch nur Geld verbrannt!

Ganz so habe ich nicht gedacht. Mich hat die Börse so sehr fasziniert. Meine Leidenschaft war damals geweckt. Und ich habe diese Leidenschaft zu meinem Beruf gemacht. Journalistin wollte ich übrigens schon als Kind werden. Irgendwie hatte es Karla Kolumna, die rasende Reporterin aus den Abenteuern von Benjamin Blümchen – Sie erinnern sich sicher an den sprechenden Elefanten – mir wirklich angetan. Ich dachte allerdings, ich würde eher über politische oder gesellschaftliche Themen schreiben. An Wirtschaft oder gar Börse habe ich gar nicht gedacht. Wohl auch deshalb habe ich Geschichte und Politik studiert, nicht Betriebs- oder Volkswirtschaftslehre. Das Fachgebiet hat sich dann mit meinen ersten Aktienkäufen geändert. Irgendwann habe ich ein Praktikum bei *DM Online* gemacht. *DM* gibt es heute nicht mehr. Das Magazin war extrem nutzwertig, direkte Konkurrenz zu *Capital*. Dort bin ich dann im Börsenressort gelandet. Man hatte erkannt, dass genau das meine Leidenschaft ist. Meinen ersten Crash habe ich so nicht nur als Aktionärin, sondern auch als junge Redakteurin erlebt. Es war wahnsinnig aufregend, aber auch ziemlich ätzend. Die Panik an den Märkten hat mich leider angesteckt, das gebe ich zu. Auch ich habe in den Crash hinein verkauft. Manchmal war das gar nicht so schlecht, oft aber ein Fehler. Wir »bluten« wohl alle in solchen Phasen. Mal mehr, mal weniger. Der Börse bin ich trotzdem treu geblieben und ich habe viel gelernt. Sehr viel.

Vor allem das: Wie so oft im Leben folgt auch an den Aktienmärkten auf Regen Sonnenschein. Und was für ein Sonnenschein! 2003 schaltete der Dax in den Erholungsmodus, kletterte um stolze 37 Prozent in die Höhe. Natürlich waren die Verluste damit noch längst nicht wettgemacht. Das dauerte einige Jahre, nämlich bis 2007. Damals markierten viele Indizes sogar wieder neue Allzeithochs. Der Crash war zwar nicht unbedingt vergessen, aber doch verdaut.

Auf den Internetcrash folgt die Finanzkrise

Die Welt war eigentlich wieder in Ordnung. Aber schon bog der nächste »schwarze Schwan« um die Ecke. Obwohl es im Grunde keiner war, hätten wir sehen können, was sich da zusammenbraut. Als »schwarzen Schwan« bezeichnen Ökonomen ein überraschendes, nicht vorhersehbares Ereignis, das extreme Auswirkungen hat – positiv wie negativ. Im Falle der Finanzkrise, die unser Wirtschaftssystem 2007 und 2008 an den Rand des Zusammenbruchs brachte, waren es extrem negative Auswirkungen. Aber man hätte sie eben doch voraussehen können. In den USA hatte sich nämlich eine Immobilienkrise aufgebläht, die dann zu einer Banken- und Finanzkrise gefolgt von einer globalen Wirtschaftskrise werden sollte. Ihren Höhepunkt hatte die Finanzkrise mit dem Zusammenbruch der US-Investmentbank Lehman Brothers am 15. September 2008. Viele hatten wahrscheinlich von dieser Bank noch nie etwas gehört, doch nun bestimmte sie die Schlagzeilen. In der *Tagesschau* sah man nun arbeitslose Banker in Pappkartons ihr Hab und Gut aus der Bank tragen. Lehman war mehr als nur irgendeine amerikanische Bank. Die Finanzinstitute sind heute global verstrickt und verknüpft, die Schockwellen der Pleite gingen um die Welt. Sogar in Deutschland hat es Sparer erwischt, die in Lehman-Zertifikate investiert hatten. Da Zertifikate Schuldverschreibungen sind und kein geschütztes Sondervermögen wie Fonds und ETFs, waren sie mehr oder weniger wertlos. Besonders bitter war, dass Anleger die Papiere im Depot hatten, die für sie überhaupt nicht geeignet waren. Was soll ein 70- oder 80-Jähriger mit einem Produkt, das eine Laufzeit von zehn oder noch mehr Jahren hat? Noch dazu bei ziemlichem Risiko. Die »Lehman-Oma« – eine eher despektierliche Erfindung der Presse – machte damals von sich reden.

Aber alles war noch viel schlimmer. Anleger rund um den Globus verloren extrem viel Geld. Die Börsen bebten. Mein zweiter Crash war zwar eigentlich weniger heftig als der erste, zumindest in nackten Zahlen. Aber er fühlte sich wieder grauenvoll an. Es tut einfach weh, wenn der Depotwert zusammenschmilzt wie Eis in der Augustsonne. Trotz aller »Schmerzen«, bin ich trotzdem besser klargekommen. Ich war anders aufgestellt als im ersten Crash: bessere Risikostreuung, eher Fonds und ETFs als Einzelaktien. Und ich hatte einfach mehr Erfahrung. Ich dachte langfristiger, agierte langfristiger, ließ mich nicht völlig verrückt machen und verfiel auch nicht in Panik. Ich habe mich sogar getraut, vorsichtig nachzukaufen. Das ist ein komisches Gefühl, wenn man kauft, obwohl doch alle verkaufen, alle den »Weltuntergang« heraufbeschwören. Das Börsenjahr 2008 hatte wirklich das Zeug dazu, uns den Schlaf zu rauben. Stolze 50 Prozent stürzte der Dax ab. Autsch! Und nicht nur den Dax erwischte es, sondern alle Indizes rund um den Globus. Der Wert aller an den weltweiten Börsen notierten Aktien, im Börsendeutsch »Marktkapitalisierung« genannt, reduzierte sich drastisch von 60,7 auf 32,4 Billionen Dollar. Es wurden 28,3 Billionen Dollar »verbrannt«. Die weltweit börsennotierten Unternehmen waren im Schnitt nur noch gut die Hälfte dessen wert, was sie vor der Krise auf die Waagschale gebracht hatten. Brutal, oder?

Dax, langfristig, seit 2000
Quelle: Finanzen.net

Eines war besonders in dieser Krise: Es erwischte eigentlich alle Anlageklassen. Aktien, Anleihen, Rohstoffe und Immobilien sowieso – einfach alles stürzte ab. Zu den wenigen Anlageklassen, die nach zwischenzeitlichen Kurskapriolen noch gefragt waren, zählten supersichere Bundesanleihen und Gold. Beides gilt traditionell als »sicherer Hafen«, als Hort der Sicherheit in Krisen. Aber alles andere schmierte in der Finanzkrise ab. Ein solcher Absturz hinterlässt auch in Depots mit wirklich guter Risikostreuung tiefe Spuren, also einer Verteilung des Vermögens über viele Anlageklassen, Einzelwerte, Branchen und Länder. Es waren geradezu Krater. Gut, wer auch dieses Mal wieder die Nerven behielt, nicht panisch wurde und nicht in den Crash hinein zu niedrigen Kursen seine Wertpapiere verkaufte. Der Dax legte schon 2009 wieder kräftig zu, nämlich um fast 24 Prozent. Das deutsche Standardwerte-Barometer war kein Einzelfall. Obwohl die Welt in einer tiefen Wirtschaftskrise steckte, erholten sich die Börsen rund um den Globus. Die Marktkapitalisierung stieg wieder und zwar von 32,4 auf 47 Billionen Dollar. Damit war der Crash noch nicht wettgemacht, aber die Erholung lief auf Hochtouren. Auch 2010 war ein gutes Börsenjahr, nicht allein für den Dax. 2011 spitzte sich dann die Schuldenkrise zu, vor allem in Europa. Da wundert es wenig, dass der Dax mal wieder fast 15 Prozent verlor. Aber dann folgten viele gute Börsenjahre.

An der Börse wird die Zukunft gehandelt

Das sind heftige Kursschwankungen, extreme Abstürze und bittere Verluste. Mit einem Casino hat das aber dennoch wenig zu tun. Die Börse reagiert auf wirtschaftliche Entwicklungen, manchmal auch auf politische. Sie reagiert auf Konjunkturdaten, auf Zahlen und Nachrichten aus den Unternehmen, auf Branchentrends. Mit Glücksspiel hat das nichts zu tun. Trotzdem erscheint es oft irrational, was daran liegt, dass die Börse erwartete Entwicklungen vorwegnimmt. Einfacher ausgedrückt: An der Börse wird die Zukunft gehandelt. Die Vergangenheit ist längst Geschichte und die Gegenwart auch nur bedingt interessant. Das fühlt sich manchmal komisch an, beispielsweise wenn inmitten der Coronakrise, inmitten des Lockdowns an der Börse eine Rally läuft – mit vielen Allzeithochs. Da ist dann viel Hoffnung auf die Zukunft in den Kursen »eingepreist«. Manchmal sehen Börsianer aber eben auch so richtig schwarz.

Schlechte Börsenjahre drücken wirklich auf die Stimmung. Dem können wir uns nicht entziehen. Ein Crash ist schmerzhaft. Das will man nicht erleben, dem wollen wir unser Geld auch eigentlich nicht aussetzen. Aber es folgt die Erholung, so war es immer und so wird es auch sicher immer sein. Die Frage ist natürlich, wie lange es dauert, bis sich die Kurse wieder erholt haben.

An der Börse wird die Zukunft gehandelt.

Mal sind es Monate, wie nach dem Corona-Crash, viel öfter sind es aber Jahre, wie nach dem Internet- und dem Finanzkrisen-Crash. Auch deshalb müssen wir langfristig denken und investieren. Wir brauchen den langen Atem, die Zeit und das Geld, um Crashs oder kleinere Rücksetzer auszusitzen. Mit Geld meine ich, dass wir niemals Geld an der Börse investieren sollten, das wir in den kommenden Jahren brauchen. Die Börse ist kein Sprint, sondern ein Marathon. Es geht nicht um Monate, sondern um viele Jahre. Und dann geht die Gleichung auf, dann punkten Aktien und entwickeln sich besser als alle anderen Anlageklassen. Das hat übrigens auch die Bundesbank vor ein paar Jahren in einem ihrer Monatsberichte festgestellt. Und die Bundesbank ist nun wirklich über jeden Zweifel erhaben.

Statistiken sind natürlich ziemlich mühsam, trockene Kost. Ich bin ein großer Fan des Dax-Rendite-Dreiecks des Deutschen Aktienindex. Es zeigt so herrlich plakativ, wie wunderbar Investments in Aktien funktionieren. Schauen Sie sich die Grafik bitte unbedingt im Internet an. Suchbegriffe: Deutsches Aktieninstitut, Dax-Rendite-Dreieck. Es lohnt sich. Die Botschaft: Je länger, desto eher sind wir mit unseren Aktien im grünen Bereich. Je länger der Anlagezeitraum, desto geringer die Verlustrisiken. Und besser noch: Desto höher die Rendite. Ein Beispiel gefällig? Hätten Sie Ende 1995 Dax-Aktien gekauft und bis Ende 2010 gehalten, dann wäre Ihr Aktiendepot durchschnittlich um 7,8 Prozent pro Jahr gewachsen. Klingt klasse, oder? Vor allem wenn wir bedenken, dass die zwei grauenvollen Crashs – das Platzen der Immobilienblase und die Finanzkrise – in diesen Zeitraum gefallen sind. Ich könnte Ihnen unendlich viel mehr Zeiträume auflisten, mal mit Crash, mal ohne. Die Botschaft ist aber klar: Mit dem Anlagehorizont sinkt das Verlustrisiko und steigt die Chance. Ich liebe diese Grafik. Wenn es mal wieder richtig knallt an der Börse, so wie im Frühjahr 2020, wenn auch meine Nerven blank liegen, wenn ich Angst um mein Geld, um meine Altersvorsorge habe, dann schaue ich auf dieses Dreieck. Man sagt ja, dass Grün die Farbe der Hoffnung ist, dass Grün beruhigt. Und ja – es funktioniert!

Übrigens auch mit anderen Indizes. Der von mir sehr geschätzte Christian W. Röhl alias Mister Dividendenadel hat ein solches Rendite-Dreieck für den Weltaktienindex MSCI World erstellt. Auch hier ist das Ergebnis einfach sensationell. Hätten Sie beispielsweise Anfang 1992 globale Aktien gekauft und bis Ende 2006 gehalten, hätten Sie eine durchschnittliche Jahresrendite von 8,3 Prozent eingefahren. Wären Sie erst Anfang 1996 eingestiegen, wären es trotz Internet-Crash und Finanzkrise immer noch 5,4 Prozent pro Jahr bei einem Anlagezeitraum von 15 Jahren. Der Dax wäre also etwas besser gelaufen, allerdings waren seine Schwankungen auch heftiger. Röhl geht übrigens in seiner Berechnung davon aus, dass Sie die Dividenden wiederangelegt hätten. Anders als der Dax, der ein Performance-Index ist, in dessen Punktestand die Dividenden rechnerisch reinvestiert werden, ist der MSCI World nämlich eigentlich ein Kursindex. Dividenden werden nicht berücksichtigt.

Ob nun Dax oder MSCI World, die Beispiele zeigen: Langfristig sind Aktien also eine wahnsinnig rentable Anlageklasse. Kurzfristig, also mit Blick auf wenige Wochen oder Monate, auch auf wenige Jahre, sind sie ganz schön riskant. Und garantiert nichts für schwache Nerven. Dafür ist auch das Jahr 2020 ein ziemlich gutes Beispiel. Die Coronakrise hat, wie könnte es auch anders sein, die Aktienmärkte voll erwischt. Binnen weniger Wochen rauschten die Kurse in den Keller. Der Dax hat fast 40 Prozent verloren. Völlig verrückt, gerade noch hatten wir uns über ein neues Allzeithoch gefreut, das wirklich lange auf sich hatte warten lassen, und dann ging die Rutschpartie auch schon los. Und was für eine. Selbst erfahrene Börsianer konnten sich nur noch die Augen reiben! Was für ein Absturz, was für eine Panik! Wann hatte es das schon mal gegeben, dass die Regierungen rund um den Globus die Weltwirtschaft quasi lahmlegen? Geschäfte und Restaurants geschlossen, Lieferketten nicht mehr existent, Flugzeuge am Boden, Schiffe in den Häfen, Fabriken stehen still – wer hätte sich das ein paar Wochen vorher überhaupt nur vorstellen können? Die Börsen hat das extrem verschreckt. Es herrschte Panik. Das Virus, die wirtschaftlichen Folgen, die gesellschaftlichen Schäden – die Prognosen waren unterirdisch. Kein Wunder, dass der Dax abschmierte. Andere Börsenbarometer hielten sich zwar ein bisschen besser, auch weil sie weniger exportlastig sind, aber im Grunde war die Richtung klar: abwärts, schnell und heftig abwärts. Es war ein Grauen, der schnellste und heftigste Crash aller Zeiten. Gefühlt auf jeden Fall, statistisch wohl auch.

Doch stopp! Wenn wir auf das Dax-Rendite-Dreieck schauen, dann sehen wir »grün«. Verrückt, oder? Obwohl der Corona-Crash so grauenvoll war, schaffte es der Dax sogar mit einem Plus über die Zielgrade. Immerhin 3,5 Prozent hat er 2020 zugelegt. Das war statistisch und langfristig zwar ein unterdurchschnittliches Jahr, keine Frage. Aber nach einem solchen Crash ist das doch eigentlich ein sensationelles Ergebnis, oder? Angefühlt hat sich das Börsenjahr irgendwie anders. Andere Indizes schnitten sogar noch viel, viel besser ab. Der wichtigste Index, der S&P 500, der den breiten amerikanischen Markt abbildet, ist im Krisenjahr um fast 15 Prozent gestiegen. Das liegt auch daran, dass er zu 20 Prozent aus Technologieaktien besteht. Die liefen in der Krise besonders gut. Kein Wunder, es war schließlich rund um die Welt alles gefragt, was uns das Leben und Arbeiten im Lockdown einfacher und schöner machen konnte. Noch sensationeller entwickelten sich allerdings die Aktien an der Technologiebörse Nasdaq. Der Nasdaq Composite zündete eine gigantische Kursrakete und stieg um mehr als 40 Prozent. Die wichtigsten Aktienindizes an der Wall Street haben am Ende eines turbulenten Börsenjahres sogar auf neuen Rekordhochs geschlossen. Wer hätte das im Frühjahr gedacht? Niemand wahrscheinlich. Auch ich nicht, bei all meinem Optimismus und meinem Hoffen auf eine V-förmige Erholung der Weltwirtschaft und der Aktienkurse.

Nasdaq Composite 3 Jahre
Quelle: Finanzen.net

Der kleine, aber feine Unterschied zwischen Frauen und Männern

So ein Crash ist wirklich eine nervenaufreibende Sache. Niemand kann Sie darauf gut vorbereiten. Egal, wie viel Sie über die Börse wissen, egal, wie überzeugt Sie von Ihrer Strategie sind und wie langfristig Sie investieren – es wird schmerzhaft. Viele Anleger verlieren in solchen Phasen leider auch ihre Nerven. Auswertungen von Onlinebrokern haben allerdings ergeben, dass Frauen damit besser klarkommen als Männer. Sie sind nämlich bei der Geldanlage sehr viel ruhiger und gelassener, was sie

Sind Sie von einer Entscheidung wirklich überzeugt, bleiben Sie auch dabei.

langfristig sogar zu besseren Anlegern macht. Sie schichten die Depots weniger häufig um, bleiben länger bei einer Strategie und gehen sehr strukturiert vor. Sind sie von einer Entscheidung wirklich überzeugt, bleiben sie auch dabei. Und das ist gut so, denn Anlagestrategien funktionieren nicht in jedem Jahr gleich gut, ihre volle Wirkung entfalten sie eigentlich erst über einen längeren Zeitraum. Deshalb zahlt sich ein langer Atem auf jeden Fall aus. Auch und vor allem dann, wenn es an der Börse richtig kracht. Das können Frauen besser ertragen als das starke und ach so mutige Geschlecht.

So viel dazu, Frauen würden hochemotional handeln und Männer sehr viel rationaler. An der Börse stimmt das auf jeden Fall nicht: In Extremsituationen bewahren Frauen die Nerven. Sie neigen weder zu Panikreaktionen, wenn die Kurse einmal abstürzen, noch verfallen sie der Gier, wenn es aufwärts geht. Sie machen die Börse ganz sicher nicht zum Casino. Haben sie ihre Anlageentscheidung einmal getroffen, wird eine Markttendenz oder ein Thema, das viel diskutiert wird, sie nicht von ihrer Haltung abbringen.

Anlegerinnen sind viel weniger beeinflussbar als ihre männlichen Pendants, die mitunter geradezu einen Jagdtrieb bei der Geldanlage entwickeln. Außerdem neigen sie zur Selbstüberschätzung. Das passiert zwar auch mancher Anlegerin, aber nicht so oft und so extrem wie den Männern. Sie verkaufen bei Kursrückgängen schneller und agieren bei der Geldanlage insgesamt weniger überlegt als Frauen. Die Selbstüberschätzung führt also letztlich zu vorschnellen Entscheidungen, die einiges an Rendite kosten können. Vor allem dann, wenn es an den Märkten mal wieder hoch hergeht.

Korrektur, Crash, Erholung, mal schneller, mal langsamer, mal relativ moderat, mal extrem heftig – leider können wir das alles nicht voraussehen. An der Börse wird weder zum Einstieg noch zum Ausstieg geklingelt, wie es immer so schön heißt. Auch deshalb ist es so wichtig, dass wir langfristig denken und investieren. So wie es Unternehmer eben auch tun. Wir brauchen die Nerven, die Zeit und auch das Geld, um Turbulenzen an den Märkten auszuhalten. Wir dürfen den Glauben an unseren langfristigen Anlageerfolg nicht verlieren. Das ist nicht immer so einfach. Auch Profis ging es im Corona-Crash nicht gut, auch sie haben emotional gelitten, auch sie haben gezweifelt, haben gehofft, haben vielleicht sogar gebetet. Viele geben das übrigens sehr offen zu. Sie sind eben auch nur Menschen. Aber sie wissen, wie die Börse funktioniert. Und sie denken langfristig, auch wenn sie sich Jahr für Jahr mit der Konkurrenz messen lassen müssen. Im Grunde wissen sie aber natürlich: An der Börse zählt der lange Atem. »Time, not Timing« lautet eine alte Börsenweisheit. Ein Marathon, nicht viele kurze Sprints.

Wirecard, T-Aktie, Neuer Markt – Skandale und Enttäuschungen

Leider betrachten wir die Börse aber viel zu oft viel zu kurzfristig. Das lässt sie dann eben mitunter hochriskant erscheinen. Auch die Medien tragen ihren Teil zu diesem falschen Bild der Börse bei. Es geht um Tops und Flops. Wer hat heute am stärksten zugelegt im Dax und wer trägt heute die sprichwörtliche »rote Laterne«? In reißerischen Überschriften werden Crashs, der Untergang des Finanzsystems, wie wir es kennen, und ganz große Wirtschaftskrisen prognostiziert. Der Skandal bekommt natürlich sehr viel mehr Raum und Zeit als die soliden Geschäftszahlen. Die sind schließlich langweilig. Rekorde können übrigens fast mithalten mit den Crash-Prognosen. Das dritte Dax-Allzeithoch binnen weniger Tage ist allerdings auch eher ein Ladenhüter. Besser läuft da schon das Versprechen auf dem Cover, die nächsten 100-Prozenter zu verraten oder die besten Fonds der Welt zu küren.

Ein Stück weit übe ich damit übrigens auch Selbstkritik. Ich habe es selbst erlebt, ich habe es sogar mitgemacht. Denn natürlich will ich immer noch eine möglichst »knackige Schlagzeile« liefern. Meine Texte, Analysen und Kommentare sollen schließlich auffallen und möglichst viele Menschen erreichen. Es geht um Auflage, also Abonnements und Einzelverkäufe von Zeitungen und Zeitschriften, Klicks auf den Onlineseiten und mittlerweile auch um Likes auf den Social-Media-Plattformen. Schlechte Nachrichten verkaufen sich leider einfach besser. Ich bin langjährige Onlinerin und weiß, das Wörtchen »Crash« in der Überschrift führt zu verdammt vielen Klicks. Auch »Krise«, »Skandal« oder »Zocken« sorgen für gute Abrufzahlen. Da wird also zugespitzt, was geht, dann noch ein wenig übertrieben – und fertig ist die »Klick-Sau«. Entschuldigen Sie diese Ausdrucksweise, aber so nennen wir das in den Redaktionen wirklich. Es ist verrückt, aber manche eher langweilige Geschichte, die in der Klick-Statistik vor sich hin dümpelt, nimmt mit einer neuen Krisen-Crash-Skandal-Überschrift richtig Fahrt auf. Das wird in den Newsrooms dieser Republik übrigens mehr oder weniger in Echtzeit beobachtet. Achten Sie mal darauf, mitunter klicken Sie versehentlich dieselbe Geschichte zweimal an, weil diese eine neue Headline bekommen hat. Und die neue Zeile ist garantiert reißerischer, dramatischer, skandalöser als die alte. Auch Heldengeschichten kommen natürlich an. Aber dann hat jemand das große Geld gemacht, mit einer ganz heißen Wette richtig gelegen. Wer will schon lesen, dass Lieschen Müller mit eher langweiligen Fonds vergangene Woche 0,3 Prozent Rendite gemacht hat und seit Jahresbeginn schon 2,5 Prozent im Plus ist? Das ist noch nicht mal Mitte Januar wirklich spannend. Da fesselt der Daytrader, der Aktien nur Sekunden, manchmal vielleicht Minuten hält und Dutzende Orders pro Tag aufgibt, natürlich viel mehr. Selbst dann, wenn auch er Mitte Januar erst 2,5 Prozent vorn liegt. Aber er liefert einfach die bessere Story, viel Drama, viel Nervenkitzel. Verrückt, oder? Aber so ticken wir. Wir wollen Infotainment. Oder sogar nur Entertainment? Auf jeden Fall tut das dem Image der Börse nicht gut. Und schon denken wir wieder ans Casino. Schließlich sind wir alle überzeugt: An der Börse wird verdammt viel Geld verbrannt. Die Bank aber gewinnt immer.

Wirecard – der größte Betrugsfall der deutschen Wirtschaftsgeschichte

Natürlich tummeln sich auch an der Börse Hasardeure, waghalsige Zocker, mitunter sogar Verbrecher. Natürlich lesen wir von ihnen in epischer Breite in der Presse. Selbst Zeitungen und Zeitschriften, die sonst nicht über die Börse berichten, nehmen sich die Skandale dann vor. Mitunter haben sie das Zeug zum

Hollywood-Blockbuster. Der größte Betrugsskandal in der deutschen Wirtschaftsgeschichte hat es auf jeden Fall: Es geht um verschwundene Milliarden, Verbindungen zu Geheimdiensten, einen Vorstand auf der Flucht, einen Firmenchef im Gefängnis. Versäumnisse von Wirtschaftsprüfern und Aufsehern sind da fast nur noch eine Randnotiz. Auch wenn sie dem Standort Deutschland und dem Finanzplatz natürlich extrem schaden. Es geht um den mittlerweile insolventen Zahlungsdienstleister Wirecard. Es ist ein echter Krimi, der sich da abspielt und wohl noch jahrelang die Gerichte beschäftigen wird – inklusive jeder Menge großer Schlagzeilen.

Wahrscheinlich war die Geschichte auch einfach zu schön um wahr zu sein: Eine kleine Tech-Bude aus der Nähe von München steigt vom Schmuddelkind zum viel gelobten Dax-Konzern auf. In seinen Anfängen hat der Zahlungsdienstleister nämlich vor allem die Geschäfte von Glücksspiel- und Porno-Internetseiten abgewickelt. Später rühmte sich das Unternehmen, für große Namen, darunter Deutschlands größte Discounter, den Zahlungsverkehr abzuwickeln. Jahrelang war das Unternehmen scheinbar extrem erfolgreich, legte sensationelle Wachstumzahlen vor, die Prognosen muteten fast märchenhaft an, wurden aber immer wieder bestätigt. Das Business lief richtig rund, der Konzern wuchs kräftig. Vor allem in Asien lief die Expansion auf Hochtouren. Es war eine gigantische Erfolgsgeschichte, die Vorstandschef Markus Braun da erzählte. Nur leider war sie so nicht wahr. Im Gegenteil.

Es ist nicht so, dass es keine Zweifel gegeben hätte. Die *Financial Times (FT)* hat mehrfach gewarnt. *FT*-Journalist Dan McCrum hatte jahrelang über Unregelmäßigkeiten in den Bilanzen von Wirecard berichtet. Aber so richtig wollte man ihm wohl nicht glauben. Schlimmer noch: Die Finanzaufsicht BaFin stellte sogar eine Strafanzeige gegen McCrum. Die Behörde verdächtigte ihn, mit Leerverkäufern gemeinsame Sache zu machen. Leerverkäufer verdienen Geld mit fallenden Kursen, und kritische Berichte können natürlich zu Verlusten an der Börse führen. Die wiederum sind aber Gewinne für die Leerverkäufer. Im September 2020 wurden die Ermittlungen gegen den Journalisten eingestellt. Die Staatsanwaltschaft fand keine Belege für die Vorwürfe der BaFin. Da war Wirecard längst pleite.

Nach viel Ärger um nicht testierte Bilanzen, Sonderprüfungen und aufgeschobene Jahreszahlen war nämlich im Juni 2020 bekannt geworden, dass 1,9 Milliarden Euro nicht existierten, die auf philippinischen Treuhandkonten hätten liegen sollen – ein Viertel der Bilanzsumme Wirecards. Es waren schlichtweg Luftbuchungen, wie man heute weiß. Wenige Tage später war Wirecard insolvent. Auch viele Monate nach der Implosion des einstigen Dax-Konzerns liegt noch immer Vieles im Nebel. Bei der Staatsanwaltschaft München läuft die Suche nach denen, die die Pleite des Zahlungsanbieters verschuldet haben. Eines Zahlungsanbieters, der an der Börse einst mehr wert war als die Deutsche Bank. Ein parlamentarischer Untersuchungsausschuss soll Versäumnisse der Aufsichtsbehörden und der Regierung aufklären.

Der Schaden ist immens: Banken und Investoren sollen um bis zu 3,2 Milliarden Euro geprellt worden sein. Wirecard-Chef Markus Braun und weitere Manager sollen über Jahre Scheingeschäfte in Milliardenhöhe verbucht haben, um Wirecard über Wasser zu halten und Kredite zu erschwindeln, so der Vorwurf. Die Staatsanwälte stützen ihre Anschuldigungen vor allem auf Angaben eines Kronzeugen, der ebenfalls in Haft sitzt. Er berichtete unter anderem, dass im Konzern schon 2015 der Entschluss gefallen sei, die Wirecard-Bilanz und das Umsatzvolumen »aufzublähen«. In seinen Aussagen soll er auch Markus Braun erheblich belastet haben, war beispielsweise im *Handelsblatt* zu lesen. Neben Braun und dem Kronzeugen sitzt noch ein dritter Manager in Untersuchungshaft. Der Haftbefehl gegen den zwischenzeitlich ebenfalls inhaftierten ehemaligen Finanzvorstand Burkhard Ley wurde gegen Auflagen ausgesetzt. Dafür suchen die Ermittler umso nachdrücklicher den früheren Vorstand Jan Marsalek. Er war im Vorstand für das Asiengeschäft zuständig, das im Zentrum des milliardenschweren Betrugs steht und als Schlüssel in der Aufarbeitung des Skandals gilt. Marsalek ist auf der Flucht und mit internationalem Haftbefehl weltweit zur Fahndung ausgeschrieben. Um ihn ranken sich die wildesten Geschichten. Er soll sich mit besten Kontakten zu den Geheimdiensten gleich mehrerer Länder gerühmt haben. Ob diese ihm beim Untertauchen geholfen haben? Wo steckt er überhaupt? Mit wie viel Geld? Fragen über Fragen.

Ex-Vorstandschef Braun weist die Vorwürfe des Kronzeugen und der Staatsanwälte auf jeden Fall vehement zurück – Stand Frühjahr 2021. Er will von jahrelangen Fälschungen der Unternehmenszahlen und dem Abzweigen von Geldern nichts mitbekommen haben – und schon gar nicht will er daran beteiligt gewesen sein. Der gebürtige Österreicher, der durch den Aufstieg Wirecards zwischenzeitlich zum Milliardär wurde, sieht sich als Opfer. Schließlich hat auch er selbst erhebliche Summen verloren. In seiner Version der Geschichte will der Manager vor allem von seinem langjährigen Weggefährten Marsalek hintergangen worden sein, den er einst als möglichen Nachfolger an der Firmenspitze aufgebaut hatte.

Die unrühmliche Rolle der Wirtschaftsprüfer

Doch wie konnte es überhaupt so weit kommen? Wie konnte die Wirecard-Spitze Investoren, Wirtschaftsprüfer und Aufsicht so lange täuschen? Der Wirtschaftsprüfungsgesellschaft Ernst & Young (EY) werden – wenig überraschend – schwere Versäumnisse vorgeworfen. Die EY-Konkurrentin KPMG erhob bei einer Sonderprüfung im Frühjahr 2020 massive Zweifel am Geschäftsmodell von Wirecard und an der Echtheit von Umsätzen. EY verweigerte dem Konzern daraufhin das Testat für die Bilanz 2019. EY habe bereits 2017 die Chance gehabt, den mutmaßlichen Betrug aufzuklären, habe aber keine angemessene Prüfung der Vorwürfe durchgeführt, kritisiert beispielsweise die SPD. EY wehrt sich gegen die Vorwürfe. Das »kriminelle Netz« bei Wirecard sei darauf ausgelegt gewesen, die Akteure zu täuschen. Belege wie Bankbestätigungen seien mit großem Aufwand gefälscht worden. EY-Deutschlandchef Barth trat im Zuge der Affäre zurück und kümmert sich künftig um andere Themen innerhalb der Gesellschaft. Nicht mit Ruhm bekleckert hat sich auch die Finanzaufsicht. Die BaFin ist wegen des Leerverkaufsverbots für Wirecard in die Kritik geraten. Sie hatte im Februar 2019 für zwei Monate Wetten auf Kursverluste der Wirecard-Aktien untersagt – ein einmaliger Vorgang. Der Behörde wird vorgeworfen, Wirecard damit zum Opfer gemacht und Investoren geschädigt zu haben. Die Aufarbeitung läuft, und sie wird dauern. Dieser Krimi wird sicher noch um einige Kapitel fortgeschrieben.

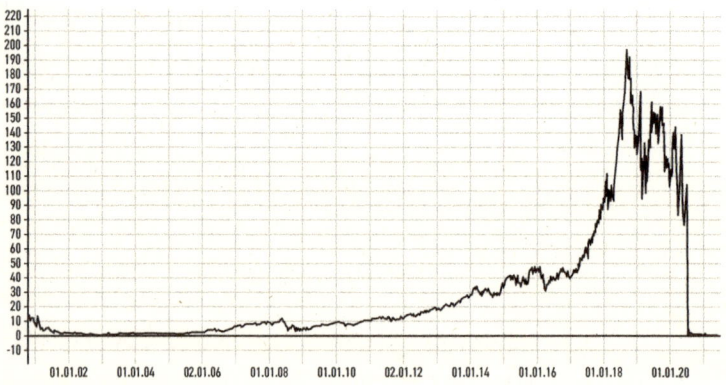

Wirecard seit Börsengang im Jahr 2001
Quelle: Finanzen.net

Für die Aktionäre von Wirecard war dieser Krimi eher ein Drama, ein ganz großes noch dazu. Vor allem bei Privatanlegern war die Aktie extrem beliebt, aber auch viele große Fondshäuser waren investiert. Die Aktie kannte jahrelang eigentlich nur eine Richtung: aufwärts. Zwischenzeitliche Rücksetzer – auch nach den Berichten der *FT* – wurden von den Fans der Aktie eiskalt für Nachkäufe genutzt. Das ging lange gut, bis es im Sommer 2020 knallte. Schon in den Monaten zuvor hatte die Aktie kräftig verloren, mit den Meldungen um verschwundene Milliarden und die Insolvenz fiel sie wie ein Stein. Viele Privatanleger haben sehr viel Geld verloren. Anlegerschützer, die ihre Rechte vertreten, berichten, dass oft fünfstellige Beträge in die Aktie investiert worden seien. Das Geld ist nun weg. Wie viel Geld der Insolvenzverwalter zusammenkratzen kann, das dann unter den Gläubigern verteilt würde, steht in den Sternen. Ohnehin sind Aktionäre keine Gläubiger, sondern Eigentümer. Sie sehen nach einer Insolvenz kein Geld.

Goldgräberstimmung an der deutschen Nasdaq

Mich hat dieses Drama stark an den Neuen Markt erinnert. Luftbuchungen, erfundene Umsätze, kreativ aufgehübschte Bilanzen – all das gab es an Deutschlands Technologiebörse um die Jahrtausendwende auch. Der Neue Markt sollte Ende der 1990er-Jahre das Pendant zur New Yorker Technologiebörse Nasdaq werden. Ein paar Jahre lang war er eine gigantische Erfolgsgeschichte. Immer neue, wahnsinnig innovative Unternehmen strebten an die Börse. Und sie zündeten wahre Kursraketen. Es waren meine ersten Jahre an der Börse. Börse war so einfach. Wir konnten eigentlich fast blind irgendetwas kaufen und binnen Monaten, oft nur Wochen dicke Gewinne einfahren. Die Börse, ein Casino! Risiko? Nein, hier war der Gewinn scheinbar garantiert. Ich habe damals mitgemischt und meine ersten Gewinne an der Börse gemacht. Die

Biotech-Aktien BB Biotech und Qiagen, der Technologiekonzern Medion, aber auch die Internetriesen AOL und Amazon, beide an der New Yorker Technologiebörse Nasdaq notiert, haben mir hohe Gewinne beschert. Aktienkurse verdoppelten, verdreifachten oder vervierfachten sich binnen weniger Monate. Schon mit kleinen Einsätzen ließ sich eine schöne Summe verdienen.

Alles war möglich. Hohe Gewinne waren programmiert. Wer nicht dabei war, war selbst schuld. »Warum überhaupt noch arbeiten?«, haben sich damals viele gefragt. Schließlich verdienten sie an der Börse mehr als im Büro – ganz einfach und stressfrei. Ich erinnere mich an Mit-Studierende, die ihre Nebenjobs an den Nagel hängten und lieber an der Börse zockten. Überhaupt waren die einschlägigen Medien – von der renommierten Wirtschaftszeitung über das Anlegermagazin bis zum Börsenbrief – voll von tollen Geschichten über Menschen, die ihre Jobs kündigten und zu hauptberuflichen Investoren wurden. Sie investierten in die Technologien der Zukunft, in die künftigen Blue Chips, in noch ganz junge Unternehmen, die aber eine große, eine sehr große Zukunft zu haben schienen. Der Neue Markt brachte Goldgräberstimmung an die Börse, verbrannte aber letztlich viele Milliarden.

Doch lange Zeit schien es eben auch eine nicht enden wollende Party zu sein. Mit dem Börsengang von Mobilcom wurde der Neue Markt am 10. März 1997 eröffnet. Der Aktienkurs des Mobilfunkanbieters schoss allein im ersten Börsenjahr um sagenhafte 2800 Prozent in die Höhe. Wer dabei war, konnte sein Glück kaum fassen. Was für ein Gewinn! Die Euphorie war ansteckend. Die Aussicht auf schnellen Reichtum lockte Tausende Privatanleger an die Börse. Der legendäre Börsenaltmeister André Kostolany warnte damals: »Alles wird mit einem fürchterlichen Krach enden.« Aber das wollte niemand hören.

Der Neue Markt war eine Erfolgsgeschichte und wuchs in atemberaubender Geschwindigkeit: Im März 1999 waren schon

73 Unternehmen am Neuen Markt, der deutschen Nasdaq-Kopie, notiert, ein Jahr später 226 und vier Jahre nach seiner Gründung dann stolze 337. Viele Unternehmen, die es damals auf das Parkett zog und denen die Privatanleger die Aktien nur so aus den Händen rissen, waren alles andere als börsenreif. Aber das interessierte damals kaum jemanden. Die Neu-Börsianer zeichneten alles, was angeboten wurde. »Die ganze Börse hängt nur davon ab, ob es mehr Aktien gibt als Idioten – oder umgekehrt«, sagte Kostolany einst. Wohl wahr. Der Ansturm am Neuen Markt war so groß, dass Anleger beim Börsengang oft gar keine Anteile oder nur einen Bruchteil der gezeichneten Papiere bekamen. Es war eine Art Roulette oder Losziehung. Wer zu den »Gewinnern« zählte, konnte sich freuen. Schon am ersten Handelstag schossen die meisten Aktien durch die Decke. Eine sichere Sache. Ausnahmen gab es kaum.

Kennzahlen, auf die Börsianer bisher geachtet hatten, waren plötzlich nichts mehr wert. Dividendenrenditen, also das Verhältnis der Gewinnausschüttung zum Aktienkurs? Langweilig. Wer braucht schon Dividenden, wenn doch die Kurse durch die Decke schießen? Kurs-Gewinn-Verhältnis, kurz KGV? Unwichtig, etwas für Spießer, für extrem risikoscheue Investoren. Das KGV gab es ja eigentlich auch gar nicht, denn die wenigsten am Neuen Markt notierten Unternehmen machten überhaupt Gewinne. Kurs-Buchwert-Verhältnis? Auch wurscht. Zukunftsperspektiven, pure Fantasie, nur das zählte. Das war enorm anziehend. Die Aussicht auf scheinbar sichere Gewinne ließ die Aktionärszahl in Deutschland sprunghaft von 5,6 Millionen im Jahr 1997 auf den Rekordstand von fast 12,9 Millionen im Jahr 2001 steigen. Die Deutschen hatten die Börse entdeckt, sie aber leider auch mit einem Casino verwechselt.

»All in« war das Motto, volles Risiko. Schwarz oder Rot. Konservatives Investieren? Eine langfristige Strategie? Breite Risikostreuung? Dafür hatten die meisten Zocker am Neuen Markt wenig bis gar nichts übrig. Die Party war rauschend und sie schien niemals enden zu wollen. Am 10. März 2000, also pünktlich zu seinem dritten Geburtstag, erreichte der Neue Markt seinen Höchststand. Der Nemax All Share, in dem alle Werte gelistet waren, schloss auf einem neuen Allzeithoch von 8559 Punkten. Der Nemax 50, der Auswahlindex der 50 größten Werte, stieg im Handelsverlauf auf 9694 Punkte. Völlig verrückt: Schon am nächsten Handelstag begann die Talfahrt. Und die war rasant. Anfang April 2001, rund drei Monate nach dem Allzeithoch bei fast 9700 Punkten, stürzte der Nemax 50 unter die Marke von 1300 Punkten. Was für eine Katastrophe! Wie konnte das passieren? Die Depots viertelten, achtelten sich binnen weniger Wochen. Den Ausstieg haben wohl die wenigsten Privatanleger geschafft.

Die Frage, wie das passieren konnte, ist aber eigentlich schnell beantwortet: Die Rally war einfach zu schnell und zu wild gewesen. Irgendwann platzen Blasen, dann entweicht die Luft. Auf Börsendeutsch: Überbewertungen werden abgebaut. Doch das ist nur die halbe Wahrheit. Denn wenn niemand mehr so genau hinschaut, wenn einfach alles gekauft wird, einfach jede Wachstumsstory geglaubt und blind darauf vertraut wird, dann ruft das eben oft auch Betrüger auf den Plan. Leider gab es am Neuen Markt einige davon. Aufgehübschte Bilanzen, Insiderhandel und Kursbetrug gaben der »New Economy« den Rest. Erinnern Sie sich noch an Comroad? Der Münchner Telematik-Spezialist hatte fast seine gesamten Umsätze erfunden. Auch die schillernden Brüder Thomas und Florian Haffa landeten vor Gericht. Die beiden EM.TV-Gründer, die auch das eine oder andere Society-Magazin geziert hatten, wurden einige Jahre lang als Millionärsmacher gefeiert. Doch irgendwann mussten sie eingestehen, dass die Bilanzen ihrer Medienfirma EM.TV nicht stimmten.

Und das sind nur einige der gefallenen Superstars dieser Zeit. Die Frankfurter Wachstumsbörse verkam zum Tummelplatz für Hochstapler und unseriöse Geschäftemacher. Die Pleiten häuften sich. Die Kurse stürzten immer weiter ab. Ende August 2001 fiel der Nemax 50 im Handelsverlauf erstmals unter die Marke von 1000 Punkten – die Party war vorbei und der Kater immens. Nach den Anschlägen vom 11. September 2001 brachen die Kurse weiter ein. Erholt hat sich der Neue Markt nicht mehr. Am 5. Juni 2003 wurde das Wachstumssegment beerdigt. Viele Börsianer hatten sich übel verzockt. Der Absturz hatte tiefe Krater in ihren Depots hinterlassen. Oft waren nicht nur die Gewinne weg, auch der Einsatz war verloren und das Casino geschlossen.

Es war ein Fiasko mit Ansage. Zumindest meinte das Börsen-Urgestein Fidel Helmer, Leiter des Wertpapierhandels der Privatbank Hauck & Aufhäuser. In einem Interview anlässlich des zehnten Jahrestags der Beerdigung des Neuen Marktes im Juni 2013 sagte er, viele Händler hätten dem »Zockermarkt« von Anfang an nicht getraut. »Die ersten Aktien am Neuen Markt, Mobilcom und Bertrandt, waren ja noch sehr gute«, so Helmer. »Aber selbst da haben die Händler gesagt: Jetzt haben wir den Zockermarkt eröffnet. Das hat sich dann bewahrheitet.« Der Hype habe sich verselbstständigt. »Schuld an der Misere waren alle Beteiligten: Die Kunden haben alles gezeichnet, was nicht niet- und nagelfest war«, sagt Helmer. »Die Deutsche Börse hat die Kriterien für die Aufnahme neuer Titel viel zu lasch gehandhabt. Die Banken haben sich Unternehmen, die sie an die Börse gebracht haben, oft nicht so genau angeschaut. Und die Medien kannten im Grunde nur noch ein Thema: die New Economy.« Es gab aber auch warnende Stimmen. Nur hören wollte die eben keiner.

Im Nachhinein ist man natürlich immer schlauer. Manchmal frage ich mich aber auch heute noch, wie wir alle so verrückt und so unglaublich gierig sein konnten. Fundamentaldaten zählten nicht mehr. Bewertungen sowieso nicht. Wie sonst lässt sich erklären, dass Unternehmen, die Monat für Monat immer nur Geld verbrannten, an der Börse mehr wert waren als gut verdienende Dax-Konzerne? Was für ein Wahnsinn! Viele der jungen Wachstumsunternehmen hatten im Grunde am Aktienmarkt nichts zu suchen. Manche Firmen, die nur aus ein paar Leuten, Computern und Büros bestanden, waren aber an der Börse auf einmal mehr wert als eine Daimler. Dass das ziemlich übertrieben ist, hätte eigentlich jedem klar sein müssen, der einigermaßen klar denken kann. Aber die meisten Anleger waren zu dieser Zeit eben weder vernünftig noch rational. Dabei war die Idee des Börsensegments eigentlich gut: Rasch wachsende Mittelständler aus Bereichen wie Umwelttechnik, Telekommunikation, Biotechnologie und Multimedia sollten sich besser mit Risikokapital versorgen können. Die Erfolgsgeschichte mancher Biotech- oder IT-Firma wäre ohne den Neuen Markt gar nicht denkbar gewesen. Der Biotechnologiekonzern Qiagen ist ein Beispiel. Aber es gibt eben auch all die vielen (Beinahe-)Pleiten, die vielen abgestürzten einstigen Börsenstars.

An der Börse wird die Zukunft gehandelt, heißt es immer. Das stimmt auch. Nur haben wir uns die Zukunft sehr rosarot gemalt. Die Realität dabei aber komplett auszublenden, ist schon irre. Noch zum fünften Geburtstag des Neuen Marktes im März 2002, also nach dem empfindlichen Absturz, hieß es in einer Broschüre der Deutschen Börse: »Der amerikanische Traum vom Selfmade-Millionär hatte sich für viele Unternehmer und Anleger über Nacht erfüllt – mitten im angeblich so innovations- und risikofeindlichen Deutschland. Nicht nur die professionellen, sondern auch die Privatanleger drängten an die Börse.« War da was? Horrende Verluste? Der Absturz? Denn vom »amerikanischen Traum vom Selfmade-Millionär« war längt nichts mehr übrig. Für viele war der Neue Markt inzwischen zum Albtraum geworden, der auch mit dem Aus des Börsensegments im Juni 2003 nicht endete.

Vielen Deutschen hat das Platzen der Internetblase das Interesse an Aktien gründlich verleidet. Die Aktionärszahlen ging stark zurück und dümpelten vor sich hin. Erst in den vergangenen Jahren, wohl auch unter dem Druck der Nullzins-Politik der Notenbanken, wurde es wieder besser. Doch das Drama am Neuen Markt hat viel verbrannte Erde hinterlassen. Viele Anleger lassen seit dem Ende der deutschen Wachstumsbörse die Finger von Aktien.

Die T-Aktie – ein deutsches Börsentrauma

Der Wirecard-Skandal oder das Drama am Neuen Markt – so spektakulär muss es aber gar nicht sein. Manchmal sind es auch nicht eingehaltene Versprechen, die Anleger maximal enttäuschen. Für viele Anleger ist ihr persönliches Börsen-Trauma der Börsengang der Deutschen Telekom. Das Beispiel des ehemaligen Staatskonzerns zeigt sehr deutlich, wie nah Freud und Leid an der Börse beieinanderliegen. Ich war beim Börsengang der T-Aktie dabei, es war meine erste Aktie. Gefühlt redete niemand von etwas anderem in diesem Herbst vor einem Vierteljahrhundert. In Fernsehspots und Anzeigen pries der beliebte und angesehene Schauspieler Manfred Krug die neue »Volksaktie« an. Es schien eine sichere, auf jeden Fall eine tolle Sache zu sein. Nach dem Börsengang im November 1996 sollte sich die T-Aktie auch erst mal prächtig entwickeln – tagtäglich freuten sich Anleger über ihre Gewinne.

Am 18. November 1996 startete meine erste Aktie mit einem offiziellen Ausgabepreis von 14,57 Euro und schoss gleich um knapp 21 Prozent in die Höhe. Sehr zur Freude von uns Privatanlegern. Für viele war es – wie für mich – das erste Mal, dass sie überhaupt Aktien kauften. Sie mussten schon bald unschöne Erfahrungen machen und extreme Kurskapriolen erleben. Nur ein knappes Jahr nach dem Börsengang fiel die Volksaktie unter ihren Ausgabepreis, erholte sich aber schnell wieder und zog dann kräftig an. Im Juni 1999 brachte das Unternehmen die zweite Tranche an den Markt. Die neuen Aktien kosteten 39,50 Euro. Die Börsenrally lief auf Hochtouren. Am 6. März 2000 erreichte die T-Aktie ihren bisher höchsten Stand von 104,90 Euro. Damit hatten die Papiere ihren Wert binnen dreieinhalb Jahren mehr als versiebenfacht. Was für eine Erfolgsgeschichte! Doch ab da ging es leider stetig bergab.

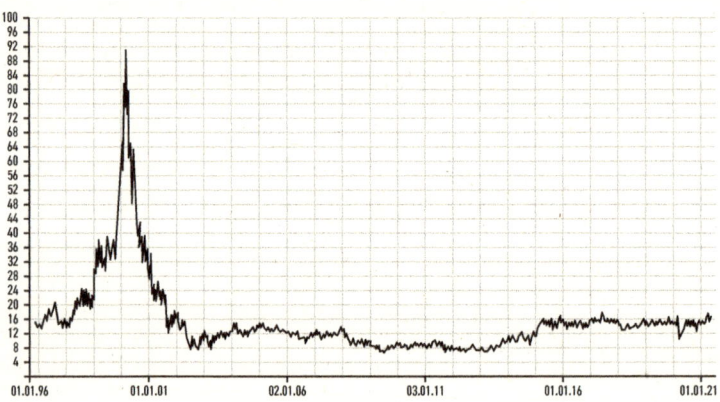

Deutsche Telekom seit Börsengang 1996
Quelle: Finanzen.net

Im Juni desselben Jahres wurde die dritte Tranche von Telekom-Papieren zu 66,50 Euro platziert – und damit deutlich unter dem Allzeithoch. Wer hier zugriff oder schon zu Höchstkursen eingestiegen war, sollte einen Albtraum erleben. Es schien einfach alles nur noch schiefzugehen. Überteuerte UMTS-Mobilfunklizenzen, korrigierte Immobilienwerte, eine Übernahme, die die Verschuldung auf mehr als 70 Milliarden Euro nach oben schnellen ließ – eine Hiobsbotschaft jagte die nächste, und der Aktienkurs kannte nur noch eine Richtung: nach unten. Am 11. September 2001, dem Tag der Terroranschläge in den USA, schloss die T-Aktie unter ihrem Emissionspreis des ersten Börsengangs von 14,57 Euro. Erholt hat sich die Aktie seither nicht mehr. Im Gegenteil, die T-Aktie stürzte sogar unter die Marke von 10 Euro. Im Juni 2009 war das Papier nur noch 7,80 Euro wert. Aktionäre konnten sich lange mit der recht üppigen Dividendenrendite trösten, doch auch die Ausschüttung wurde im Laufe der Jahre immer weiter gekappt. Im Frühjahr 2021 notiert die T-Aktie zwar wieder über dem Emissionspreis der ersten Tranche, aber eine Erfolgsgeschichte sieht definitiv anders aus.

Ich habe die T-Aktie übrigens nach ein paar Wochen verkauft, das große Drama also nicht im eigenen Depot erlebt. Ich bin mit einem Gewinn von 20 oder 30 Prozent ausgestiegen und war wahnsinnig stolz. Das Geld habe ich dann in andere Aktien investiert, viele davon waren am Neuen Markt gelistet. Es war die Zeit der großen Internethypes. Wenn ich ganz ehrlich bin, dann habe auch ich damals die Börse zum Casino gemacht oder sie doch zumindest mit einer Spielhölle verwechselt. Ich war zeitweise gefühlt die reichste Studentin Deutschlands. Gefühlt, wohlgemerkt. Wie so viele andere dachte ich, ich sei unbesiegbar und hätte die Formel zum großen Reichtum gefunden. Dann kam der Crash! Die Blase ist geplatzt, aus der Blase ist die Luft entwichen. Die Luft, das waren extreme Überbewertungen, auch für eigentlich solide Unternehmen wurde damals einfach viel zu viel bezahlt. Aber dann waren da eben auch die Luftnummern, die Luftbuchungen, die erfundenen Umsätze und Gewinne, Wachstumsgeschichten, die es so nie gegeben hatte und die es nie hätte geben können, schlicht Betrug. Es ist völlig ausgeufert damals. Und irgendwann hat es dann eben geknallt. Die Blase war geplatzt.

Der Crash als Chance

Leider reißen solche Crashs alle Aktien mit. Auch die solidesten Unternehmen geraten dann in den Abwärtssog. Wenn alle Anleger nur noch raus wollen aus Aktien, wenn die blanke Panik am

Markt herrscht, dann wird alles aus den Depots geschmissen. Rette sich, wer kann! Wer dann die Nerven hat und gute Unternehmen günstig einsammelt, kann sich ein paar Monate oder Jahre später über fette Gewinne freuen. Aber diese Nerven muss man erst mal haben. Es ist ein bisschen wie mit dem Grabbeltisch im Kaufhaus. Wer will da schon ewig rumwühlen und zwischen all dem Mist nach echten Schnäppchen suchen. Aber genau das würde sich natürlich lohnen. So ist es im Grunde auch an der Börse. Aber das ist nicht ganz so einfach. Vor allem dann nicht, wenn wir in Einzelaktien investieren. Man muss schon sehr überzeugt sein, um dann in der Krise zuzugreifen. Mit Fonds oder ETFs geht das schon besser. Da ist das Nachkaufen emotional um einiges einfacher. Einfacher, nicht einfach. Es bleibt schwierig. Wer will schon beherzt einsteigen, mutig kaufen, wenn alle anderen verkaufen, wenn alle anderen die Flucht ergreifen?

Apropos: Flucht

Meinen ersten Crash habe ich relativ gut überstanden. Ich habe sogar einen Teil meiner Gewinne retten können. Zum Glück bin ich zu einer Zeit, als die Welt am Neuen Markt und auch an der Nasdaq noch in Ordnung war, für ein Semester zum Studieren nach Wien gegangen und habe vorher einiges verkauft, um Wien so richtig zu genießen – Staatsoper, Musicals, Museen, Kaffeehäuser, den Musikverein. Herrlich! Aber das war Zufall. Der Crash hat auch mich erwischt. Ich habe damals aber sehr, sehr viel über die Börse gelernt. Im Laufe der Jahre ist aus der Zockerin von damals eine langfristig orientierte Investorin geworden. Ich streue mein Risiko, renne keinen heißen Tipps hinterher und muss nicht jeden Trend mitmachen.

Obwohl das, ehrlich gesagt, nicht ganz stimmt. Ich habe nämlich zwei Depots. Das eine dient dem langfristigen Vermögensaufbau und ist, obwohl die Aktienquote ziemlich hoch ist, ein
bisschen langweilig. Ich halte mich an klare Regeln, investiere
regelmäßig, bleibe meiner Strategie treu. Das Ganze setze ich mit
börsengehandelten Indexfonds um. So ist das Risiko maximal
breit gestreut. Und ich habe ein Spielgeld-Depot. Das klingt jetzt
natürlich doch wieder nach Casino. Vielleicht sollte ich mal über
einen neuen Namen für dieses Portfolio nachdenken. Auf jeden
Fall probiere ich mit einem kleinen Teil meines Vermögens auch
mal was aus, kaufe die eine oder andere Einzelaktie oder einen
Themen-ETF. Hier investiere ich deutlich kleinere Summen, gehe
aber auch ein deutlich höheres Risiko ein. Dessen bin ich mir bewusst. Manche Investments laufen sensationell, andere aber auch
nicht. Das Spielgeld-Depot schwankt jedenfalls sehr viel stärker
als das Depot für den langfristigen Vermögensaufbau. Aber das ist
okay. Manchmal erwische ich richtig tolle Aktien.

Übrigens hatte ich um die Jahrtausendwende schon Amazon
im Depot. Damals einer der vielen, vielen neuen Internetstars mit
einer guten Idee. Aber Amazon verdiente kein Geld, viele Jahre
lang nicht. Im Gegenteil: Amazon verbrannte jede Menge Geld.
Aber es gab viel Fantasie, und die hat den Kurs getrieben. Ich bin
irgendwann ausgestiegen, habe meinen »Einsatz« sogar verdrei-
zehnfacht. Sensationell, oder? Wäre ich allerdings all die Jahre investiert geblieben ... In diesem Fall ging die Wette zwar mehr als
auf. Hätte ich aber wie eine Unternehmerin gedacht, wäre ich heute wirklich reich. Auch das ist Börse. Aber wie heißt es so schön?
Von Gewinnmitnahmen ist noch niemand arm geworden.

Das große Zocken 2.0

Zugegeben, manchmal sind die Kursausschläge an den Märkten ganz schön heftig, wirken fast schon willkürlich. Das erinnert dann doch an das Treiben im Casino. Manchmal passieren Dinge, bei denen selbst langjährige Börsianerinnen wie ich sich die Augen reiben und nur noch staunen können. Anfang 2021 überschlugen sich die Schlagzeilen: Junge Spekulanten mischen die Finanzmärkte auf. David gegen Goliath. Das zornige Volk ist an den Märkten angekommen. Zockerkrieg gegen Hedgefonds. Und das sind nur einige Überschriften, die übrigens nicht nur Wirtschaftsmedien zierten. Wochenlang wirbelten junge Amateur-Trader die New Yorker Wall Street durcheinander. Sie organisieren sich überwiegend über das Forum »Wall Street Bets« der Onlineplattform Reddit. Sie verabredeten sich zu heißen Wetten auf ziemlich lahmende Aktien, dabei ging es ihnen auch um einen Kampf gegen das Establishment. Die zeitweise gigantischen Gewinne, die sich mit Aktien wie Gamestop erzielen ließen, waren ziemlich verlockend.

Innerhalb weniger Tage stieg die Aktie Gamestop von gut 30 Dollar auf über 480 Dollar. Noch wenige Wochen vorher war sie auf einem Niveau von 3 Dollar herumgedümpelt. Einen fundamentalen Grund, warum die Kurse wie eine Rakete abgehen sollten, gab es nicht. Der amerikanische Computerspiele-Händler galt als wirtschaftlich angeschlagen. Trotzdem entwickelte sich ein Hype um das Papier. Die Aktie war zeitweise sogar die meistgehandelte an der Wall Street und zog auch Käufer in Deutschland in Scharen an. »Der Gamestop-Kurs steigt zum Mond«, jubelten die Trader in den Internetforen. Das Raketen-Emoji wurde zum Markenzeichen dieser Traderszene.

Eine Weile haben die Reddit-Trader die Wall Street geradezu vor sich hergetrieben. Gamestop, der Kinobetreiber AMC, der Kopfhörerhersteller Koss, die Modekette Express und eine Handvoll anderer Aktien verbuchten Kursgewinne im zwei- oder dreistelligen Prozentbereich, ebenfalls losgelöst von jeglichen Fundamentaldaten. Aber wie können Privatanleger solche Kursbewegungen auslösen? Hinter den Kursraketen steckt ein vertrackter Mechanismus, den die neuen Trader sich zunutze machten: Sogenannte Hedgefonds hatten auf einen Kursverfall dieser Aktien gewettet, indem sie die Papiere verkauften, ohne sie schon zu besitzen. Diese Hedgefonds setzen auf riskante Anlagestrategien – und versprechen im Gegenzug überdurchschnittliche Renditen. Sie spekulieren beispielsweise mit Optionen auf bestimmte Kursbewegungen oder verkaufen große Positionen von Aktien, die sie gar nicht besitzen. Bei diesen Leerverkäufen setzen Investoren auf fallende Kurse. Sie leihen sich dafür Aktien und verkaufen diese Papiere – in der Hoffnung, sie später günstiger zurückkaufen zu können. Ihr Profit ist also umso größer, je höher der Differenzbetrag zwischen Verkaufs- und späterem Rückkaufkurs ausfällt.

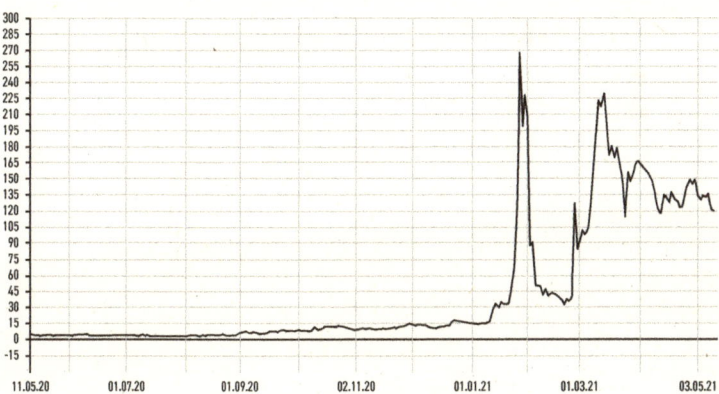

Gamestop (1 Jahr)
Quelle: Finanzen.net

Doch genau darauf, dass diese Wette nicht aufgehen würde, hatten die Reddit-Trader eben gesetzt. Sie wussten nämlich von den Leerverkäufen, weil diese veröffentlicht werden. Als die Angreifer die Kurse hochtrieben, mussten die Fonds selbst Aktien kaufen, um ihre Verluste in Grenzen zu halten – dieser Effekt entwickelte sich zum Kurs-Turbo. Bei den Hedgefonds, die sich auf diese Weise als Shortseller (das englische Wort für die Leerverkäufer) verspekuliert hatten, führte er zu milliardenschweren Verlusten.

Experten sprachen von einem »Zockerkrieg«, es tobe ein »Kampf«, bei dem mehr als nur Geld der Antrieb sei. Ein Kampf gegen »die da oben«, die Anzugträger, das Kapital, das Establishment. Die organisierten Kleinanleger fühlten sich so mächtig wie noch nie. Soziale Medien und Plattformen, die den gebührenfreien Handel mit Aktien und Optionsscheinen ermöglichen, machten es möglich. Das Phänomen, dass sich Amateuranleger in sozialen Medien verabreden und mit gemeinsamen Strategien die Märkte bewegen, wird nicht wieder verschwinden. Macht das die Börse zu einem Casino? Nein, denn die Macht der Zocker dürfte begrenzt sein. Gamestop ist nicht Tesla oder Microsoft. Um solche Aktien zu bewegen, würde es deutlich mehr Kapital benötigen. Aber: Die Zockerei mit Gamestop und den anderen ist natürlich eine sehr heiße Wette und am Ende wohl auch ein Spiel. Denn nichts anderes ist es, wenn wie im Fall von Gamestop ein wirtschaftlich angeschlagenes Unternehmen zum Spielball von Zockern wird. Viele von ihnen haben sich übrigens eine blutige Nase geholt. Denn Rendite machte nur, wer früh ein- und rechtzeitig wieder ausstieg. Die Reddit-Trader, die zu spät kamen, mussten teils schmerzhafte Verluste hinnehmen. Denn die Aktie schlug munter nach oben und nach unten aus. An einzelnen Tagen brach der Kurs um 60 Prozent ein. Wer dann panisch verkaufte, stand dumm da. Vor allem jene, die die Aktien auf Pump gekauft hatten. Beim US-Broker Robinhood, einem Gratisbroker, über den viele Trades liefen, bekommen Kleinanleger nämlich eine Kreditlinie für den Aktienhandel. Zocken auf Kredit ist aber eine ganz, ganz schlechte Idee. Wir sollten noch nicht mal mit geliehenem Geld langfristig an der

Börse investieren, aber schon gar nicht kurzfristig zocken. Das potenziert das Risiko.

Gezockt wird übrigens immer wieder auch mit Pennystocks. Wie der Name schon sagt, sind diese Aktien – das englische Wort dafür lautet Stocks – nur wenige Pennys beziehungsweise Cent wert. Das Adjektiv »wert« ist eigentlich falsch gewählt. Sie kosten nur wenige Cent. Denn den Wert einer Aktie können wir nicht nur an ihrem Kurs festmachen: Eine Aktie, die 50 Cent kostet, kann verdammt teuer sein, wenn das Unternehmen eigentlich pleite ist. Eine Aktie, die 100 Dollar oder auch Euro kostet, kann spottbillig sein, wenn das Unternehmen extrem gut verdient und auch die Prognosen gut sind. Im Börsensprech wäre die erste Aktie überbewertet und die zweite unterbewertet. Schauen Sie also nie nur auf den nominalen Kurs, sondern schauen Sie sich die Bewertung an. Eine sehr gängige Kennzahl ist hier das bereits genannte Kurs-Gewinn-Verhältnis (KGV). Es sagt Ihnen, mit dem Wievielfachen des Gewinns eine Aktie an der Börse gehandelt wird. Das KGV wird berechnet, indem man den Kurs einer Aktie durch den Gewinn pro Aktie dividiert. Dabei kommen entweder tatsächliche oder noch häufiger geschätzte künftige Gewinne zum Einsatz.

Aber zurück zu den Pennystocks. Die sind meistens wirklich nicht viel wert. Es hat nämlich einen Grund, warum Aktien an der Börse nur noch Cent-Beträge kosten, also quasi verramscht werden. Die Unternehmen stecken in einer tiefen Krise, sind mehr oder weniger pleite oder stecken bereits in einem Insolvenzverfahren. Wie es um das Unternehmen steht, ist den Zockern, die mit Pennystocks reich werden wollen, aber eigentlich auch ziemlich egal. Ihre Wette ist recht einfach: Kostet eine Aktie beispielsweise nur noch 10 Cent, dann wären es 10 Prozent Gewinn, wenn sie auf 11 Cent stiege. Kleinste Kursbewegungen würden zu ziemlich fetten Renditen führen. Blöderweise »funktioniert« das auch in die andere Richtung. Aber das wird natürlich erst mal ausgeblendet.

Pennystocks schwanken oft heftig. Es reichen nämlich schon vergleichsweise kleine Orders, ob nun Käufe oder Verkäufe, um die Kurse zu bewegen. Die Marktkapitalisierung, sprich der Börsenwert der Unternehmen schrumpft natürlich extrem zusammen, wenn die Aktien zum Pennystock werden.

Im Frühjahr 2021 wurde mit Pennystocks gezockt wie seit Jahren nicht mehr. Sie wurden für mehrere Billionen Dollar pro Tag an der New Yorker Wall Street gehandelt. Solche Exzesse gab es zuletzt um die Jahrtausendwende, damals zu Zeiten des Internet-Hypes. Manch einer mag es für eine Strategie halten, mit Pennystocks zu handeln. Für mich ist es pure Zockerei. Stattdessen kann man wirklich ins Casino gehen, und hat wahrscheinlich mehr von seinem Geld. Nämlich einen richtig schönen Abend!

Das wilde Treiben der Reddit-Trader ist genau wie das verrückte Zocken mit Pennystocks ein irrationaler Herdentrieb jenseits aller betriebswirtschaftlich nachvollziehbaren Unternehmensbewertungen. Anleger mit wenig Wissen machen beim Börsenspiel mit und kaufen Dinge, deren Risiken und deren Werthaltigkeit sie nicht einschätzen können. Auch in der Internetblase vor 20 Jahren griffen Kleinanleger zu, die mit Aktien vorher nichts zu tun hatten. Die Geschichte wiederholt sich. Trotzdem ist die Börse keine Spielhalle.

Die Börse ist kein Casino, trotz irreführendem Vokabular

Manchmal denke ich übrigens, dass die Branche selbst schuld ist, dass die Börse so einen schlechten Ruf hat. Experten sprechen von »Blue Chips«, wenn sie die großen Standardwerte im Dax, im europäischen Euro Stoxx 50 oder im amerikanischen Dow Jones meinen. »Blue Chips« sind die wertvollsten Jetons in den großen

Spielhallen von Las Vegas. Wundern sich die Börsianer wirklich, wenn dann die Assoziation »Casino« ist? Sie sprechen von »Wetten« und davon »ins Risiko zu gehen«. Händler »geben« oder »nehmen« Aktien oder Anleihen. Kauf- und Verkaufkurse werden mit »Bid« und »Ask« angegeben. Auch nicht gerade Formulierungen, die mit dem Vorurteil, die Börse sei bloßes Spiel und heftige Zockerei aufräumen, oder? Wer Wettspiel- und Casino-Vokabular verwendet, darf sich eigentlich nicht wundern.

> Im Casino gewinnt die Bank immer, an der Börse aber haben wir verdammt gute Chancen.

Natürlich gibt es an der Börse Chancen und Risiken. Darin unterscheidet sie sich gar nicht so sehr von einem Casino. Nur lassen sich die Chancen und Risiken am Kapitalmarkt sehr viel besser kontrollieren und vor allem managen. Im Casino gewinnt die Bank immer, an der Börse aber haben wir verdammt gute Chancen. Wenn wir ein paar einfache Grundregeln beachten, dann ist Vermögensaufbau mit Aktien gar nicht so riskant. Wichtig ist, dass wir unser Risiko breit streuen, über viele Einzeltitel, Branchen, Länder und Kontinente. Am einfachsten und günstigsten geht das mit Investmentfonds und börsengehandelten Indexfonds. Mit ihnen setzen wir auf Dutzende, manchmal Hunderte Aktien oder auch Anleihen. Außerdem sollten wir unbedingt langfristig investieren. Denn die Zeit ist unsere wichtigste Verbündete. Schauen Sie ab und zu auf das Rendite-Dreieck des DAI, es beruhigt ungemein. Es ist Wellness für die Anleger-Seele.

Und wir sollten unserer Strategie treu bleiben. Wie wir diese überhaupt finden, darum geht es in den nächsten Kapiteln. Wir sollten die Ruhe bewahren, wenn es an der Börse mal wieder hoch hergeht. Wir sollten uns nicht von heißen Wetten und Gewinnversprechen locken lassen. Wenn wir diese Grundregeln befolgen, dann ist die Börse definitiv kein Casino. Aktieninvestments sind bei Weitem nicht so riskant wie Roulette und Co. Es geht darum anzulegen, zu investieren, aber bitte nicht zu zocken.

Natürlich gibt es immer wieder Übertreibungen – in die eine und in die andere Richtung. Manchmal sind ganze Märkte, einzelne Branchen oder Unternehmen unterbewertet, manchmal sind sie dagegen überbewertet. Wie auf jedem anderen Markt auch bestimmen Angebot und Nachfrage den Preis. Mal wird mehr angeboten, mal mehr nachgefragt. Manchmal steigen die Preise stark, manchmal fallen sie stark. Aber es sind immer noch Unternehmensbeteiligungen, die an der Börse gehandelt werden (oder andere Anlageklassen), und Unternehmen wirtschaften, sie verdienen oder verlieren Geld, sie investieren, sie schütten Gewinne aus, sie haben ein Geschäftsmodell und verfolgen eine Strategie. All das sind die sogenannten Fundamentaldaten, daraus ergeben sich Chancen und Risiken. Wir sollten bei all den Turbulenzen, die es an der Börse immer wieder geben wird, nie vergessen, wie Unternehmerinnen und Unternehmer zu denken. Es gibt gute und weniger gute Jahre. Wenn wir an ein Unternehmen, sein Geschäftsmodell und seine Vision glauben und damit richtig liegen, dann sollte eine Investition langfristig aufgehen. Die Börse ist ein wichtiger Baustein der Unternehmensfinanzierung, auch das sollten wir nie vergessen.

Bei aller Kritik muss auch der Kapitalismus nicht so schlecht sein, mitunter fördert er sogar Gutes. Er kann nämlich richtig positiv für unsere Gesellschaft, unsere Wirtschaft und auch unsere Umwelt sein. Womit wir beim nächsten Vorurteil, bei der nächsten Ausrede wären: dem bösen Kapitalismus.

Ausrede 9
Kapitalismus ist schlecht für Gesellschaft, Wirtschaft und Umwelt

Die pure Geldgier, der finanzielle Vorteil als oberstes Ziel, beides ohne moralische Grenzen? In einer solchen Gesellschaft wollen wir nicht leben. Und ich würde die Behauptung wagen, dass auch überzeugte Kapitalisten das nicht wollen. Ausnahmen bestätigen natürlich wie immer die Regel. Den Kapitalismus zu kritisieren, ist in den vergangenen Jahren fast zum Volkssport geworden. Kein Wunder, nach den Exzessen, die die Finanzkrise offenbart hat. Spätestens als Banker das Weltfinanzsystem in den Jahren vor der Finanzkrise an den Rand des Abgrunds geführt hatten, war für viele klar, dass Kapitalismus schlecht ist. Das System hatte sich quasi selbst überführt.

Argumente gegen den Turbo-Kapitalismus gibt es viele, manche sind sehr gut. Wenig überraschend, denn eine Übertreibung – und das wäre der Turbo – will kaum jemand. Ebenso wenig wie einen Casino-Kapitalismus. Unsere Wirtschaft als Spielbank, als Zockerparadies. Bloß nicht! Aber dass der Kapitalismus generell schlecht sei für unsere Gesellschaft, unsere Wirtschaft und unsere Umwelt, diese Behauptung geht zu weit. Das sollte auch niemals ein Argument sein, der Börse fernzubleiben und Aktien als

Anlageklasse zu meiden. Und ausnahmsweise geht es jetzt nicht um die Rendite. Oder nicht nur.

Stellen Sie sich eine Welt ohne Eisenbahnen, ohne Flugzeuge, ohne Computer und andere bahnbrechende Erfindungen vor. Schwierig? Vielleicht sogar unmöglich! Vielleicht wäre aber genau diese Welt Realität, wenn es keine Aktien gäbe. Denn sämtliche großen wirtschaftlichen Entwicklungen verschlingen enorme Mengen an Kapital, die eine Einzelperson nur schwer aufbringen kann. Und so kam im 17. Jahrhundert die Idee auf, einem breiten Publikum die finanzielle Beteiligung an Unternehmen zu erlauben. Die erste Aktiengesellschaft war übrigens die »Vereinigte Ostindische Compagnie«. Und der unternehmenseigene Kontor in Amsterdam diente als Anlaufpunkt für die sogenannten Ein- sowie Umschreibungen und damit als erster Börsenplatz der Welt. Die Börse ist damals wie heute ein Marktplatz für Unternehmensbeteiligungen und Schuldverschreibungen. Für Unternehmen ist sie damit ein wichtiger Weg, um sich Kapital zu beschaffen, das sie für ihre Erfindungen, für ihre Forschung und ihre Produktion brauchen. Staaten beschaffen sich über die Emission von Anleihen ebenfalls das Kapital, um den Staatsapparat am Laufen zu halten. Allein über Steuern funktioniert das nämlich nicht, sonst müssten diese exorbitant hoch sein. Die Börse ist also so eine Art Motor unserer Wirtschaft. Warum also sollte Kapitalismus grundsätzlich böse oder doch zumindest verwerflich sein?

> Die Börse ist eine Art Motor unserer Wirtschaft.

Natürlich gibt es gute und weniger gute Argumente, die für oder gegen den Kapitalismus sprechen. Aber keine Angst, ich setze jetzt nicht zu einer wissenschaftlichen Abhandlung über Kapitalismuskritik an. Das würde zu weit gehen und den Rahmen dieses Buches sprengen. Der Kapitalismus ist vor allem seit der Entstehung der Umweltbewegung immer stärker und dann aus ökologischer Perspektive kritisiert worden. Gerade die Gewinnmaximierung, das extreme Streben nach Wirtschaftswachstum, ist den Kritikern ein Dorn im Auge, denn wie soll das mit ökologischer Stabilität zusammenpassen? Der derzeitige Kapitalismus basiert auf einer Kultur, die investiertes Kapital in Gewinn verwandelt, daraus neues Kapital erwirtschaftet, das unter steigender Produktivität weitere Gewinne und zusätzliches Kapital erbringt. Wachstum um jeden Preis? Manchmal scheint es fast so. Muss das immer schlecht sein?

Es gibt auf jeden Fall einiges, das man kritisieren kann. Es gibt auch einiges, das bei vielen auf Unverständnis trifft. Dazu gehört sicher auch, dass Börsenkurse steigen, wenn Unternehmen Sparprogramme verkünden und Tausende Stellen abbauen. Eigentlich sind das natürlich keine guten Nachrichten. Ganz im Gegenteil. Aber an der Börse wird die Zukunft gehandelt. Die sieht eben deutlich rosiger aus, wenn ein Unternehmen sich neu aufstellt, die Kosten senkt und – so hart es auch ist – mit weniger Arbeitnehmern auskommt. Zugegeben, das ist brutal. Aber was würde denn passieren, wenn ein Unternehmen in eine Krise geraten oder doch in absehbarer Zeit Probleme bekommen, aber nicht reagieren würde? Im schlimmsten Fall ginge es sogar pleite, dann wären alle Arbeitsplätze weg. Dann kann auch der wirtschaftliche Schaden für andere groß sein. Rechnungen würden nicht mehr bezahlt, Aufträge an andere fielen weg. Gegenzusteuern ist da doch der bessere Weg, oder? Und weil an der Börse eben die Zukunft gehandelt wird, kommt das mitunter ziemlich gut an.

Unschöne Begleiterscheinungen

Wirklich kritisieren können wir Auswüchse wie die Betrügereien des Wirecard-Vorstands. Wenn Bilanzen manipuliert werden, wenn Geld zur Seite geschafft wird, wenn Aktionäre, Mitarbeiter, Wirtschaft und Gesellschaft geschädigt werden, dann ist das wirklich übel. Das ist aber nicht charakteristisch für den Kapitalismus. Das ist schlicht und einfach kriminell. Solche sehr negativen Erscheinungen gibt es aber in jedem System, auch im Sozialismus übrigens. Im Kapitalismus sind sie aber scheinbar systemimmanent. Allerdings ist auch das ein Vorurteil.

Wenn sich jedoch riesige Kapitalströme rasant um den Globus bewegen und dabei die Realwirtschaft beeinflussen, dann ist das für den Laien kaum noch zu verstehen. Sie bringen Gewinner hervor, aber eben auch Verlierer. Wir haben in den vergangenen 20 Jahren gleich drei große Krisen samt Börsencrash erlebt. Kein Wunder, dass Turbokapitalismus, Finanzkapitalismus oder Raubtierkapitalismus – das Phänomen hat viele Namen – derart kritisiert werden. Es gibt auch wirklich einigen Wildwuchs: Steueroasen, in die Gewinne verschoben werden. Spekulationen auf Nahrungsmittel, die ziemlich verpönt sind. Sollten wir nicht lieber den Hunger in der Welt bekämpfen? In der Finanzkrise 2008/2009 wurden verrückte Praktiken der Herren des Geldes publik: Da wurden notleidende Immobilienkredite so oft wieder und anders verpackt, dass die neuen Produkte super aussahen. Verbriefungen nennt man das. In der damaligen Zeit wurden auch »Subprime Kredite« verbrieft. Als die Blase platzte, wurde aus der Immobilienkrise in den USA eine weltweite Finanz- und Bankenkrise, und schließlich eine Wirtschaftskrise. Solche Auswüchse des Kapitalismus sind natürlich zu kritisieren, sogar zu verurteilen. Aber der Kapitalismus insgesamt?

Immer wieder wird über eine Reform des Kapitalismus diskutiert. Dinge zu hinterfragen, sie verbessern zu wollen, das ist immer gut. Muss mehr reguliert werden? Oder sollte das Unternehmertum sich völlig frei entfalten können? Muss die Wettbewerbsfähigkeit über alles gehen? Brauchen wir mehr Staat und weniger Markt? Oder anders herum weniger Staat und mehr freie Marktwirtschaft? Ich finde, darüber können wir nachdenken. Aber am Ende des Corona-Jahres 2020 offenbarte sich in Umfragen ein tiefes Sicherheitsbedürfnis in Deutschland: Drei Viertel der Befragten machen sich Sorgen um den Zustand der Wirtschaft. Zwei Drittel befürchten, der Klimawandel sei nicht mehr aufzuhalten. Viele sind der Meinung, die Globalisierung sei zu weit gegangen. Mehrheiten erleben ein verschlechtertes gesellschaftliches Klima, das geprägt ist von Verunsicherung, Aggression, Ungeduld und Egoismus. So zeigte es eine Umfrage des Instituts für Demoskopie Allensbach für den Versicherungsverband GDV unter 30- bis 59-jährigen Bundesbürgern. Das mag eine Momentaufnahme sein. Vielleicht ist es auch mehr. Es ist nur so: Am Ende geht es um Effizienz. Am Ende wird die Wirtschaftspolitik nicht an ideologischen Willensbekundungen gemessen, sondern daran, ob sie in der Lage ist, kollektive Bedürfnisse zu niedrigen Kosten zu erfüllen. Wie stark wächst die Wirtschaft? Wie hoch ist die Arbeitslosigkeit? Wer investiert wie viel – der Staat, die Privatwirtschaft? Mit welcher Rendite?

Gewinner in der Krise

Apropos: Rendite

Damit sind wir nämlich ganz schnell bei den Krisengewinnern. In ökonomisch besonders schlechten Zeiten wird das Fundament für die wirklich großen Vermögen gelegt. Wenn die Wirtschaft am Boden liegt, wenn die Menschen ihre Jobs verlieren und leiden, dann schlägt anscheinend die Stunde der Kapitalisten. Aber ist das nicht zu kurz gedacht? In der Krise stürzen die Börsenkurse ab. Was tun diejenigen, die das Geld und die Nerven haben? Sie kaufen zu, sie sammeln die Schnäppchen ein. Ist das wirklich verwerflich? Ich finde das eigentlich clever. Natürlich werden die Vermögens-Ungleichgewichte dadurch größer. Die Reichen werden noch reicher, die Armen oder Ärmeren leiden. Auch das stimmt. Nur könnten es die »Otto Normalbürger« den Reichen ja gleichtun und ebenfalls in Krisenzeiten Aktien kaufen. Vorausgesetzt natürlich, sie haben den nötigen finanziellen Spielraum. Viel Geld braucht es dazu aber gar nicht. Dazu kommen wir im nächsten Kapitel. Aktien sind nämlich nicht nur etwas für die Reichen.

Wenn Sie für ein börsennotiertes Unternehmen arbeiten, dann können Sie sich oft sogar daran beteiligen. Manche Aktiengesellschaften bieten ihren Mitarbeitern an, Anteilseigner zu werden und Mitarbeiteraktien zu erwerben.

Die Philosophie dahinter: Mitarbeiteraktien tragen dazu bei, dass Beschäftigte sich mit ihrem Unternehmen identifizieren. Das erhöht ihre Motivation. Wie im Einzelnen das

Mitarbeiteraktien-Programm aussieht, ist von Firma zu Firma verschieden. Beliebt ist zum Beispiel das Modell, Mitarbeitern Aktien mit einem Rabatt zu verkaufen. Kostet eine Aktie beispielsweise 100 Euro, wird ein Nachlass von 20 oder 30 Prozent gewährt. Eine andere Variante ist das sogenannte »Share Matching«: Wer eine bestimmte Anzahl von Aktien seines Unternehmens erwirbt, bekommt vom Arbeitgeber nach einem bestimmten Zeitraum, beispielsweise zwei Jahren, eine weitere gratis dazu. Die eigenen Mitarbeiter am Unternehmen zu beteiligen, ist etwas Gutes, die gute Seite des Kapitalismus.

Gutes tun bei der Geldanlage und nachhaltig investieren

Gutes können wir aber auch mit unserer Geldanlage tun. Immer mehr Geld fließt in nachhaltige Produkte. So goutieren und fördern Investoren Unternehmen mit Umwelt- und Sozialbewusstsein sowie einer verantwortungsvollen Führung. Auf Rendite müssen sie deshalb nicht verzichten. Gutes zu tun, sich für die Umwelt einzusetzen, für soziale oder ethische Projekte – das passt auf den ersten Blick natürlich nicht zum Kapitalismus an den Finanzmärkten. Auf den zweiten Blick passen Nachhaltigkeit und Rendite aber sehr gut zusammen. Nicht nur deshalb setzen immer mehr Investoren auf die sogenannten ESG-Kriterien und fahren gut damit.

Die drei Buchstaben ESG stehen für »Environmental, Social, Governance«. Es geht um die Schonung natürlicher Ressourcen und die Begrenzung des Klimawandels – Stichwort »Environment«. Aber eben auch um Humankapital, Gesellschaft, nachhaltige Produkte, Menschenrechte, also soziale Aspekte – S für »Social«. Hinzu kommen Wirtschaftsethik, das heißt Unternehmensführung,

Transparenz, Vergütungsregeln – die »Governance«. Die Renditen können sich durchaus sehen lassen. ESG-Fonds zum Beispiel schneiden nicht schlechter ab als Fonds ohne diesen Filter. Spezielle ESG-Indizes lassen herkömmliche Indizes sogar hinter sich. Gutes zu tun und damit auch noch Geld zu verdienen, das passt eben immer besser zusammen. Nachhaltige Geldanlage ist gut für die Gesellschaft und fürs eigene Finanzpolster.

Nachhaltigkeit ist ein Megathema – politisch, gesellschaftlich und auch wirtschaftlich. Der »Green Deal« ist Programm. US-Präsident Joe Biden hat das Ziel, die USA bis 2050 CO_2-neutral zu machen. Biden ist nicht nur dem Pariser Klimaabkommen wieder beigetreten. Er plant auch staatliche Investitionen in Höhe von fast 2 Billionen Dollar über zehn Jahre. Auch die Europäische Union hat ein entsprechendes Programm, und auf nationaler Ebene wird Umweltschutz in vielen Ländern ebenfalls großgeschrieben. Das hat Folgen für viele Unternehmen, die ESG-Faktoren rücken immer stärker in den Fokus, und sie können natürlich auch von diesem Trend und den nötigen Investitionen profitieren.

Umweltverschmutzung, Korruption oder Ausbeutung – für viele Investoren sind das Ausschlusskriterien. Unternehmen, die nicht nachhaltig wirtschaften, in Skandale verwickelt sind oder Menschenrechte verletzen, verbannen sie aus ihren Depots. Nachhaltigkeit ist für viele Stiftungen, Pensionsfonds und institutionelle Investoren wie Kirchen schon lange ein wichtiger Aspekt bei ihren Investments. Auch bei Privatanlegern kommt das Thema immer besser an. Knapp jeder zweite Anleger hält nachhaltige Investments für attraktiv – Tendenz steigend. Das zeigen Umfragen immer wieder. Für viele spielt dabei das nachhaltige Handeln eine wichtigere Rolle als der kurzfristige Gewinn.

Nachhaltigkeit ist ein Trend, bei Unternehmen wie Investoren. Eine Selbstverständlichkeit ist das Einhalten der ESG-Kriterien aber noch längst nicht. Zumal es noch immer keine klare

Definition gibt. Die Europäische Union arbeitet an einer entsprechenden Standardisierung. Orientierung bieten international anerkannte Maßstäbe wie beispielsweise der »UN Global Compact« und die »UN Sustainable Development Goals«, deren Nachhaltigkeitsziele nicht nur für Investoren und Unternehmen, sondern auch für Staaten und Individuen gelten.

Nicht alle dieser Ziele sind aber für jeden Anleger gleich wichtig. Investoren definieren ESG mitunter recht unterschiedlich und setzen bestimmte Schwerpunkte. Kirchliche Investoren beispielsweise haben sicher andere Vorgaben als Investoren, die starken Wert auf Tierschutz legen. Auch Fonds haben unterschiedliche Schwerpunkte. Bei einigen Kernthemen herrscht aber weitestgehend Einigkeit zwischen den meisten Investoren. Investitionen in Unternehmen, die geächtete Waffen wie Streubomben produzieren oder die Kinder für sich arbeiten lassen, sind in der Regel ausgeschlossen. Immer mehr Fondsgesellschaften stellen übrigens ihre Produktpalette um. Alles ist dann im Grunde nachhaltig. Aber auch hier müssen wir genau hinschauen, welche Kriterien angewendet werden.

Mit Blick auf Nachhaltigkeit ist der Kapitalismus ganz sicher nicht böse. Je stärker das Thema ins Bewusstsein von Investoren rückt und je höher ihre Nachfrage nach entsprechenden Produkten ist, desto mehr steigt auch der Druck auf die Unternehmen, nachhaltig zu wirtschaften. Nicht umsonst spricht man von verantwortungsbewusstem Investieren. Denn die Anleger übernehmen Verantwortung, wenn auch im übertragenen Sinne. Wer bei seiner Geldanlage auf ESG-Kriterien achtet, tut Gutes. Natürlich treibt der Kapitalismus mitunter Blüten, die nicht schön sind, aber grundsätzlich böse ist er nicht. Er kann sogar viel Positives bewirken.

Ausrede 10
Geldanlage ist so furchtbar kompliziert

Wenn Sie sich nun ein bisschen mit dem Thema Geldanlage, mit der aktuellen Zinswüste und Ihren persönlichen Finanzen auseinandergesetzt haben, sind Sie wahrscheinlich zu der Einsicht gekommen, dass Sie etwas tun müssen. Zumindest aber, dass es besser gehen würde. Von dieser Einsicht zum Handeln zu kommen, ist aber manchmal gar nicht so einfach. Was genau sollen Sie tun? Wie werden Sie vom Sparer zum Investor? Welche Anlageklassen sind die richtigen für Sie? Wie sollte Ihr Depot zusammengestellt werden? Wie viel Geld sollten Sie investieren? Fragen über Fragen, und schon raucht wieder der Kopf. Und schon fällt uns wieder eine Ausrede ein, warum wir das leidige Thema doch noch ein bisschen aufschieben: Geldanlage ist so furchtbar kompliziert. Zugegeben, das ist nicht ganz falsch. Es gibt wirklich furchtbar komplizierte Produkte, kaum mehr nachvollziehbare Konstrukte und extrem ausgeklügelte Strategien. Trotzdem lasse ich auch diese Ausrede nicht gelten. So furchtbar kompliziert muss Geldanlage nämlich gar nicht sein. Im Gegenteil. Sie kann sogar relativ einfach sein. Wir müssen nur ein solides Grundwissen aufbauen und uns an ein paar ganz einfache Grundregeln halten.

Doch genau an diesem Wissen mangelt es leider oft. Zumindest glauben das viele von sich selbst. In Umfragen geben sowohl Männer wie Frauen oft an, dass mangelndes Wissen über Geldanlage und Kapitalmärkte sie davon abhält, ihr Geld anzulegen. In einer Umfrage von J.P. Morgan Asset Management waren es zuletzt fast 40 Prozent der Befragten, die sagten, sie würden erst dann zu investieren beginnen, wenn sie das Thema Geldanlage besser verstünden. Aber wie definiert man »besser verstehen«? Wie tief müssen wir in das Thema einsteigen, wie viele Seminare besuchen, wie viele Bücher lesen, wie viele Beratungsgespräche über uns ergehen lassen? Alles halb so wild! Die Komplexität der Geldanlage wird häufig überschätzt. Natürlich ist die Strukturierung eines großen Vermögens nicht trivial und man arbeitet dabei auch besser mit einem Profi zusammen. Aber die ersten Schritte an der Börse sind viel einfacher als gedacht. Das Grundwissen, das Sie dafür benötigen, ist schnell aufgebaut – versprochen!

Wir sind uns hoffentlich einig, dass die Börse kein Casino ist, sondern ein Marktplatz für unterschiedliche Anlageklassen. Sie dient Unternehmen zur Finanzierung und ist ein wichtiger Wirtschaftsfaktor. Auch verschiedene Anlageinstrumente werden an der Börse gehandelt. Anlageklassen sind Aktien, Anleihen, aber auch Rohstoffe oder Währungen. Anlageinstrumente sind Vehikel, über die wir in diese Anlageklassen investieren können, beispielsweise Fonds, börsengehandelte Indexfonds (ETFs) oder Zertifikate.

> Die Komplexität der Geldanlage wird häufig überschätzt.

Aktien für die Rendite

Wäre es nicht toll, ein eigenes Unternehmen zu besitzen? Oder zumindest einen Teil davon? Genau das passiert, wenn wir Aktien kaufen. Wir werden Aktionäre oder Aktionärinnen, wir werden Miteigentümer und quasi Unternehmerinnen. Uns gehört ein Stück von Allianz, Bayer, BMW oder SAP. Oder darf es etwas luxuriöser sein? Der Luxuskonzern LVMH (Louis Vuitton Moët Hennessy) ist ebenfalls börsennotiert. Oder wie wäre es mit dem Elektroauto-Pionier Tesla? Aktien sind Anteilsscheine an einem Unternehmen. Wie auf jedem anderen Markt bestimmen auch an der Börse Angebot und Nachfrage den Preis. Wird die Aktie stark nachgefragt, dann steigt der Kurs. Wird sie reihenweise aus den Depots der institutionellen und privaten Anleger geschmissen, dann sinkt der Kurs.

> Wichtiger als der bloße Preis ist die Bewertung der Aktie.

Der reine Kurs sagt allerdings wenig darüber aus, ob eine Aktie teuer oder billig ist. Die Aktie von Unternehmen A kann zum Preis von 100 Euro extrem teuer, sprich »überbewertet« sein. Der Anteilsschein von Firma B aber kann für 150 Euro ein totales Schnäppchen und damit »unterbewertet« sein. Erinnern Sie sich an die Pennystocks. Das ist ein wenig verwirrend, ich weiß. Aber wichtiger als der bloße Preis in Euro und Dollar ist die Bewertung der Aktie. Es gibt verschiedene Kennzahlen, die uns bei der Einschätzung helfen, ob eine Aktie nun teuer oder billig ist.

Die bekannteste Kennzahl ist das schon erwähnte Kurs-Gewinn-Verhältnis (KGV), das uns zeigt, mit dem Wievielfachen des erwarteten Gewinns ein Unternehmen an der Börse bewertet wird. Das KGV wird berechnet, indem man den aktuellen Aktienkurs in Euro durch den Reingewinn pro Aktie dividiert, den das Unternehmen jährlich erzielt. Es gibt an, welchen Betrag ein Investor für einen Euro Gewinn zu zahlen hat. Die Formel klingt kompliziert? Zum Glück müssen wir nicht selbst zum Taschenrechner greifen. Wenn wir den Kurs einer Aktie auf den Internetseiten von Banken, Brokern und auch vielen Medien suchen, dann wird das KGV zusammen mit vielen anderen Kennzahlen in der Regel gleich mitgeliefert. Generell gilt ein möglichst niedriges KGV als attraktiv.

Teuer oder billig – das Kurs-Gewinn-Verhältnis

Leider sagt auch beim Kurs-Gewinn-Verhältnis die bloße Zahl relativ wenig aus: Das KGV ist umso niedriger, je größer die Ertragskraft des Unternehmens ist. Es spiegelt also die langfristige Ertragserwartung des Unternehmens wider. Das KGV ist daher ein gängiger Maßstab bei der Bewertung von Aktien und ist insbesondere nützlich für einen Vergleich innerhalb einer Branche und eines Jahres. Manche Branchen werden traditionell höher bewertet als andere. Gerade in turbulenten Zeiten werden einzelne Sektoren auch stärker abgestraft als andere. Es gibt jede Menge Trends an der Börse, mal kurzfristiger und mal langfristiger. Branche A mit Branche B zu vergleichen, funktioniert deshalb oft nicht. Die Unternehmen innerhalb eines Sektors können wir aber gut vergleichen. Und wir können uns natürlich einen Index wie den Dax als Ganzes anschauen. Im historischen Schnitt liegt sein KGV immer so etwa bei 14. Bei einem Wert von 8 wäre der Dax also günstig, bei einem Wert von 20 oder sogar 30 wohl eher teuer – manche der im Dax gelisteten Einzelwerte sind teurer, manche günstiger. Für Technologieaktien zahlen Investoren an der Börse traditionell mehr als beispielsweise für Bankaktien. Weil mehr Fantasie in der Branche steckt?

Eine generelle Aussage, ab welchem KGV-Wert eine Aktie über- beziehungsweise unterbewertet ist, lässt sich also leider nicht treffen. Im Grunde ist das KGV vor allem für diejenigen von uns wichtig, die in Einzeltitel investieren möchten. Ein hohes KGV muss aber gar kein Ausschlusskriterium sein. Wie oft hieß es in den vergangenen Jahren Apple oder Tesla seien viel zu teuer? Die Aktien stiegen trotzdem weiter. Auch wenn ihre Bewertungen wirklich sportlich sind, glauben Investoren anscheinend an die Wachstumsstory. Wenn die Gewinne sich glänzend entwickeln und stets in die Höhe schnellen, dann sinkt rein rechnerisch ja auch das Kurs-Gewinn-Verhältnis. Es sei denn, der Aktienkurs rennt immer weiter vorweg. Ähnlich sieht es mit der Bewertung ganzer Märkte aus. Dann lesen wir oft, dass Aktien nicht mehr günstig sind, dass für US-Titel traditionell mehr gezahlt wird als für deutsche, dass die Märkte überbewertet sind. Sicherlich kann ein KGV weit über dem historischen Durchschnitt ein Warnsignal dafür sein, dass die Märkte heißgelaufen sind. In Zeiten von Null- und Negativzinsen und der gigantischen Geldschwemme der Zentralbanken müssen wir »heißgelaufen« aber wahrscheinlich auch neu definieren. Wer sehr langfristig anlegt, braucht sich davon sowieso nicht verrückt machen zu lassen.

Finanzkraft und Liquidität – der Cashflow

Es lohnt sich übrigens auch, einen Blick auf die Gewinnentwicklung und die Verschuldung zu werfen. Der Gewinn fließt natürlich in die Berechnung des KGV mit ein. Aber wie entwickelt er sich denn? Bleibt er gleich, steigt er mehr oder weniger stark oder sinkt er seit Jahren? Warum ist das so? Auch diese Fragen sollten wir uns stellen, wenn wir einzelne Aktien kaufen wollen. Gleiches gilt natürlich für die Schulden. Schulden sind nicht per se schlecht. Investitionen kosten viel Geld und können nicht immer aus dem laufenden Zahlungsstrom – Börsianer nennen ihn Cashflow – getätigt werden. Extrem verschuldet sollte ein Unternehmen aber natürlich auch nicht sein.

Apropos: Cashflow

Noch so eine Kennzahl, die uns bei der Bewertung hilft. Er bezeichnet die Zahlungsströme, die während eines bestimmten Zeitraums in ein Unternehmen hinein- und herausfließen. Er sagt etwas über die Finanzkraft und die Liquiditätssituation eines Unternehmens aus. Faustformel: Ein guter Wert liegt bei mehr als 8 Prozent. Bei einer überwiegenden Zahl der Insolvenzfälle in den vergangenen Jahren soll er bei unter 2 Prozent gelegen haben.

Zugegeben, dieser kleine Ausflug in die Bewertungskennzahlen war ganz schön dröge. Fundamentalanalyse ist eben harte Arbeit mit vielen Zahlen. Zum Glück gibt es Analysten, die uns diese Arbeit abnehmen. Ihre Reports veröffentlichen sie regelmäßig. Viele Banken und Broker, auf jeden Fall aber jede Menge Finanz-Webseiten liefern sie mit der Kursabfrage gleich mit aus. Da heißt es dann »Kaufen«, »Halten« oder »Verkaufen«, Kursziele werden genannt, die Kennzahlen und die Geschäftsaussichten beleuchtet. Es lohnt sich, da mal reinzuschauen. Man bekommt relativ schnell ein Gefühl dafür, was genau gemeint ist. Die Börsensprache ist manchmal etwas verwirrend, aber mit der Zeit verstehen wir sie dann doch ziemlich gut.

Ausschüttungsstark oder nicht – die Dividendenrendite

Eine sehr beliebte Kennzahl darf ich Ihnen aber nicht vorenthalten: die Dividendenrendite. Dividenden sind Gewinnausschüttungen, die es in Deutschland und überhaupt in Europa normalerweise ein

Mal im Jahr wenige Tage nach der Hauptversammlung gibt. In den USA wird sie oft quartalsweise gezahlt. Die Dividendenrendite misst die Verzinsung, die sich ergibt, wenn man die Dividende durch den aktuellen Aktienkurs teilt und mit 100 Prozent malnimmt. Sie schwankt also – wie alle anderen Kennzahlen auch – mit dem Aktienkurs. Die Dividendenrendite ist eine wichtige Kennzahl für den Vergleich von Unternehmen.

Dividenden gibt es oft auch in schwachen Börsenphasen, weshalb sie als eine Art Risikopuffer gelten. Der Gedanke dabei: Schüttet ein Unternehmen üppig aus, können wir genau diese Summe als Kursverlust locker wegstecken und machen unter dem Strich keinen Verlust. In Zeiten von heftigeren Schwankungen ist ein Puffer von 3 oder 4 Prozent Dividendenrendite allerdings schnell aufgebraucht. Wir sollten uns also auch hier nichts vormachen. Trotzdem ist die Dividende ein sehr wichtiger Baustein des Vermögensaufbaus und macht langfristig auch den Großteil der Gewinne an der Börse aus.

Da wundert es kaum, dass die Dividendenstrategie eine der bekanntesten und beliebtesten Anlagestrategien ist. Dabei setzen Sie auf Unternehmen, die ihre Aktionäre mit hohen Ausschüttungen verwöhnen. Das wichtige Anlagekriterium ist also die Dividendenrendite: Je höher, desto besser. Allerdings kann eine sehr hohe Dividendenrendite mitunter auch in die Irre führen. Nämlich dann, wenn der Kurs gerade abgestürzt ist und es dafür auch einen triftigen Grund wie beispielsweise eine Unternehmenskrise gibt. Sinkt der Kurs, steigt die Dividendenrendite nämlich rechnerisch an. Aber es ist nicht ausgeschlossen, dass die Ausschüttung in einer Krise dann schmerzhaft reduziert oder gleich ganz zusammengestrichen wird. Im Coronakrisen-Jahr 2020 ist das reihenweise passiert. Unternehmen wollten auf Nummer sicher gehen und lieber prall gefüllte Konten haben. Das hieß für viele Aktionärinnen, dass sie im Frühjahr 2020 leer ausgingen und die

Gewinnausschüttungen für das Jahr 2019 – ausgeschüttet wird immer erst im Folgejahr – ausblieben.

Die Dividendenrendite darf also nie die einzige Kennzahl sein. Achten Sie bei der Aktienauswahl darauf, dass das Unternehmen bereits in der Vergangenheit regelmäßig hohe Dividenden ausgeschüttet hat. Kontinuität zahlt sich aus. Ein Qualitätsmerkmal ist auch, wenn die Dividende regelmäßig erhöht wird. Außerdem sollte die Ausschüttung aus dem laufenden Gewinn bestritten werden, und nicht aus der Substanz.

Die Dividende ist übrigens ein wichtiges Kriterium für Wertpapiererfolg. Das amerikanische Analysehaus Ned Davis Research hatte in einer bereits 2012 veröffentlichten Studie die Rendite von Aktien aus dem amerikanischen Index S&P 500 zwischen 1972 und 2010 untersucht. Es hatte dabei festgestellt, dass Unternehmen mit steigenden Dividenden für den Aktionär durchschnittlich 9,4 Prozent Rendite pro Jahr erwirtschafteten. Titel mit stagnierenden Ausschüttungen kamen auf 7,4 Prozent Rendite, während Unternehmen ohne Dividenden magere 1,7 Prozent aufwiesen. Aktien von Unternehmen, die ihre Dividenden reduzierten oder strichen, mussten sogar einen jährlichen Verlust von 0,5 Prozent in Kauf nehmen. Diese Ergebnisse würden heute wohl ähnlich ausfallen.

Die im Dax gelisteten Unternehmen schütteten in den vergangenen Jahren im Schnitt übrigens gut 3 Prozent aus. Für den deutschen Aktienindex und seine Entwicklung sind Dividenden entscheidend. Der Dax ist nämlich ein Sonderling unter den Indizes: Er ist ein Performanceindex, das heißt, dass die Dividenden in den Punktestand eingerechnet werden. Wie groß dieser Effekt ist, zeigt der Vergleich des Dax-Performanceindex mit dem Dax-Kursindex, also den Dax ohne Dividenden, den es auch gibt, der aber ein Schattendasein fristet: Der Stand des Dax-Performanceindex lag im Mai 2021 bei knapp 15.000 Punkten. Der Kursindex bei etwa 6400 Punkten – damit summiert sich das zusätzliche Plus durch die Dividenden seit 1988 auf mehr als 50 Prozent. Die Dividende ist also langfristig ein ziemlich guter Renditebringer, vor allem wenn wir sie reinvestieren, also sofort wieder anlegen. Deshalb sollten wir für den langfristigen Vermögensaufbau auch Fonds und ETFs mit dem Zusatz »thesaurierend« wählen. Denn dann werden die Erträge reinvestiert. Bei ausschüttenden Fonds oder ETFs landen die Dividenden dagegen auf dem Konto. Wir müssen dann selbst entscheiden, was wir mit dem Geld machen.

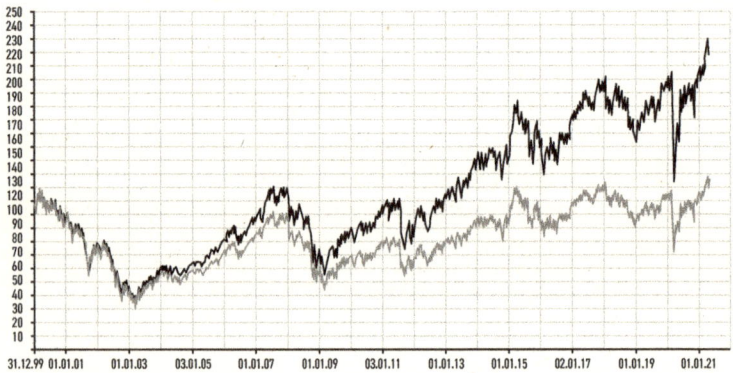

Dax-Performanceindex versus Dax-Kursindex
Quelle: Finanzen.net

Dividenden sind ein wichtiger Renditefaktor. Allerdings gibt es immer wieder Phasen, in denen die Aktienkurse von Firmen mit traditionell hohen Ausschüttungsquoten schlechter laufen als der Gesamtmarkt. Die drei Boomjahre bis 2017 waren solch eine Phase. In eher schwachen Börsenzeiten hingegen kehrte sich der Effekt stets zugunsten der Aktien mit hohen Dividenden um. Auf der Suche nach Sicherheit entwickeln Anleger eine Vorliebe für Aktien mit hohen und vor allem verlässlichen Ausschüttungen.

Aber natürlich schwanken auch Dividendenaktien, wie alle anderen Aktien auch – und zwar ständig. Wenn es an der Börse richtig knallt, dann schmieren sogar die ausschüttungsstarken Titel ab. Wenn es wirtschaftlich richtig schlecht läuft, dann werden Dividenden gekürzt oder ausgesetzt. Das war es dann mit dem Sicherheitspuffer. Aber grundsätzlich gilt natürlich trotzdem, dass Dividenden ein wichtiger Faktor für den Anlageerfolg sind. Das zeigt der Vergleich der Charts von »normalem« Dax, als Performanceindex, den wir jeden Abend in der Sendung *Börse vor Acht* unmittelbar vor der *Tagesschau* und morgens in der Tageszeitung sehen, und von der Kursindex-Variante des Dax.

Apropos: Charts

Schauen Sie sich mal einige Charts von bekannten Indizes an wie dem Euro Stoxx 50, dem europäischen Standardwerte-Barometer, oder den breiten amerikanischen Aktienmarkt via S&P 500 oder gleich den Weltaktienindex MSCI World. Wenn Sie den Betrachtungszeitraum von fünf oder besser zehn und mehr Jahren wählen, dann sehen Sie, wie gut Aktienmärkte sich entwickeln – allen Turbulenzen und Crashs zum Trotz. Langfristig liegt die Rendite bei 6 bis 8 Prozent. Das kann sich wirklich sehen lassen. Das hilft beim Vermögensaufbau ungemein.

Anleihen gegen die Schwankungen im Depot

Natürlich darf ein Depot nicht nur aus Aktien bestehen. Das wäre zu riskant und wir würden das im Crash auch nicht aushalten. Deshalb gehören noch ein paar andere Anlageklassen ins Depot, beispielsweise Anleihen. Noch mal zur Erinnerung: Anleihen – im Börsensprech auch Rentenpapiere oder Bonds (der englische

Begriff) genannt – sind Schuldverschreibungen. Wenn Sie Anleihen kaufen, dann leihen Sie einem Unternehmen Geld. Das Datum der Rückzahlung steht in der Regel fest. Es gibt allerdings einige Ausnahmen und sogar »ewige« Anleihen. Normalerweise wissen Sie aber, dass Sie Ihr Geld zu einem bestimmten Datum zurückbekommen. Obwohl das nicht ganz stimmt: Sie bekommen eine fixe Summe zurück. Anleihen werden in Prozent gehandelt und zu 100 Prozent zurückgezahlt. Sie können sie aber auch teurer oder günstiger gekauft haben. Denn auch Anleihekurse schwanken, wenn auch deutlich weniger stark als Aktiennotierungen. Emittiert, also an den Markt gebracht, werden Anleihen zu 100 Prozent, fällig werden sie ebenfalls zu 100 Prozent. Fix ist auch der Zinskupon, sprich der jährlich gezahlte Zins, allerdings ist er in Zeiten von Null- und Niedrigzinsen alles andere als üppig. Im Gegenteil. Viele Unternehmen müssen kaum noch Zinsen zahlen, wenn sie sich über die Kapitalmärkte refinanzieren. Manche müssen allerdings auch heute noch ziemlich hohe Zinsen bieten, damit Investoren ihnen Geld leihen.

Hoher Zins, hohes Risiko – das Rating

Ein hoher Zinskupon mag verlockend sein, aber wenn ein Unternehmen Zinsen deutlich über dem Marktdurchschnitt bieten muss, dann hat das einen Grund. Dann ist das Risiko größer. Die relativ einfache Faustformel: Je höher der Zinskupon, desto höher das Risiko. Risiko heißt in diesem Fall, dass die Anleihe »ausfällt«. Das ist der Börsenterminus für eine Pleite. Geht das Unternehmen in die Insolvenz, dann sind die Anleihen mehr oder weniger wertlos. Vielleicht kratzt der Insolvenzverwalter noch Geld zusammen, viel werden Anleiheeigner davon aber nicht zu sehen bekommen. Doch natürlich geht nicht jedes Unternehmen, das am Kapitalmarkt hohe Zinsen zahlen muss, automatisch pleite. Im Grunde sind es sogar die wenigsten, aber das Risiko ist rein statistisch eben größer.

Nicht nur der Zinskupon hilft uns, dieses Risiko einzuschätzen. Ratingagenturen bewerten Unternehmen und ihre Anleihen regelmäßig. Ihre Ratings können wir im Internet leicht einsehen. Dann steht da Aaa oder Aa3, vielleicht auch Baa1 oder nur B1. Möglicherweise heißt es auch AAA, AA+, BBB+ und CCC-. Nun ist die Verwirrung komplett, oder? Die Buchstaben stehen für gute und weniger gute Schuldner, viele A sind immer besser als C oder D, eine 1 besser als eine 3 und ein Plus besser als ein Minus. Die ersten Beispiele stammen von Moody's, die zweiten von S&P. Das sind die beiden bekanntesten Ratingagenturen der Welt und damit auch die relevantesten. Eine weitere, recht bekannte Ratingagentur ist Fitch.

Aaa – dieses Gütesiegel bekommen Schuldner mit höchster Bonität von der US-Ratingagentur Moody's. Das Ausfallrisiko, also das Risiko einer Pleite und des Totalverlusts, ist so gut wie vernachlässigbar. Eine immer noch sichere Anlage mit geringem Ausfallrisiko, das aber längerfristig etwas schwerer einzuschätzen ist, bekommen Anleihen mit dem Rating Aa1 bis Aa3. Sicher sollten auch alle Papiere mit A1 bis A3 sein, sofern keine unvorhersehbaren Ereignisse die Gesamtwirtschaft oder die Branche beeinträchtigen. Weiter geht es mit dem zweiten Buchstaben des Alphabets. Die Sicherheit sinkt ein wenig. Baa1 bis Baa3 sind zwar durchschnittlich gute Anlagen, aber wenn sich die wirtschaftliche Lage insgesamt verschlechtert, dann ist mit Problemen zu rechnen. Das heißt natürlich nicht, dass die Unternehmen auf jeden Fall pleitegehen und die Anleihen ausfallen, aber das Risiko steigt eben langsam. Hat eine Anleihe allerdings das Rating Ba1 bis Ba3, dann ist es laut Moody's bereits eine spekulative Anlage und das Risiko ist deutlich höher. Verschlechtert sich die gesamtwirtschaftliche Lage, dann ist mit Ausfällen zu rechnen. Ab B1 und

schlechter sprechen die Experten von einer hochspekulativen Anlage. Ziert die Anleihe ein C, dann ist einfach alles zu spät. Dann
lautet das Urteil: in Zahlungsverzug. Übersetzt: Ausfall.

Die Bedeutung der Rating-Codes – Moody's

Long Term	Short Term		Bewertung
Aaa	Prime-1	↗	Schuldner höchster Bonität, Ausfallrisiko auch längerfristig so gut wie vernachlässigbar.
Aa1			Sichere Anlage, Ausfallrisiko so gut wie vernachlässigbar, längerfristig aber etwas schwerer einzuschätzen.
Aa2			
Aa3			
A1		→	Sichere Anlage, sofern keine unvorhergesehenen Ereignisse die Gesamtwirtschaft oder die Branche beeinträchtigen.
A2			
A3	Prime-2		
Baa1			Durchschnittlich gute Anlage. Bei Verschlechterung der Gesamtwirtschaft ist aber mit Problemen zu rechnen.
Baa2	Prime-3		
Baa3			
Ba1	Not Prime	↘	Spekulative Anlage. Bei Verschlechterung der Lage ist mit Ausfällen zu rechnen.
Ba2			
Ba3			
B1			Hochspekulative Anlage. Bei Verschlechterung der Lage sind Ausfälle wahrscheinlich.
B2			
B3			
Caa1			Nur bei günstiger Entwicklung sind keine Ausfälle zu erwarten.
Caa2			
Caa3			
Ca			
C			In Zahlungsverzug.

↗ *Investmentwürdig mit hoher Sicherheit*
→ *Investmentwürdig mit mittlerer Sicherheit*
↘ *Nicht als Investment geeignet*
Quelle: Finanzen.net.

Ähnlich funktioniert das Bewertungssystem von Standard and Poor's (kurz: S&P). Die Tochter des US-Medienunternehmens Mc-Graw-Hill Companies gibt zudem den Aktienindex S&P 500 heraus, in dem die Anteilsscheine der 500 größten, börsennotierten US-amerikanischen Unternehmen gelistet sind. Das begehrte »Triple-A«, also AAA, bekommen Schuldner mit höchster Bonität. Das Ausfallrisiko ist langfristig so gut wie nicht vorhanden. AA+, AA und AA- gibt es für sichere Anlagen, bei denen das Ausfallrisiko praktisch vernachlässigbar, langfristig aber etwas schwerer einzuschätzen ist. A+, A und A- gibt es für sichere Anlagen. Sicher sind sie aber nur, wenn keine unvorhergesehenen Ereignisse die Gesamtwirtschaft oder die Branche beeinträchtigen. BBB+ bis BBB- sind immerhin noch durchschnittliche Anlagen. Und so geht es dann »abwärts« in den Bereich der spekulativen und sehr spekulativen Anlagen. Ist ein C im Rating, wird es wirklich brenzlig. Dann sind Ausfälle bei jeder Verschlechterung der wirtschaftlichen Lage ziemlich wahrscheinlich. Ab CCC+ sind Anleihen laut der Ratingagentur nicht mehr als Investment geeignet. D heißt auch hier: aus und vorbei, Zahlungsausfall. Vergleichbar ist das System von Fitch. Je mehr A, desto besser. D heißt Default, also Ausfall.

Die Formel ist einfach: Je besser das Rating, desto geringer der Zinskupon. Wird die Sache riskanter, ist die Anleihe spekulativer, ist der Zinskupon höher. Anleger fordern eben eine Prämie dafür, dass sie stärker ins Risiko gehen. Der höhere Zinskupon ist quasi unsere Entschädigung für mehr Nervenkitzel. Wenn es gut geht und das

> Je besser das Rating, desto geringer der Zinskupon.

Unternehmen seine Schulden zurückzahlen kann – Börsianer würden sagen: die Anleihe bedienen können –, dann ist alles gut. Fällt die Anleihe aber aus, haben wir den Schaden.

Die Bedeutung der Rating-Codes – S&P

Long Term	Short Term		Bewertung
AAA	A-1+	↗	Schuldner höchster Bonität, Ausfallrisiko auch längerfristig so gut wie vernachlässigbar.
AA+			Sichere Anlage, Ausfallrisiko so gut wie vernachlässigbar, längerfristig aber etwas schwerer einzuschätzen.
AA			
AA–			
A+	A-1	→	Sichere Anlage sofern keine unvorhergesehenen Ereignisse die Gesamtwirtschaft oder die Branche beeinträchtigen.
A			
A–	A-2		
BBB+			Durchschnittlich gute Anlage. Bei Verschlechterung der Gesamtwirtschaft ist aber mit Problemen zu rechnen.
BBB	A-3		
BBB–			
BB+	B	↘	Spekulative Anlage. Bei Verschlechterung der Lage ist mit Ausfällen zu rechnen.
BB			
BB–			
B+			Hochspekulative Anlage Bei Verschlechterung der Lage sind Ausfälle wahrscheinlich.
B			
B–			
CCC+	C		Nur bei günstiger Entwicklung sind keine Ausfälle zu erwarten.
CCC			
CCC–			Hohe Wahrscheinlichkeit eines Zahlungsausfalls oder Insolvenzverfahren beantragt, aber noch nicht in Zahlungsverzug.
CC			
C			Zahlungsausfall hoch wahrscheinlich
D	/		Zahlungsausfall

↗ *Investmentwürdig mit hoher Sicherheit*
→ *Investmentwürdig mit mittlerer Sicherheit*
↘ *Nicht als Investment geeignet*
Quelle: Finanzen.net

Auch deshalb sollten wir bei Anleihen, egal welches Rating sie haben, das Risiko breit streuen und auf mehrere Titel und vor allem Schuldner setzen. Das ist aber gar nicht mehr so einfach. Denn es gibt die sogenannte Stückelung. Die wird nämlich immer ungünstiger für uns Privatanleger. Die Stückelung zeigt an, wie viel man mindestens investieren muss. Gab es noch vor einigen Jahren relativ viele Anleihen mit einer Stückelung von 1000 Euro, was dann das Mindestinvestment war, geht es heute oft erst ab 50.000 oder 100.000 Euro los. Einige Anleihen gibt es aber auch noch für uns. Wegen der Risikostreuung ist es ratsam, auf Anleihen von vielen Unternehmen (und auch Staaten) zu setzen, um das mögliche Pleiterisiko zu minimieren. Daher würde ich sowieso keine Einzelanleihen – und übrigens auch keine Einzelaktien – kaufen. Stattdessen würde ich auf aktiv gemanagte Investmentfonds setzen, bei denen ein Fondsmanager und sein Team die Auswahl der Einzeltitel für mich übernehmen. Oder ich würde gleich einen börsengehandelten Indexfonds (Exchange Traded Funds, kurz: ETF) kaufen, der einen Index eins zu eins abbildet. Indizes gibt es nämlich auch für Anleihen, nicht nur für Aktien. Der Vorteil: Mit nur einer Anlage setze ich auf viele Dutzend, manchmal sogar Hunderte Einzeltitel.

Zinskupon und Kursentwicklung bestimmen die Rendite

Zurück zu den Anleihen. Was können wir damit überhaupt noch »verdienen«? Wie hoch ist die Rendite? Die Rendite bei Anleihen wird von der Kursentwicklung und dem Zinskupon bestimmt. Anders als bei Aktien, deren Rendite ebenfalls von der Kursentwicklung und zusätzlich von der Dividende abhängt, lässt sich die Rendite von Anleihen ziemlich sicher bestimmen. Zumindest dann, wenn wir sie bis zu ihrer Endfälligkeit halten. Genau diese Rendite per Endfälligkeit wird uns in den Kursabfragen und Suchmaschinen im Internet auch angezeigt.

Ein ganz einfaches Beispiel:

Wir kaufen eine Anleihe mit einer Stückelung von 1000 Euro zu 100 Prozent. Wir investieren also 1000 Euro – möglich wäre natürlich auch ein Vielfaches davon. Der Zinskupon liegt bei 1 Prozent, die Laufzeit beträgt zehn Jahre. Jahr für Jahr bekommen wir also 10 Euro Zinsen, zur Fälligkeit gibt es die 1000 Euro zurück, die Rendite liegt bei einem Prozent pro Jahr. Stellen wir uns aber vor, dass die Anleihe nur bei 90 Prozent notiert, wenn wir einsteigen, dann machen wir einen Kursgewinn, wenn wir sie bis zur Endfälligkeit behalten. Denn zurückgezahlt wird sie zu 100 Prozent. Wir haben dann 900 Euro investiert und bekommen 1000 Euro. Unsere Rendite erhöht sich also um den Kursgewinn. Anders herum funktioniert es natürlich auch. Ist der Bond an der Börse sehr gefragt und notiert bei 110 Prozent, dann müssen wir 1100 Euro zahlen, bekommen aber nur 1000 Euro zurück. Unsere Rendite minimiert sich um den Kursverlust.

Die Rendite passt sich nämlich über die Laufzeit den Marktkonditionen an. Deshalb reicht es nicht, nur auf den Zinskupon zu schauen. Ein ganz konkretes Beispiel aus dem Frühjahr 2021: Eine Anleihe von BMW, genauer von ihrer Finanztochter BMW Finance ist mit einem Zinskupon von 1,125 Prozent ausgestattet – eigentlich gar nicht so schlecht in Zeiten von Null- und Niedrigzinsen. Zumal BMW ein sehr gutes Rating hat. Moody's beispielsweise gibt ein A2, damit sollte die Anleihe ziemlich sicher sein. Sie läuft noch 5,2 Jahre. Die Rendite per anno liegt aber nur bei 0,016 Prozent, denn die Anleihe notiert bei 105,76 Prozent. Wer zu diesem Kurs einsteigt, hat einen programmierten Kursverlust, weil die Anleihe eben zu 100 Prozent zurückgezahlt wird. Den Zinskupon gibt es natürlich trotzdem Jahr für Jahr. Das Beispiel zeigt, dass auch die Rendite sehr sicherer Anleihen in den vergangenen Jahren zusammengeschmolzen ist. Wenn wir höhere Renditen erzielen möchten, müssen wir eben auch höhere Risiken eingehen.

Die Rendite von Anleihen können wir also grundsätzlich ziemlich gut berechnen. Aber sie ist ziemlich mau, vor allem dann, wenn wir auf gute bis sehr gute Schuldner setzen. Wenn Bonds aber für eine gewisse Sicherheit in unserem Depot sorgen sollen, dann müssen wir genau das tun. Es ist das alte Wechselspiel von Rendite und Sicherheit, von Risiko und Chance. Wer mehr Rendite erzielen möchte, muss Anleihen mit schwächerer Bonität wählen. Es spricht nichts dagegen, das zu tun tun oder sie zumindest beizumischen. Wir müssen nur wissen, was wir tun. Wir müssen uns des Risikos bewusst sein. Wie immer an der Börse.

Anleihen sind nicht immer sicherer als Aktien

Gerade bei Unternehmensanleihen ist es wichtig, auf das Rating zu achten: »Investment Grade« oder »High Yield«? Letztere hat man früher als Schrottanleihen bezeichnet, heute sagt man etwas vornehmer Hochzinsanleihe. Ob auch das dem aktuellen Zinsumfeld geschuldet ist? Gut möglich. Unternehmens- oder auch Staatsanleihen aus dem Hochzinsbereich sind aber teilweise deutlich riskanter als Aktien. Falls Sie aber den Renditekick am Bondmarkt suchen, sollten Sie das Unternehmen oder Land auf Herz und Nieren prüfen, bevor Sie einsteigen. Es gibt nämlich nichts geschenkt. Warum sollte ein solides Unternehmen mehr Zinsen zahlen als nötig? Die Anleihe eines soliden Schuldners ist sicher ein risikoärmeres Instrument als eine Aktie, zumal auch der fixe Zahlungsstrom einer Anleihe den schwer vorhersehbaren Aktienkursen mit teilweise unregelmäßigen Dividendenzahlungen gegenübersteht. Trotzdem sollten Anleger einer Anleihe nicht blind vertrauen und speziell im Hochzinsmarkt ausreichend Informationen vor einer Investition einholen.

Apropos: Risiko

Noch immer hält sich der Mythos hartnäckig, dass Anleihen sicherer seien als Aktien. Das stimmt aber nur bedingt. Bonds mit bester Bonität sind eine ziemlich sichere Sache, nur müssen wir die Rendite mit der Lupe suchen, so mickrig ist sie mittlerweile. In Zeiten von Null- und Negativzinsen mussten Investoren die Anlageklassen neu bewerten. Die Ansicht, dass Anleihen sicherer als Aktien seien, ist ein Relikt aus der Zeit, als es noch Zinsen gab. Zumal es eben Bonds mit verschiedenen Risikoprofilen gibt. Staatsanleihen aus Ländern mit sehr gutem Rating, Experten sprechen vom Investment-Grade-Rating, gelten als äußerst sicher und hochliquide. Deutsche Bundesanleihen sind ein Beispiel dafür oder ihr amerikanisches Pendant, die US-Treasuries. Beide sind mit kurzer bis mittlerer Restlaufzeit daher auch in Krisenzeiten als sichere Häfen gesucht, denn ein Zahlungsausfall kann nahezu ausgeschlossen werden. In der Folge liegen auch die Kursschwankungen der jeweiligen Anleihen in der Regel im niedrigen einstelligen Prozentbereich. Im Vergleich dazu gelten Aktien als riskanter, was sich an einer deutlich höheren Schwankungsbreite – im Börsendeutsch Volatilität genannt – und teilweise starken Kursverlusten in der Krise zeigt.

Es sind also vor allem hochqualitative Anleihen wie deutsche Bundesanleihen oder US-Treasuries, die trotz des niedrigen Zinsniveaus ein wichtiger Stabilisator für das Portfolio sind – auch und vor allem in Krisenzeiten. Zumal Kursverluste an den Aktienmärkten meistens mit steigenden Kursen von sicheren Häfen wie deutschen Staatsanleihen einhergehen. Das reduziert dann den Verlust und die Schwankungen unseres Depots. Renditebringer sind die supersicheren Papiere aber nicht mehr. Dass Anleihen aber grundsätzlich sicherer sind als Aktien, ist ein Mythos; und eine Ausrede, die ich auch nicht gelten lasse.

Dividenden sind nicht die neuen Zinsen

Ein Mythos ist übrigens auch, dass Dividenden die neuen Zinsen sind. Die Gewinnausschüttungen sind willkommene Überweisungen aufs Konto. Vor allem in Zeiten, in denen es so gut wie keine Zinsen mehr gibt, freuen wir uns natürlich. Aber nun anstatt auf Spareinlagen auf Dividendenaktien zu setzen, um die ausbleibenden Zinsen zu ersetzen, das geht zu weit. Auch wenn noch viele Berater, so berichten zumindest Neu-Börsianer und ehemalige Super-Sparer immer wieder, ausschüttungsstarke Aktien als Ausweg aus der Nullzins-Welt preisen. Sie könnten die Alternative im Anlagenotstand sein. »Dividenden sind die neuen Zinsen«, heißt es dann oft. Aber das stimmt nicht. Dividenden waren nie der neue Zins und werden das auch nie sein. Das eine ist die Gewinnausschüttung für das abgelaufene Geschäftsjahr einer AG; das andere der Betrag, den ein Schuldner seinem Gläubiger für einen Kredit zahlen muss.

> Dividenden waren nie der neue Zins und werden das auch nie sein.

Natürlich sind wir als Anleger gezwungen, auf der Risikoleiter immer weiter nach oben zu steigen, da mit Staats- und selbst mit Unternehmensanleihen guter Bonität kaum noch eine ordentliche Rendite zu erzielen ist. Uns fehlen schlicht Erträge. Viele Aktien bieten mit Dividendenrenditen von drei und mehr Prozent scheinbar die Problemlösung. Doch Vorsicht: Im Gegensatz zu dem recht sicheren jährlichen Zahlungsstrom von Staats- und Unternehmensanleihen ist die Dividende recht unsicher, und die Kurse der Aktien schwanken stark. Daher würde ich Dividenden nicht als »die neuen Zinsen« bezeichnen.

Wie schnell so ein Zahlungsstrom versiegen kann, haben viele Aktionäre in der Coronakrise erleben müssen. Im »Corona-Quartal«, also von Anfang April bis Ende Juni 2020, ist das Dividenden-Aufkommen gegenüber dem Vorjahr laut Janus Henderson Dividend Index weltweit um 108 Milliarden US-Dollar oder 22 Prozent gesunken. Der Schaden war beträchtlich. Wobei die hohe Zahl nicht zuletzt daraus resultierte, dass diverse langjährige Großzahler die Coronakrise zum Anlass genommen haben, ihre ohnehin überhöhten Dividenden endlich zusammenzustreichen. Das galt beispielsweise für einige Öl-Firmen, deren Ausschüttungen schon länger nicht mehr durch ausreichende Cashflows beziehungsweise Gewinne gedeckt waren. Anleger, die auf hohe Dividendenrenditen fokussiert sind, wurden schlagartig aus ihren Illusionen von der sicheren Dividende gerissen. Allerdings dürfen wir nicht alle Länder und Branchen über einen Kamm scheren. Heftige Kürzungen und Ausfälle waren vor allem in Großbritannien zu sehen – sowie global in den besonders von der Pandemie betroffenen zyklischen Branchen wie Tourismus, Luftverkehr, Luxusgüter oder Gewerbeimmobilien. Vor allem in den USA sowie in Branchen wie Technologie, Gesundheit oder Basis-Konsumgüter sind die Dividenden hingegen konstant geblieben oder sogar angehoben worden.

Dax-Anleger kamen übrigens im Vergleich ziemlich gut weg: Elf Dax-Unternehmen reduzierten für das Geschäftsjahr 2019 ihre Dividende, die 2020 ausgeschüttete Dax-Dividendensumme sank um 12 Prozent von 38,2 Milliarden Euro auf 33,5 Milliarden Euro. Es hätte deutlich schlimmer kommen können. Dass es nicht so kam, hat auch etwas mit der Dividenden-Politik vieler

Unternehmen zu tun. Schließlich wollen die Vorstände ihre Anteilseigner nicht verärgern oder gar verprellen. Gerade AGs, die auf langfristige Dividendenkontinuität achten und deren Geschäftsmodell durch Corona nicht massiv in Mitleidenschaft gezogen wurde, sind ihrer Dividendenpolitik trotz Krise treu geblieben.

Neu-Börsianer, die via Dividende ausbleibende Zinseingänge kompensieren wollten, mussten im Corona-Crash schmerzvoll lernen, dass die Aktiendividende nicht als neuer Zins dienen kann. Trotzdem sind ausschüttungsstarke Unternehmen ein gutes Investment. Nur dürfen wir eben Aktien nicht mit Anleihen oder gar mit einer Sparanlage gleichsetzen. Sie schwanken einfach viel, viel stärker und die Dividenden können das auch. Deshalb sollte Ihre Aktienquote auch immer zu Ihrem Risikoprofil, Ihrem Anlegertyp, Ihren Zielen und Ihrem Anlagehorizont passen. Aber dazu kommen wir gleich noch detaillierter.

Es gibt einige andere Anlageklassen, die wir je nach Gusto beimischen können. Rohstoffe wie Gold, Silber, aber auch Öl, Kupfer, Platin und viele andere mehr sind eine solche Anlageklasse. Eine weitere sind natürlich Immobilien. Zu Gold und Immobilien kommen wir später noch ausführlich. Auch Währungen wie der US-Dollar oder der Euro sind »Assets«, wie die Börsianer sagen. Allerdings sind sie für Privatanleger ein schwieriges Investment. Die Devisenmärkte gelten nicht umsonst als Königsklasse des Investments. Ob Kryptowährungen eine Anlageklasse sind, darüber kann man vortrefflich streiten – auch dazu später mehr. Viele dieser Anlageklassen sind gar nicht so einfach an der Börse zu handeln beziehungsweise zu verstehen. Wir brauchen bestimmte Instrumente, um überhaupt auf sie zu setzen. Futures oder ETCs (Exchange Traded Commodities) bei Rohstoffen, REITs oder geschlossene Fonds bei Immobilien. Es gibt sogar noch kompliziertere Anlagevehikel wie Zertifikate.

Vieles davon würde ich für den Anfang und vielleicht sogar später noch meiden. Ich mag es einfach. Überhaupt sollten wir an der Börse sowieso nur kaufen, was wir auch verstehen. Und je einfacher, desto verständlicher ist ein Produkt. Aktien und Anleihen sind relativ einfach zu verstehen, trotzdem kaufe ich sie sehr selten einzeln. Ich setze bei meinem langfristigen Vermögensaufbau lieber auf Investmentfonds und börsengehandelte Indexfonds, also ETFs. Beide gibt es für Aktien, Anleihen und als Mischform.

> Wir sollten an der Börse nur kaufen, was wir auch verstehen.

Investmentfonds sind aktiv gemanagte Fonds. Ein Fondsmanager und sein Team stellen das Portfolio zusammen. Er analysiert Unternehmen, Branchen und Märkte. Er entscheidet, wann er einzelne Titel kauft oder verkauft und wie hoch ihr Anteil am Gesamtportfolio sein soll. Im Grunde nimmt er Ihnen alle Entscheidungen ab. Das ist sehr entspannt. Im Fall des ETFs wird einfach nur ein Index wie beispielsweise der deutsche Aktienindex (Dax), der europäische Euro Stoxx 50 oder der amerikanische Dow Jones nachgebildet. Alle drei sind sogenannte Standardwerte-Indizes. Darin sind die größten börsengehandelten Aktien des Landes beziehungsweise der Region gelistet. Ihre Kursentwicklung bestimmt die Entwicklung des Index. Der ETF entwickelt sich wie der ihm zugrunde liegende Index, nicht besser aber auch nicht schlechter.

Rauscht der Dax in der nächsten Krise wieder 30, 40 oder 50 Prozent in die Tiefe, dann reißt er die Dax-ETFs der unterschiedlichen Anbieter mit sich. Der aktiv gemanagte Aktienfonds kann natürlich besser abschneiden, aber auch schlechter. Je nachdem wie gut der Fondsmanager ist, wie schnell er gegensteuert, vielleicht sogar die Reißleine zieht, desto besser Ihre Rendite. Aber machen Sie sich nichts vor: Auch die Portfolios der besten

Fondsmanager kommen nicht unbeschadet durch die Krise. Auch sie machen natürlich Verluste. Denn zaubern können leider selbst die Profis nicht. Wenn der Dax massiv Federn lässt, dann trifft es auch Fonds mit Anlageschwerpunkt deutsche Aktien. Und leider schlagen die wenigsten Fondsmanager ihren Vergleichsindex, und schon gar nicht dauerhaft. Auch das ist ein Grund, warum die Indexfonds seit einigen Jahren immer stärker nachgefragt werden. Auch von Privatanlegern. Man spricht bei gemanagten Aktienfonds übrigens von aktiven Fonds und bei ETFs von passiven Fonds. Die Entscheidung, welche Variante Sie wählen, liegt bei Ihnen. Im Grunde gibt es übrigens gar keine passive Geldanlage, denn die Entscheidung, welche ETFs Sie auswählen und wie Sie Ihr Depot zusammenstellen, welche Produkte Sie monatlich besparen wollen, ist natürlich eine sehr aktive.

Die Grundregeln der erfolgreichen Geldanlage

Doch wie wählt man Fonds und ETFs aus? Wie stellt man das Depot zusammen? Leider gibt es kein Musterdepot, das für jeden in jeder Lebenssituation passt. Aber es gibt ein paar Grundregeln der erfolgreichen Geldanlage und die sollte jeder Anleger beherzigen.

Langfristig investieren

Regel Nummer eins: Langfristig denken und langfristig investieren. Das gilt vor allem, wenn Sie in Aktien investieren. Die Kurse schwanken, es gibt immer wieder Rücksetzer und auch Crashs. Erinnern Sie sich aber bitte an die langfristige Entwicklung, wunderbar grafisch aufbereitet vom Deutschen Aktieninstitut mit dem Renditedreieck für Dax-Aktien. Der Blick auf einen langfristigen Chart tut es aber auch. Langfristig heißt zehn Jahre, lieber länger.

Denn mit dem Anlagezeitraum schwindet das Risiko. Wer einen langen Atem hat, kann Turbulenzen und sogar einen Crash aussitzen. Wer langfristig in Aktien investiert, kann wirklich gute Renditen einfahren. Wer dagegen nur kurzfristig investiert, muss schon Glück haben, eine wirklich gute Marktphase zu erwischen. Je kurzfristiger Sie an der Börse agieren, desto waghalsiger wird das Ganze. Denn glauben Sie mir, Sie werden niemals den besten Zeitpunkt zum Ein- und Ausstieg treffen.

> Mit dem Anlagezeitraum schwindet das Risiko.

Es gibt zwar Anleger – und es sind gar nicht so wenige –, die fest davon überzeugt sind, schlauer zu sein als der Markt. Sie trauen sich zu, immer oder doch zumindest meistens den »richtigen« Anlagezeitpunkt zu erwischen. »Timing ist alles«, lautet ihr Credo. Übersetzt: zu Tiefstkursen, also billig kaufen und zu Höchstständen teuer verkaufen. Wenn es an der Börse etwas turbulenter zugeht, laufen sie zur Höchstform auf. In Zeiten mit starken Schwankungen lassen sie sich zu hektischem Handeln verleiten. Ihre Gier nach schnellen Gewinnen ist meist größer als die Angst vor Verlusten. Schließlich müssen sie im täglichen Auf und Ab der Kurse doch nur den richtigen Moment für Kauf oder Verkauf finden. Oft scheitern diese Kurzfrist-Investoren aber bei ihrem Versuch, besser zu sein als die breite Masse der Anleger. Denn die Schwankungen an den Märkten sind nun mal nicht vorhersehbar. Weder der Zeitpunkt, wann die Börsen drehen, noch Ausmaß und Dauer von Bären- und Bullenmärkten sind im Voraus exakt zu bestimmen – nicht von professionellen Investoren und noch weniger von Privatanlegern. Selbst die Profis mit ihren ausgeklügelten Analysemethoden und Strategien erleiden immer wieder Rückschläge. Um es ganz deutlich zu sagen: Timing ist reine Glückssache. Natürlich gibt es Investoren, die haben ein glückliches Händchen und erwischen häufiger das perfekte Timing als andere. Der optimale Ein- und Ausstieg ist aber trotzdem eher eine Kombination aus Können und Zufall. Dauerhaft gelingt das den allerwenigsten.

Das perfekte Timing ist eine Legende. Auf Basis makroökonomischer, technischer oder politischer Nachrichten verlässliche Prognosen zu treffen, ist ein ganz heißer Ritt. Wie soll das auch funktionieren? Die Märkte sind ständig in Bewegung. Neue Nachrichten und Informationen werden eingepreist, Millionen Börsianer

> Das perfekte Timing ist eine Legende.

handeln im Nanosekundentakt – oft getrieben von ihren Emotionen. Wie sollen wir da das perfekte Timing finden? Wir bräuchten eine Kristallkugel, um zu wissen, in welche Richtung sich der Markt in den nächsten Stunden, Tagen, Wochen oder Monaten bewegt, und um zu erkennen, wann er dreht. Der Versuch, immer den richtigen Zeitpunkt zu erwischen, endet oft in wilder Zockerei – denn die Kristallkugel gibt es nur im Märchen und bei äußerst zweifelhaften Hellseherinnen.

Experten empfehlen deshalb, auf den Faktor Zeit zu setzen. »Time, not Timing« lautet eine bekannte Börsenweisheit. Frei übersetzt besagt sie: Die Zeit – und nicht der Zeitpunkt – ist für die Rendite ausschlaggebend. Denn je länger die Anlagedauer, desto wahrscheinlicher ist es, dass sich das Rauf und Runter an der Börse ausgleichen und der Anleger von der auf lange Sicht tendenziell positiven Entwicklung des Aktienmarkts profitiert. Für den langfristigen Vermögensaufbau schlägt Zeit eben einfach den Zeitpunkt. Gerade in Krisenphasen, in denen niemand genau weiß, wie sich der Aktienmarkt in den nächsten Wochen und Monaten entwickeln wird, ist es schlauer, wenn Sie Ihre einmal festgelegte Anlagestrategie konsequent durchziehen.

Natürlich lässt sich leicht ein Szenario konstruieren, bei dem gewaltige Kursgewinne herausgekommen wären. Wenn Sie etwa im Jahr 2002 den Dax gekauft und fünf Jahre später wieder verkauft hätten, könnten Sie sich über eine jährliche Rendite von 22 Prozent freuen. Jährlich, wohlgemerkt. Ein weiteres Beispiel dafür, dass auf dem Papier vieles funktioniert, auch die Timing-Strategie. Gegenbeispiele gibt es aber auch reichlich.

Versuchen Sie nicht, am Tiefpunkt zu kaufen und auf dem Top zu verkaufen. Das können nur Lügner. Viel sinnvoller ist es, zu jedem Zeitpunkt an der Börse investiert zu sein, und zwar breit gestreut. Die Gefahr, ein völlig falsches Timing zu haben, ist einfach zu groß. Die Timing-Regel klingt natürlich verlockend, aber was der »richtige« Zeitpunkt ist, sehen wir nur im Rückblick. Die bessere Wahl ist »Time, not Timing«. Wir brauchen einen langen Atem, dann werden wir auch für unsere Ausdauer belohnt. Diese Rechnung geht aber nur auf, wenn Sie eine weitere Grundregel beherzigen: das Risiko breit zu streuen.

Das Risiko breit streuen

»Lege nicht alle Eier in einen Korb«, lautet eine weitere Börsenweisheit, die uns die goldene Regel der Kapitalanlage sehr bildlich verdeutlicht: die Risikostreuung, im Börsendeutsch Diversifikation. Stellen Sie sich vor, Sie wären eine Bauersfrau. Würden Sie all Ihre Eier in einen Korb legen und dieser würde runterfallen, wären alle Eier kaputt und der Schaden entsprechend groß. Sicherer ist es, die Eier auf mehrere Körbe zu verteilen. Es werden schon nicht alle Körbe gleichzeitig auf dem Boden landen. Ähnlich läuft es mit der Geldanlage: Wer sein Vermögen nur in eine Anlageklasse – also einen Korb – wie etwa Aktien investiert, geht ein enormes Risiko ein. Schließlich ist die Entwicklung des Portfolios dann auch nur von dieser Assetklasse abhängig. Stürzen die Aktienbörsen weltweit ab, rauscht auch der Depotwert in die Tiefe. Wer breiter investiert, also sein Geld auf Aktien, Anleihen, Rohstoffe und

Immobilien verteilt, kann den Absturz einzelner Anlageklassen besser abfedern. Denn der einzelne Korb hat dann weniger Gewicht. Es ist weniger drin, was kaputtgehen kann.

Diese Grundregel geht auf Harry Markowitz zurück und ist sogar preisgekrönt. Der amerikanische Wissenschaftler bekam für seine moderne Portfoliotheorie im Jahr 1990 den Nobelpreis für Wirtschaftswissenschaften. Ganz ohne die Hilfe eines Computers erforschte Markowitz bereits in den 1950er-Jahren das Verhältnis von Risiko und Rendite. Dabei wies er nach, dass eine breite

»Lege nicht alle Eier in einen Korb.«

Streuung auf mehrere Anlageklassen die Absturzgefahr im Depot senkt. Mit seinen Forschungserkenntnissen wurde der Amerikaner zu einer Art Kultfigur der Finanztheorie. Jahrzehntelang setzten Anleger weltweit seine Prinzipien um, ein halbes Jahrhundert lang galten sie gar als unumstößlich.

Der Grundgedanke: Jede Anlageklasse reagiert unterschiedlich auf Entwicklungen an den Finanzmärkten. Vereinfacht gesagt steigt bei winterlichen Minusgraden der Absatz dicker Jacken und Mäntel, während Bikini und Badehose nicht gefragt sind. Bei sommerlicher Hitze ist es genau umgekehrt. Übersetzt bedeutet das: Wenn eine Anlageform oder auch nur eine einzelne Investition in Turbulenzen gerät, ist eine andere gar nicht betroffen oder entwickelt sich möglicherweise sogar positiv. Dieser Zusammenhang wird beim Vergleich von Aktien und Anleihen besonders deutlich. Wenn der Aktienmarkt abstürzt, suchen die Anleger Sicherheit und schichten in der Regel in Anleihen um – und umgekehrt.

Nur auf die gerade besser laufende Anlageklasse zu setzen, ist aber viel zu gefährlich. Wir wissen schließlich nicht, wann der nächste Crash kommt, wann die Stimmung dreht. Die Wettervorhersage ist da leider ziemlich ungenau. Deshalb gilt es, das Depot wetterfest zu machen. Frei nach Markowitz lässt sich beispielsweise in einem Aktienportfolio das Aktienrisiko durch Beimischung von Anleihen senken. Im Corona-Crash stürzten die Aktienmärkte brutal ab, supersichere Bundesanleihen und amerikanische Staatsanleihen sowie die Krisenwährung Gold waren aber gefragt – sie haben in vielen Depots für etwas Ruhe gesorgt. Für Gold galt das allerdings nur für kurze Zeit, dann erwischte es auch den vermeintlich »sicheren« Hafen.

Die Risikostreuung gilt übrigens auch innerhalb einer Anlageklasse: Nicht jedes Unternehmen, jede Branche, jedes Land, jede Region läuft immer gleich gut. Ein Beispiel: Bei steigenden Zinsen geraten konjunktursensible Aktien häufig unter Druck. Dafür legen Finanzwerte zu, entwickeln sich also gegenläufig. Sie korrelieren nicht, um einen Fachbegriff zu bemühen. Was heißt das für Sie? Grob gesagt können Sie versuchen, einfach alles zu haben. Experten empfehlen, möglichst marktbreit zu investieren. Die Idee dahinter: Wer die Welt im Depot hat, ist immer dabei, wenn irgendwo die Kurse steigen. Bei der Geldanlage bringt es nämlich oft richtig gute Gewinne, die Eier auf verschiedene Körbe zu verteilen. Wer auf mehrere Körbe setzt, kann – ohne gleich das ganze Depot in Gefahr zu bringen – auch auf einen risikoreicheren setzen. Und das kann sich richtig lohnen, denn die profitabelsten Geldanlagen sind oft die riskantesten. Aktien aus fernen Ländern, die gerade erst am Anfang eines starken Wirtschaftsaufschwungs stehen, können beispielsweise absolute Renditebringer sein. Aber natürlich weiß vorher niemand, wie sich die Aktien aus solchen Ländern entwickeln werden und welches Papier durchstarten wird. Sind die Wachstumsaussichten der Region gut und ist das Unternehmen gut aufgestellt, wird die Aktie wahrscheinlich früher oder später eine hohe Rendite bringen. Die Börsen der aufstrebenden Schwellenländer, auch Emerging Markets genannt, haben sich – auch wenn es zuletzt Rückschläge gab – über mehrere Jahre hinweg gut entwickelt und Anlegern hohe Gewinne eingebracht.

Doch das trifft eben nicht auf alle Aktien aus einer solchen Region zu. Manche bringen Ihnen exorbitant viel Geld ein, mit anderen verbrennen Sie viel Geld. Dieses Verlustrisiko mögen Anleger gar nicht. Doch genau dagegen hilft gutes Verteilen. Wer das Geld auf viele verschiedene Aktien aufteilt, der wird mit einigen exorbitant hohe Gewinne einfahren und mit anderen hohe Verluste. Das Geld insgesamt wird aber wahrscheinlich im Durchschnitt einen relativ guten Gewinn abwerfen. Die Gefahr, richtig viel zu verlieren, ist dann deutlich geringer.

Einen Fehler sollten Sie aber nicht begehen, nämlich den »Korb« für ein Synonym von »Anlageklasse« halten. Denn der »Korb« steht für »Risiken«, die der Investor eingeht. Das Sprichwort »Lege nicht alle Eier in einen Korb«, sollte daher also besser als »Verteile dein Risiko« verstanden werden und nicht bloß als reines »Verteile dein Geld«. Erinnern wir uns an das Magische Dreieck der Geldanlage: Rendite und Risiko stehen noch in einem gegensätzlichen Verhältnis zueinander. Je höher unser Renditeziel ist, desto höher wird das Risiko sein, das wir dafür eingehen müssen. Nicht selten wiegen sich Anleger in falscher Sicherheit, wenn sie ihr Geld stur auf verschiedene Anlageklassen verteilen. Aktien und Unternehmensanleihen sind zwar verschiedene Anlageklassen, hängen in gewissem Maß aber von den gleichen Treibern ab. Geht es dem Unternehmen gut, steigt der Kurs von Anleihe und Aktie, droht die Insolvenz, sorgen beide für Verluste.

Ganz unumstritten ist Markowitz' goldene Regel übrigens auch nicht. In Crashs passiert es immer wieder, dass alle Anlageklassen gleichzeitig abstürzen – zumindest kurzfristig. Bis heute fehlt es aber an einer Alternative. Im jüngsten Corona-Crash hat sich jedoch wieder einmal gezeigt, dass es eben Anlageklassen gibt, die krisenresistenter sind als andere.

Mit der Risikostreuung kann man es aber auch übertreiben. Wer zu viele Einzeltitel hält, verliert irgendwann den Überblick.

Streuung ist kein Selbstzweck. Und ein breit gestreuter Korb mit faulen Eiern hilft auch nicht weiter. Doch wie viele Einzeltitel gehören ins Portfolio? Wann ist es zu viel? Wie praktisch überall im Leben gibt es auch hier ein Zuviel des Guten. Auch wenn es bei der Geldanlage elementar ist, auf eine breite Risikostreuung nach Anlageklassen, Regionen und Branchen zu achten, gilt es die mit steigender Titelanzahl auch wachsenden Such- sowie Transaktionskosten zu berücksichtigen. Viele Mini-Positionen können mitunter ein teures Vergnügen sein, denn es fallen auch Ordergebühren an. Aber lässt sich quantifizieren, wann es zu viel ist? Frei nach der Kapitalmarkttheorie lässt sich leicht nachvollziehen, dass ein gut diversifiziertes Wertpapierportfolio statt aus drei bis fünf Titeln besser aus 30 bis 50 Titeln bestehen wird. Und wenn wir stattdessen auf 300 bis 500 Titel setzen und die Risikostreuung noch weiter hochfahren? Das dürfte für die meisten Anleger zu viel des Guten sein. Das Research wird einfach finanziell und zeitlich immer aufwendiger und die einzelne Transaktion kleiner und damit eben oft auch teurer. Auch mit noch so guter Diversifikation lässt sich das Risiko nicht ganz ausschalten. Das geht schlichtweg nicht. So präzise lassen sich die Kapitalmärkte und die einzelnen Anlageklassen einfach nicht prognostizieren. Wenn wir es aber übertreiben mit der Risikostreuung und den Überblick verlieren, dann wird die Risikostreuung selbst zum Risiko. Auch deshalb überlasse ich die Auswahl der Einzeltitel den Profis und Indexanbietern und setze auf Fonds und ETFs.

Auf die Kosten achten

Ein wichtiger Erfolgsfaktor bei der Börse sind die Kosten, genau genommen sind sie sogar ein Misserfolgs-Faktor. Denn Kosten schmälern unsere Rendite, sie müssen erst mal wieder »reingeholt« und verdient werden. Umgekehrt bedeutet das aber auch:

Wer die Kosten senkt, hat am Ende mehr Rendite. Es gibt ganz verschiedene Kosten – für das Anlageprodukt selbst, für das Depot, für die Order. Manche fallen einmalig an, andere regelmäßig. Manche können wir nicht beeinflussen, sollten sie aber kennen. Manche können wir aber sehr wohl minimieren. Grundsätzlich gilt: Je günstiger, desto besser.

Ich bin ein großer Fan von Börsenweisheiten, und mir fällt beim Thema Kosten immer gleich diese hier ein: »Hin und her macht Taschen leer.« Frei übersetzt: »Wer viel handelt, macht nur seine Bank reich.« Zugeben, das galt früher noch viel mehr als heute. Denn mit dem Aufkommen der Direktbanken haben sich die Transaktionskosten auch für Privatanleger dramatisch reduziert.

»Hin und her macht Taschen leer.«

Eigentlich lautet die Faustformel, dass die Gebühren beim Kauf und beim Verkauf von Wertpapieren nicht höher als 1 Prozent sein sollten. Mittlerweile bieten allerdings einige Direktbanken schon eine Flat-Fee von unter 5 Euro je Transaktion an. Das entspricht bei einem Transaktionsvolumen von beispielsweise 5000 Euro »nur« noch 0,1 Prozent Gebühr. Neobroker wie Trade Republik berechnen sogar nur 1 Euro pro Order. Ob nun 1 Prozent, 5 oder 1 Euro – es gilt der Grundsatz: Handle so wenig wie nötig, aber so viel wie erforderlich. Denn wir zahlen immer. Deshalb sind Banken und Broker natürlich daran interessiert, dass wir viel handeln und so immer fleißig Gebühren zahlen. Daher sind Day-Trader, die mehrmals am Tag, manchmal im Minutentakt handeln, auch sehr begehrte Kunden und werden heftig umworben.

Vor allem wer nur wenig Anlagekapital zur Verfügung hat, muss die Mindestgebühren bei den Transaktionen im Auge behalten. Ist das Transaktionsvolumen nämlich zu gering, wirkt die Mindestgebühr wie ein Rendite-Killer. Wenn Sie beispielsweise mit einer Strategie in maximal fünf Aktien investieren möchten und dafür 5000 Euro zur Verfügung haben, so würden Sie jeweils 1000 Euro in eine Aktie investieren. Das entspricht bei einer Mindestgebühr von 5 Euro je Transaktion einer Gebührenbelastung von 0,5 Prozent beim Kauf und beim Verkauf einer Position. Das ist völlig in Ordnung. Wollten Sie dagegen zehn Aktien für jeweils 500 Euro kaufen, so hätten Sie eine Gebührenbelastung von 5 Prozent je Transaktion. Das ist definitiv zu viel und würde Ihre Strategie ziemlich unwirtschaftlich machen. Nichts ändern können wir an Börsenspesen. Die zahlen wir fast immer. Sie sind meist ein fester Anteil vom Ordervolumen.

Anders ist es bei den Depotkosten. Wer Wertpapiere kauft braucht ein Depot, in dem seine Wertpapiere virtuell »lagern«. Eine Aktie oder Anleihe zum Anfassen gibt es nämlich nicht mehr. Die Wertpapiere werden heute im Depot in Ihrem Namen aufbewahrt und bleiben auch bei einer Insolvenz der Bank sicher in Ihrem Eigentum. Das gleiche gilt übrigens für Fonds und ETFs, die gesichertes Sondervermögen sind und ebenfalls von einer Insolvenz der Fondsgesellschaft geschützt sind. Aber zurück zu den Depotgebühren. Auch diese sollten so niedrig wie möglich sein, am besten sollte das Depot gratis sein. Während viele Filialbanken nämlich eine Depotführungsgebühr verlangen, die gerne mal mehr als 100 Euro im Jahr betragen kann, bieten Direktbanken auch Depots ohne Gebühren an. Einen guten Vergleich liefern Webseiten wie fmh.de von der FMH Finanzberatung oder aber brokervergleich.de. Aber auch andere Adressen machen regelmäßig Vergleiche, die Sie schnell via Google finden.

Nicht jedes Depot ist für jeden oder jede von uns gleich gut. Wer viel handelt oder aber eher Einmalanlagen tätigt, braucht einen anderen Anbieter als jemand, der emsig einen Sparplan füttert. Überlegen Sie sich also bitte, wie oft Sie was und mit welchen Summen kaufen oder verkaufen wollen, ob Sparpläne in Frage kommen oder nicht. Sie können übrigens auch mehrere Gratisdepots eröffnen – vielleicht eines für die Sparpläne, ein anderes für die Einmalanlage. Oder eines für die langfristige Geldanlage und ein zweites für kurzfristigere Investments. So wie ich es mache. Ich habe ein Depot für den langfristigen Vermögensaufbau, in dem ich stur in acht ETFs investiere – via Sparplan, aber auch mit Einzelinvestments –, und ein »Spielgeld-Depot«, in dem schon mal Einzelwerte oder auch Themenfonds landen. Das klingt vielleicht wahnsinnig komplex, wenn Sie gerade erst anfangen. Gebühren können sich natürlich auch ändern. Ihre Entscheidungen sind aber zum Glück nicht in Stein gemeißelt. Sie können sich jederzeit für einen anderen Broker entscheiden. Der Wechsel ist relativ unkompliziert. Die meisten Onlinebroker bieten sogar einen »Umzugsservice« an. Sie müssen nicht viel mehr erledigen, als ein neues Depot zu eröffnen und einen entsprechenden Umzugsauftrag zu erteilen.

Aber nicht nur der Handel mit Wertpapieren und gegebenenfalls ihre Verwahrung kosten Geld. Nur wenn wir Aktien oder Anleihen kaufen, ist alles gut. Aktiv gemanagte Aktienfonds und börsengehandelte Indexfonds, also ETFs, kosten aber während der Haltedauer zusätzlich. Hier gibt es eine jährliche Verwaltungsgebühr, die in den Produktblättern und natürlich auch in den Kursabfragen von Brokern, Finanz-Webseiten und den Börsen ausgewiesen wird. Wir bekommen darüber keine gesonderte Abrechnung. Deshalb ist oft von versteckten Kosten die Rede, aber das stimmt nicht. Hier wird nichts versteckt, trotzdem übersehen oder vergessen wir diese Kosten oft. Das sollten wir aber nicht, denn die Verwaltungsgebühr wird jährlich fällig. Damit lastet sie auch jährlich auf unserer Rendite und ist durchaus relevant für unseren langfristigen Anlageerfolg. Bekannte Vermögensverwalter wie Vanguard untersuchen in regelmäßigen Abständen den Zusammenhang zwischen Kosten und Renditen. Das Ergebnis: Kostengünstige

Geldanlageprodukte erwirtschaften grundsätzlich bessere Renditen als kostenintensive Kapitalanlagen der gleichen Anlageklasse.

»Versteckte Kosten« werden nicht gesondert auf einer Abrechnung ausgewiesen. Diese Kosten werden direkt aus dem Vermögen des Finanzprodukts entnommen und mindern so dessen Wert. Wer beispielsweise einen klassischen Investmentfonds erwirbt, zahlt eine jährliche Verwaltungsgebühr von im Schnitt 1,5 Prozent, manchmal ist es mehr, manchmal aber auch weniger. Wie »teuer« ein Produkt ist, verrät uns die TER. Das ist die Abkürzung für »Total Expense Ratio«. Dabei handelt es sich um eine Kennzahl, mit der unterschiedliche Kostengruppen zusammengefasst werden. Diese Gesamtkostenquote umfasst im Wesentlichen Verwaltungsgebühren auf Fondsebene. Dazu gehören Kosten für die Fonds-Geschäftsführung, für Wirtschaftsprüfer, für das Portfoliomanagement sowie Betriebskosten und Depotbank-Gebühren.

Natürlich fallen auch Transaktionskosten an, wenn die Fondsmanager ihre Positionen umschichten, wenn sie zukaufen oder verkaufen. In Deutschland sind diese Transaktionskosten auf Fondsebene nicht in der Kennzahl TER enthalten. Je aktiver das Fondsmanagement tätig ist, je mehr Wertpapiere gehandelt werden, desto höher sind die Transaktionskosten. Schätzungen besagen, dass sie durchaus 0,5 Prozent der Fondsanlage betragen können. Zu der TER kann noch eine sogenannte Performance-Fee kommen, die 10 bis 20 Prozent des Gewinns betragen kann, aber meist nur anfällt, wenn ein bestimmter Mindestgewinn erreicht wurde. Es lohnt sich also, ins Kleingedruckte zu schauen. Diese laufenden Kosten sollten wir kennen und uns bewusst entscheiden, ob wir den Fonds trotzdem kaufen oder uns vielleicht für einen günstigeren entscheiden.

Apropos: günstiger

ETFs sind da sehr viel kostengünstiger zu haben. Denn diese Fonds brauchen keinen Fondsmanager, da sie stur einen Index nachbilden. Die jährlichen Gebühren liegen in der Regel zwischen 0,1 Prozent und 0,5 Prozent pro Jahr. Einige sind auch etwas teurer, manche gibt es sogar gratis, denn am ETF-Markt herrscht ein ziemlich sportlicher Wettkampf um die Gunst der Anleger. Bei allen Fonds und ETFs gilt: Je länger das Geld angelegt bleibt, desto wichtiger ist eine niedrige Verwaltungsgebühr, weil sie in der Regel jährlich vom gesamten Fondsvermögen abgezogen wird. Achten Sie also unbedingt auf die Kosten.

Noch immer haben übrigens viele aktive Investmentfonds einen Ausgabeaufschlag. Dieser wird erhoben, um die Gebühren für Vertrieb und Verwaltung zu decken. Der Ausgabeaufschlag wird fällig, wenn wir den Fonds kaufen, und kann mit bis zu 6 Prozent der Anlagesumme ganz schön happig sein. Bei Rentenfonds, die breit gestreut in Anleihen investieren, liegt er oft zwischen 2 und 4 Prozent. Das ist ziemlich heftig, wenn man bedenkt, wie wenig Rendite an den Anleihemärkten noch einzufahren ist – vor allem wenn wir uns für einen Rentenfonds entscheiden, der in sehr sichere Anleihen investiert. Bei Aktienfonds liegt der Ausgabeaufschlag zwischen 3 und 5 Prozent, manchmal auch 6 Prozent. Bei offenen Immobilienfonds, die in Wohnungen, Bürogebäude oder Pflegeheime investieren, sind es 5 bis 6 Prozent.

Der Ausgabeaufschlag wird von der Fondsgesellschaft festgelegt und als Prozentsatz angegeben. Anders als bei den sonstigen Fondsgebühren, die jährlich fällig werden, handelt es sich also um eine einmalige Gebühr, die anfällt, wenn Sie einen neuen oder weiteren Fondsanteil kaufen. Der Aufschlag fällt sofort beim Fondskauf an. Bei vielen Onlinebrokern gibt es einen Rabatt auf den Ausgabeaufschlag. Bei ETFs gibt es Ausgabeaufschläge gar nicht erst.

Bitte schauen Sie unbedingt auf die Kosten! Wählen Sie einen günstigen Onlinebroker statt der oft teureren Filialbank. Das Depot sollte gebührenfrei sein, die Ordergebühren möglichst günstig. Schauen Sie bei Fonds und ETFs genau auf die TER. Und bei den aktiven Fonds auch auf mögliche Ausgabeaufschläge.

Nicht beeinflussen können wir die Steuern. Sparer, die Geld anlegen in Form von Bankeinlagen, Aktien, Anleihen, Fonds oder Zertifikaten, sind von der Abgeltungssteuer betroffen. Sie wird seit 2009 fällig für Zinsen, Dividenden und realisierte Kursgewinne – sogenannte Kapitaleinkünfte. Die Abgeltungssteuer beträgt pauschal 25 Prozent plus Solidaritätszuschlag und gegebenenfalls Kirchensteuer. Für Kapitalerträge entfällt der Soli übrigens leider nicht. Die Steuern werden von der Bank einbehalten und an das Finanzamt abgeführt. Das ist ziemlich praktisch. In unserer Steuererklärung müssen wir nämlich dadurch normalerweise keine Kapitalerträge angeben. Es sei denn, es wurde hierfür noch keine Abgeltungssteuer einbehalten.

Den Abzug von Abgeltungssteuer können wir bis zu einem gewissen Betrag verhindern. Wir haben nämlich einen Freibetrag von 801 Euro pro Person, also 1602 Euro für Verheiratete. Wenn Sie bei Ihrer Bank einen Freistellungsauftrag stellen, bleiben die Gewinne bis zu dieser Summe steuerfrei. Diese Summe lässt sich auch über mehrere Freistellungsaufträge auf mehrere Banken verteilen. Oder wir »korrigieren« das über die jährliche Steuererklärung. Sie dürfen Verluste aus Kapitalerträgen mit den positiven Einkünften aus Ihren Anlagen verrechnen. Beispiel: Erzielen Sie nach dem Verkauf einer Lebensversicherung einen Verlust, so können Sie diesen mit Zinserträgen aus Sparkonten verrechnen. Aktienverluste dürfen wir aber nur mit Kursgewinnen aus Aktiengeschäften verrechnen. Auch das erledigt unsere Bank für uns. Ich würde aber auf jeden Fall den entsprechenden Teil der Steuererklärung ausfüllen. Vor allem dann, wenn mehrere Konten, Depots oder Sparverträge zusammenkommen. Die Steuererklärung sollten Sie übrigens immer und in jedem Fall abgeben. Im Schnitt gibt es gut 1000 Euro Rückerstattung.

Der Weg zur eigenen Strategie

Dass ausgerechnet ich das immer wieder sage und schreibe: Starten Sie bitte nicht ohne Strategie. Genau das habe ich nämlich vor vielen Jahren getan. Herausgekommen ist ein wildes Sammelsurium in meinem Depot und auch drum herum. Hier eine Versicherungspolice, dort ein paar Fonds, diverse Aktien und Anleihen, sogar Zertifikate, ein alter Bausparvertrag und eine Riester-Rente – alles schön dokumentiert in den diversen Ordnern im Regal. Und dann lag ganz hinten in der Schublade noch der VL-Vertrag. So oder so ähnlich sieht es leider bei vielen von uns aus. Das hat mit vernünftigem Vermögensaufbau nichts zu tun.

Mein Sammelsurium war wirklich wild und auch ziemlich riskant. Aber Einsicht ist bekanntlich der erste Schritt zur Besserung. So war es auch bei mir. Das mit der Risikostreuung hatte ich nach den schlimmen Erfahrungen am Neuen Markt begriffen. Auch dass ich langfristig denken muss, wenn ich in Aktien investiere, war mir bald sehr klar. Aber eine Strategie? Die hatte ich lange Jahre nicht. Mir war immer klar, dass ich eine hohe Aktienquote bevorzuge. Aber wie hoch die war, hätte ich zu keiner Zeit wirklich sagen können. Es war alles eher zufällig. Zum Glück hat sich das irgendwann geändert.

Heute habe ich eine Strategie. Und die hilft mir sehr, meine Anlageziele nicht aus den Augen zu verlieren. »Strategie«, das klingt jetzt wahrscheinlich schon wieder so furchtbar kompliziert. Ist es aber eigentlich nicht. Im Grunde sorgt sie für einige Entspannung und für ziemlich stressfreien Vermögensaufbau. Es gibt relativ einfache Strategien und es gibt auch kompliziertere. Natürlich können sie sich im Laufe der Zeit verändern, müssen sie sogar. Denn unser Leben verändert sich, und mit ihm unsere Anlageziele, unser Anlagehorizont und mit mehr Erfahrungen vielleicht auch unsere Risikoneigung. Zugegeben: Anfangs sieht man den Wald vor lauter Bäumen nicht. Je nachdem wie alt wir sind, was wir verdienen, wo wir arbeiten und wie wir leben, haben wir schon einiges »geregelt«. An den langfristigen Vermögensaufbau mit Aktien trauen sich aber viele gar nicht oder erst sehr spät heran.

Die persönliche Risikoneigung

Ihre Strategie muss zu Ihrem Anlageziel, Ihrem Anlagehorizont, Ihrer Lebenssituation und Ihrer Risikoneigung passen. Ist Ihr Ziel der langfristige Vermögensaufbau oder auch die Altersvorfreude, dann ist Ihr Anlagehorizont im Grunde schnell definiert. Langfristig heißt mindestens zehn, besser aber 15 oder 20 Jahre. Geht es um Ihre Altersvorsorge, haben Sie, je nachdem wie alt Sie sind, noch länger oder weniger lang Zeit. Aber natürlich gibt es auch kurz- und mittelfristige Ziele. Auch die sollten Sie nicht völlig aus den Augen verlieren. Wenn wir über Aktien sprechen, dann geht es aber vor allem um ein langfristiges Investment. Ziele sind recht schnell definiert, der Anlagehorizont gleich mit.

> Ihre Strategie muss zu Ihrem Anlageziel, Ihrem Anlagehorizont, Ihrer Lebenssituation und Ihrer Risikoneigung passen.

Nicht ganz so einfach ist es mit der persönlichen Risikoneigung. Wir sind recht schnell, oft auch zu schnell mit der Antwort auf die Frage, zu wie viel Risiko wir bereit sind. So einfach lässt sich diese Frage aber gar nicht beantworten. Risiko ist eine ziemlich abstrakte Größe. Risiko bedeutet nämlich auch Unsicherheit. Wie viel können Sie da ertragen? Können Sie noch ruhig schlafen, wenn Ihr Depot mal 10, 20 oder sogar 30 Prozent ins Minus rutscht? Ertragen Sie solche Verluste, auch wenn sie vielleicht nur temporär sind und die Kurse sich nach einigen Wochen oder Monaten wieder erholen? Darüber sollten Sie ein bisschen länger nachdenken, bevor Sie investieren.

Das Problem ist allerdings: Wenn Sie eine hohe Rendite einfahren wollen oder müssen, um Ihre Ziele zu erreichen, dann geht das nicht, ohne ein gewisses Risiko einzugehen. Gerade wenn es um unsere Altersvorfreude geht, ist die Frage nach der Rendite natürlich entscheidend. Je höher die Rendite, desto besser, möchte man meinen. Aber Ihre Renditeerwartung sollte natürlich zu Ihrer Risikobereitschaft passen. Wer auf keinen Fall ein hohes Risiko eingehen möchte, muss auch seine Renditeerwartungen herunterschrauben. Möglich, dass Sie dann Ihre Wünsche und Ziele noch mal überdenken und deutlich herunterschrauben müssen. Aber es hilft nichts, Sie müssen das Risiko ertragen können, das Sie mit Ihrer Geldanlage eingehen.

Mit der Zeit kann sich unsere Risikoneigung natürlich ändern. Wer jung ist, geht vielleicht höhere Risiken ein. Wenn wir aber eine Familie gründen, dann sind wir etwas vorsichtiger. Unsere Anlagestrategie müssen wir deshalb von Zeit zu Zeit an unser Leben anpassen. In jungen Jahren haben wir weniger finanziellen Spielraum, später hoffentlich mehr. Wenn wir Karriere machen, wächst dieser Spielraum auf jeden Fall. Wenn wir uns für

> Alle paar Jahre gilt es, die eigene Strategie zu überprüfen.

die Familie entscheiden, dann wird er natürlich noch mal kleiner. Kinder sind teuer. Alle paar Jahre gilt es deshalb, die Strategie noch mal zu überprüfen. Oder nach gravierenden Veränderungen im Leben: Das kann die Familiengründung sein, aber auch eine Beförderung oder der Schritt in die Selbstständigkeit. Nach jeder Gehaltserhöhung sollten Sie auf jeden Fall Ihre Sparraten hochfahren, mehr Geld zur Seite legen und investieren. Das machen Sie am besten, bevor Sie sich an das Gehaltsplus auf dem Konto gewöhnt haben.

Mit den Jahren verändert sich natürlich auch der Anlagehorizont, wir werden schließlich älter. Wir sind unseren Zielen dann hoffentlich schon sehr viel näher gekommen. Auch das müssen wir bedenken. Es ist ein großer Unterschied, ob wir unser Geld langfristig anlegen oder kurzfristig parken – übrigens auch emotional. Wenn wir in absehbarer Zeit eine größere Summe benötigen, sind Schwankungen wie an der Börse Gift und mehr als nervenaufreibend. Wir müssen ständig Angst haben, dass wir tief im Minus sind, wenn wir das Geld brauchen. Wer mittel- oder sogar langfristig spart, kann zwar ganz anders agieren, steht aber auch vor anderen Herausforderungen und jeder Menge psychologischer Fallstricke. Disziplin ist das oberste Gebot bei der Geldanlage. Ohne Disziplin werden Sie Ihre Ziele nicht erreichen.

Einfache und komplexere Strategien

Sind Anlageziele und Anlagehorizont definiert und ist die Risikoneigung ermittelt, geht es los mit der Strategie. Es gibt natürlich unzählige Bausteine, vor allem wenn es um die Altersvorsorge geht. Wir kümmern uns an dieser Stelle um unser Depot, um Vermögensaufbau via Börse. Das ist ein wichtiger Teil der dritten Säule der Altersvorsorge. Wie kann ein Depot also aussehen? Ich mag es simpel. Ein sehr einfaches Depot besteht gerade mal aus zwei, vielleicht auch drei Bausteinen. Wer diese Mischung umsetzt, investiert besser als ein Großteil der Deutschen, wie mir Experten immer wieder in Interviews bestätigen.

Es ist das klassische 50/50-Depot, also 50 Prozent Anleihen, 50 Prozent Aktien. Es eignet sich für einen Anleger mit mittlerer Risikoneigung. Wer ein bisschen weniger Risiko will, reduziert den Aktienanteil und fährt den Anleiheanteil hoch. Wer ein bisschen mehr Chance will, erhöht den Aktienanteil und investiert weniger in Anleihen. Je nachdem, ob Sie Gold als sicheren Hafen, als Krisenversicherung beimischen möchten, könnte es auch 47,5/47,5/5 oder 45/45/10 heißen. Das ist Geschmackssache.

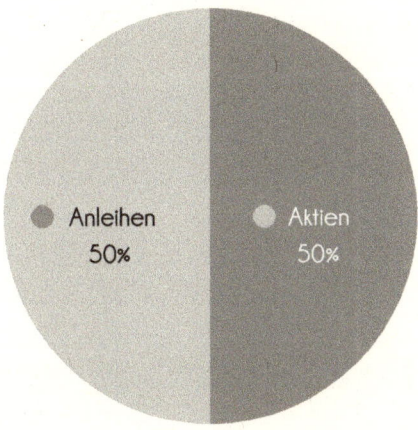

Das 50/50-Depot

Bleiben wir aber der Einfachheit halber bei 50/50. Die beiden Tortenstücke können Sie nun »füllen«. Im Sinne der Risikostreuung sollten Sie Fonds und mit Blick auf die Kosten besser noch ETFs wählen. Vielleicht sind es am Ende vier: Unternehmensanleihen, Staatsanleihen, Aktien aus den Industrieländern, Aktien aus den Schwellenländern. Bei den Anleihen sollten Sie auf gute bis sehr gute Bonität, also Bonds mit gutem und sehr gutem Rating setzen.

Denn dieser Bauteil soll für Sicherheit sorgen und das Aktien-risiko abfedern. Warum Industrie- und Schwellenländer? Weil ich ETFs auf den MSCI World und den MSCI Emerging Markets kombinieren würde. Sie können aber natürlich auch zwei oder drei aktiv gemanagte Fonds kaufen, die weltweit investieren. Wie man ETFs und Fonds findet, analysiert und auswählt, dazu kommen wir noch detailliert.

Rebalancing – Balance für unser Depot

Eine solche Strategie ist sehr einfach umzusetzen, wenn wir ein-mal wissen, wie groß der Anleihe- und wie groß der Aktienbau-stein sein soll – Stichwort: Risikoneigung. Da die Kurse von Aktien und ein bisschen auch von Anleihen schwanken, werden sich die Gewichtungen in unserem Depot mit den Monaten oder Jahren verschieben. Nach ein oder zwei guten Börsenjahren liegt der Ak-tienanteil vielleicht auf einmal bei 60 oder sogar mehr Prozent, allein durch das Kursplus. Aber wollen wir das? Falls wir bei unse-rer ursprünglichen Gewichtung und damit unserer Strategie treu bleiben wollen, dann müssen wir gegensteuern oder besser nach-justieren. Das können wir über Zukäufe machen. Wir investieren also in die Anlageklasse, deren Anteil gerade zu gering ist. Dazu brauchen wir aber Geld auf dem Anlagekonto, Geld, das gerade zum Investieren »übrig« ist. Haben wir das nicht, müssen wir über Verkäufe und Käufe nachjustieren, bis wir wieder bei 50/50 sind. Experten nennen das »Rebalancing«, wir bringen unser Depot wieder in die gewünschte Balance. Wenn Sie einen langen Anla-gehorizont haben, dann reicht es, das alle ein oder zwei Jahre zu tun. Manchmal muss man auch gar nichts tun, weil sich die Ge-wichtungen nun minimal verschoben haben. 49/51 ist kein Grund zum Handeln, 48/52 sicher auch noch nicht. 45/55 schon eher. Denn denken Sie auch hier daran: Jede Order kostet Geld, und

Gebühren minimieren Ihre Rendite. Der Aufwand hält sich also wirklich in Grenzen. Und es klingt doch auch gar nicht so furchtbar kompliziert, oder?

Nach einiger Zeit haben Sie vielleicht schon viel mehr Gespür für die Börse und richtig Spaß an Aktien, Trends und spannenden Anlageideen. Dann können Sie Ihr Depot ein wenig umbauen oder um weitere Bausteine ergänzen. Es gibt so viele interessante Wachstumsgeschichten, so viele Megatrends, spannende Zukunftsvisionen. Sie können ein paar Schwerpunkte setzen. Das können auch ausgefeiltere Anlagstrategien sein, die Sie beimischen. Vielleicht finden Sie die Dividendenstrategie reizvoll oder aber Nebenwerte, Growth oder Value, also Wachstums- oder Substanzaktien. Es gibt so viele Strategien, so viele Anlagestile und so viele spannende Themen. Völlig wild sollten Sie all das aber nicht kombinieren. Dann sind wir nämlich ziemlich schnell wieder bei einem Sammelsurium. Aber Sie können Akzente setzen. Experten nennen das Beimischung. Heraus kommt dann die »Core-Satellite«-Strategie.

Die »Core-Satellite«-Strategie – ein großer Kern und ein paar Satelliten

Unser Depot besteht dann aus einem großen Kern mit sogenannten Basisinvestments und ein paar kleineren Satelliten als Beimischung. Der Kern könnte das 50/50-Depot sein – oder wie auch immer Ihr Anfang ausgesehen hat. Davon »schneiden« wir jetzt einfach ein bisschen was ab. Wie wäre es mit einem Kern von 90 Prozent, also 45/45? Oder 80 Prozent? Im ersten Fall könnten wir 10 Prozent, im zweiten 20 Prozent anders anlegen. Natürlich sollten unsere Investments nicht zu kleinteilig und die Anlagesummen nicht zu winzig sein. Aber bei einem Depotwert von 5000 oder 10.000 Euro und mehr klappt das schon ziemlich gut.

Schrumpfen wir unseren Kern also auf 80 Prozent – jeweils zur Hälfte Aktien und Anleihen. Dann haben wir nun 20 Prozent, um Akzente zu setzen. Beachten Sie aber bitte: Wählen Sie ausschließlich Aktien für die Satelliten, dann erhöhen Sie Ihren Aktienanteil am Gesamtdepot. Das kann erwünscht sein. Davon gehen wir der Einfachheit halber jetzt aus. Was also tun mit den 20 Prozent? Wenn Sie völlig überzeugt von einem Anlagestil sind, beispielsweise die Dividendenstrategie oder Nebenwerte extrem spannend finden, dann könnten Sie die 20 Prozent damit bespielen. Interessieren Sie sich aber für Megatrends wie E-Mobilität, erneuerbare Energien oder sogar Nachhaltigkeit (ESG) insgesamt, die Stadt der Zukunft – an der Börse läuft das unter »Smart City« –, Automatisierung und Robotik, die Ernährung der Zukunft oder Wasser, dann würde ich auch hier das Risiko breit streuen. Ich würde auf mehrere Themen setzen, sonst würde ein einzelnes ein ziemliches Gewicht in Ihrem Depot bekommen. Bei den Anlagestilen ist das nicht so problematisch, weil Nebenwerte oder Dividendentitel in vielen, vielen Branchen zu finden sind. Also werden auch Aktien aus vielen Branchen in den Fonds und ETFs zu finden sein. Bei speziellen Themen kann das anders sein. Oft sind in den Themen-ETFs auch einzelne Werte sehr hoch gewichtet.

Vorstellbar wäre also, dass unser Core 80 Prozent ausmacht und darum herum vier Satelliten à 5 Prozent schweben. Zugegeben, das ist schon ein bisschen anspruchsvoller. Aber auch eine solche Strategie ist kein Buch mit sieben Siegeln und keine Raketenwissenschaft. Geldanlage muss nicht furchtbar kompliziert sein. Auch bei der »Core-Satellite«-Strategie sollten Sie von Zeit zu Zeit Rebalancing betreiben. Vielleicht sind Ihre Satelliten echte Kursraketen. Dann »müssen« Sie Gewinne mitnehmen, damit die Satelliten kein zu großes Übergewicht bekommen. Werden Sie dann bloß nicht zu gierig, das würde Ihre Strategie nämlich torpedieren. Schreiben Sie Ihre Strategie am besten auf. Legen Sie fest, wie oft und wann Rebalancing angesagt ist. Solche Regeln helfen Ihnen, Ihre Strategie auch umzusetzen. Natürlich können Sie sie jederzeit ein wenig anpassen. Lassen Sie sich aber nicht zu sehr von Emotionen leiten. Nicht jede angesagte Branche muss ein Satellit in Ihrem Depot sein. Und kleinere Rücksetzer bedeuten nicht, dass ein Satellit gleich ganz abstürzt beziehungsweise aus Ihrem Depot fliegen sollte. Auch bei einer solchen Strategie gilt es, langfristig zu denken. Trotzdem sollten Sie die einzelnen Bausteine, vor allem die Satelliten von Zeit zu Zeit überdenken. Nicht jeder vermeintliche Megatrend wird sich langfristig durchsetzen.

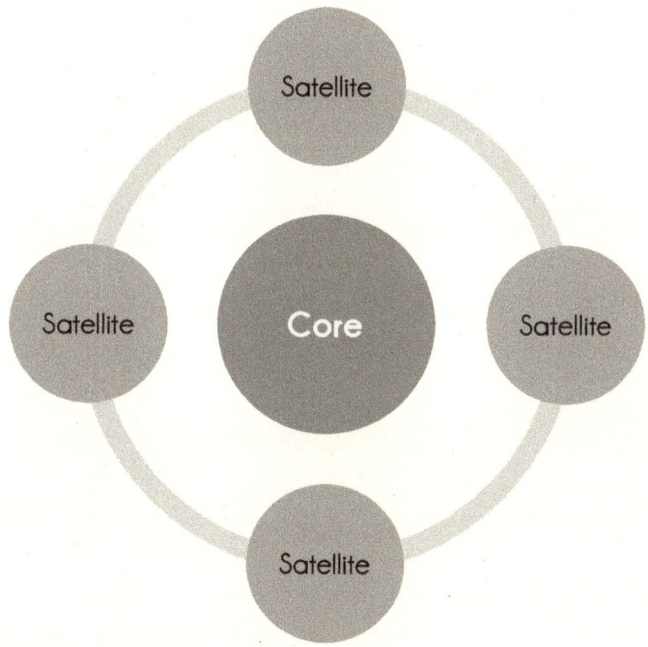

Die »Core-Satellite«-Strategie

Stil-Mix fürs Depot

Vielleicht möchten Sie aber auch einfach die gängigsten Rendite-Faktoren miteinander kombinieren. Dazu gibt es jede Menge Forschung, viele Bücher, ganze Bibliotheken sind damit gefüllt worden. »Factor Investing« heißt das. Faktoren sind: Qualität, also Aktien von Unternehmen mit sehr soliden Bilanzen. Oder Size, dahinter verstecken sich die Nebenwerte, also kleinere und mittlere Unternehmen, die zweite und dritte Börsenliga. Value, das sind die Substanzaktien, in die Superinvestor Warren Buffett so erfolgreich investiert. Es gibt noch einige mehr, aber das würde hier zu weit führen. Fakt (oder Faktor) ist: So investiere ich seit einiger Zeit. In meinem Buch *Einfach erfolgreich anlegen* habe ich vor einigen Jahren verschiedene Bausteine für Depots vorgestellt. Die Bausteine waren einige Anleihearten, darunter Staats- und Unternehmensbonds, aber auch inflationsindexierte Anleihen und Pfandbriefe, und natürlich Aktienklassen von Qualitätsaktien über Dividenden- und Nebenwerte, Value bis zu Schwellenländertiteln. Daraus habe ich drei Musterdepots entwickelt. Das renommierte Institut für Vermögensaufbau (IVA) hat mich dabei unterstützt.

Je nach Risikoneigung werden verschiedene Bausteine kombiniert. Der sicherheitsorientierte Anleger investiert 30 Prozent seines Kapitals in Aktien. Auch wenn er sehr konservativ ist und Risiken eher meidet, braucht es eine solche Aktienquote. Denn irgendwoher muss die Rendite kommen. Die ausgewogene Anlegerin setzt die 50/50-Variante um. Allerdings ist das Depot etwas spezieller konzipiert als bei unserem super einfachen Beispiel. Ich persönlich bin eine chancenorientierte Anlegerin und investiere 80 Prozent meines Kapitals in Aktien und nur 20 Prozent in Anleihen. Wobei ich noch betonen muss: In diesem Buch, bei diesen Depots geht es einzig um Ihre Börseninvestments. Welche Versicherungen, Altersvorsorgeprodukte oder Immobilien Sie noch haben, spielt keine Rolle. Es ist eben ein Börsenbuch. Auch Gold kommt nicht in diese Musterdepots, kann aber natürlich jederzeit beigemischt werden. Ich mag Gold als Anlageklasse einfach nicht. Aber dazu später mehr.

Wie auch immer Ihr Depot letztlich aussieht, eines dürfen Sie nicht vergessen: Keine Anlageklasse läuft immer gleich gut. Es gibt gute Börsenjahre und schlechte. Es gibt Zeiten, in denen Dividendentitel oder Nebenwerte supergut laufen, und es gibt Zeiten, in denen das eben nicht so ist. Das Gleiche gilt für Anleihen, für Gold, für einfach jede Anlageklasse. Deshalb sollten wir auch die Performance unseres Depots eher langfristig betrachten. Es wird gute, sehr gute und weniger gute Jahre geben. Es gilt, die Nerven zu bewahren, in guten wie in schlechten Zeiten.

> Keine Anlageklasse läuft immer gleich gut.

Emotionale Fallstricke meiden

Doch selbst die beste Strategie stellt uns immer wieder vor echte Herausforderungen. Manchmal fühlt sich Börse einfach komisch an. Es ist ein Wechselbad der Gefühle, das wir Anleger immer wieder erleben. Und glauben Sie mir, das ändert sich auch nach vielen Jahren an der Börse nicht. Selbst Profis kennen die emotionalen Ausnahmesituationen, die psychologischen Fallstricke. So sehr wir nämlich planen, strategisch entscheiden, das Ganze sachlich angehen: Wir sind immer noch Menschen. Und Menschen haben Gefühle. Es gibt eine ganze Wissenschaft, die »Behavioral Finance« oder deutsch Börsenpsychologie, die sich mit diesem Thema auseinandersetzt.

Viele Anleger lassen sich von der Euphorie an der Börse anstecken, der gesunde Menschenverstand setzt einfach aus. Sie lassen sich von purer Gier leiten. Für sie ist die Börse ein Casino – sie zocken mit den Aktien oder Anleihen von Pleitekandidaten, maximieren ihr Risiko mit Hebelpapieren, die Gewinne, aber eben auch Verluste vervielfachen, oft sogar verhundertfachen. Andere setzen chronisch auf die falschen Aktien, rennen jedem Trend – meist zu spät – hinterher und schmeißen ihre Strategie über Bord, sobald es an den Börsen etwas turbulenter zugeht. Sie verlieren dann einfach die Nerven. Volles Risiko, pure Gier oder übertriebene Panik – an der Börse kann man viele Fehler machen und sehr schnell sehr viel Geld verlieren. Das war schon zu André Kostolanys Zeiten so. Der legendäre Investor brachte es einst auf den Punkt: »Eine Börse wäre keine Börse, wenn nicht viele Narren ihr Unheil dort treiben würden.«

> Volles Risiko, pure Gier oder übertriebene Panik – an der Börse kann man viele Fehler machen und sehr schnell sehr viel Geld verlieren.

Diese Narren tummeln sich auch heute noch auf dem Parkett. Kein Wunder, schließlich ist die Börse eine emotionale Sache, schließlich geht es um Geld. Das hat bekanntlich eine magische Anziehungskraft auf viele Menschen und wirkt zugleich wie ein Katalysator. Die Gier nach mehr lässt die Wesenszüge der Akteure überdeutlich hervortreten. Bei einigen Anlegern ist das neben extremer Gier vor allem völlige Selbstüberschätzung. Genau diese beiden Eigenschaften zeichnen den Narren an der Börse aus. Auch die übertrieben ängstlichen Investoren handeln nicht gerade clever.

Wer sich von seinen Emotionen leiten lässt, verliert über kurz oder lang Geld. Trotzdem setzt bei Anlegern regelmäßig der Verstand aus, wenn sie eine große Chance wittern oder – das andere Extrem – Panik bekommen. Es sind übrigens nicht nur die unerfahreneren Privatanleger oder gar Börsenneulinge, die sich zum Narren machen. Gier und Selbstüberschätzung sind absolut nicht auf Privatanleger beschränkt. Immer wieder überschätzen auch institutionelle Investoren ihre Fähigkeiten. Es gibt in der Börsengeschichte viele Beispiele dafür, dass der gesunde Menschenverstand der Anleger mitunter sogar kollektiv aussetzt. Der Neue Markt ist ein Beispiel, das wilde Spekulieren mit den Pennystocks ein anderes. Und das verabredete Zocken via Internet-Plattform ist wohl auch eines.

Doch was kann der Einzelne tun, um nicht als Narr zu enden – immerhin ist es nicht leicht, seine Emotionen wie Gier oder Angst zu unterdrücken? Entscheidend für den Anlageerfolg ist, dass die Gefühle nicht die Oberhand gewinnen. Wir müssen der Versuchung widerstehen, unsere langfristigen Anlageziele allein aufgrund kurzfristiger Schwankungen aufzugeben oder gar aufgrund spontaner Eingebungen komplett zu riskieren. Eine klare Strategie hilft uns dabei sehr. Wir dürfen nicht zu gierig sein. Es gibt selten todsichere 100-Prozent-Chancen. Irgendwann kehrt die Börse zur Normalität zurück. Wir sollten aber auch nicht zu ängstlich sein oder gar panisch werden. Wir sollten unserer Strategie treu bleiben. Denn sonst könnten wir schnell zu Narren werden.

Digitale Vermögensverwalter übernehmen

Es gibt übrigens digitale Anlagehelfer, die uns dabei unterstützen können: die Robo Advisors, kurz Robos. Was ein bisschen nach Roboter und Automatisierung, nach Ratgeber und Betreuer klingt, ist im Grunde eine digitale, streng regelbasierte Vermögensverwaltung. 2014 traten die ersten Robos im Internet an. Sie zählen zu den Fintechs. So nennt man junge Technologieunternehmen, die die Finanzbranche aufmischen. Das Versprechen der Robos: eine günstige Geldanlage nach fixen Regeln, die möglichst viel für Sparer herausholt und mit ein paar Klicks zu haben ist. Mittlerweile tummeln sich mehr als 30 Robo Advisors am deutschen Markt, die insgesamt mehr als 1 Milliarde Euro von deutschen Kunden verwalten. Tendenz steigend, sowohl bei der Anzahl der Robos als auch beim verwalteten Vermögen, im Börsensprech: Assets under Management. Der bekannteste und »größte« digitale Vermögensverwalter ist Scalable Capital, aber es gibt auch viele andere bekannte oder weniger bekannte Namen wie beispielsweise Raisin Invest (der Anbieter betreibt auch das Portal Weltsparen.de), ROBIN von der Deutschen Bank, Ginmon, Quirion von der Quirin Bank und viele mehr.

Robos nehmen uns viel Arbeit ab. Natürlich müssen wir trotzdem ein bisschen was tun, nämlich uns für einen Robo und das entsprechende Depot entscheiden – die digitalen Vermögensverwalter bieten Portfolios für verschiedene Risikoneigungen an. Um herauszufinden, was zu uns passt, fragen sie ab, wie viel Risiko wir einzugehen bereit sind. Unsere Risikoneigung wird dabei über einen Fragebogen im Internet ermittelt. Eine Software schlägt dann eine passende Geldanlage vor und der Anbieter setzt sie technisch für uns um. Wir können größere Summen auf einmal investieren oder Sparpläne abschließen, alles andere übernimmt dann der Robo. Wir müssen uns weder über Rebalancing noch über die aktuelle Marktlage Gedanken machen. Ganz entspannt. Viele emotionale Fallstricke sind damit schon mal umschifft. Ein Schutz vor Kursverlusten und sonstigen Anlagerisiken ist die automatisierte Geldanlage nicht! Geht es an den Finanzmärkten nach unten oder steigen die Zinsen deutlich an, schlagen sich die Kursänderungen bei Aktien und Anleihen auch in unserem Depot beim Robo Advisor nieder. Je nach den Schwerpunkten des Anlagemodells kann die Wertentwicklung kurzfristig auch deutlich von einer selbst gemachten Geldanlage mit Aktien-ETFs, Tages- und Festgeld abweichen.

Eigentlich bin ich ein Fan davon, die Geldanlage selbst in die Hand zu nehmen. Aber so ein Robo ist eine feine Sache für alle, die das eben nicht wollen oder es sich schlicht nicht zutrauen. Der Robo Advisor unterstützt uns bei der Entscheidung, wie viel Risiko wir bei der Geldanlage tragen wollen oder können. Er macht einen konkreten Vorschlag dazu, welche ETFs wir kaufen und wie wir diese kombinieren sollten, um unsere Risikoneigung abzubilden. Und ganz wichtig: Er hilft uns, ein einmal gewähltes Portfolio langfristig beizubehalten – fast ohne Emotionen.

Ein solcher Service kostet natürlich. Deswegen gilt es, auch hier die Kosten im Auge zu behalten und sie zu vergleichen. Das Gleiche gilt auch für die Performance. Dazu gibt es in der Presse immer wieder spannende Vergleiche. Die Webseite Brokervergleich.de bietet zudem einen Echtgeld-Test. Dort werden auch die Strategien und Depots ausführlich beschrieben.

Ob nun das total simple, aber dennoch gute 50/50-Depot, eine Core-Satellite-Strategie, »Factor Investing« oder ein Robo – Geldanlage muss nicht so furchtbar kompliziert sein. Wir brauchen eine Strategie, die zu uns passt. Das schont dann auch die Nerven. Erste Erfolge stellen sich oft schnell ein. Legen Sie einfach mal los! Sie können Ihre Strategie jederzeit überarbeiten oder auch nur feinjustieren. Machen Sie lieber »nur« 80 Prozent richtig, als 100 Prozent gar nicht. Sie können sogar schon mit ganz kleinen Summen starten – von wegen die Börse ist nur etwas für Reiche!

Die wichtigsten Regeln für Ihren Börsenerfolg

☐ Investieren Sie langfristig

☐ Streuen Sie das Risiko breit

☐ Achten Sie auf die Kosten

☐ Finden Sie Ihre Strategie

☐ Vergessen Sie das regelmäßige Rebalancing nicht

☐ Vermeiden Sie emotionale Fallstricke

Ausrede 11
Aktien sind nur etwas für Reiche

Reichtum fasziniert viele Menschen. Oder wie sonst ist es zu erklären, dass die Liste mit den reichsten Menschen der Welt, die das US-Wirtschaftsmagazin *Forbes* Jahr für Jahr erstellt, so beliebt ist und rund um den Globus von der Konkurrenz genüsslich abgeschrieben wird. Die Erstplatzierten sind richtige Wirtschaftspromis, viele Namen haben wir schon oft gehört und gelesen. Oder wir kennen zumindest die Unternehmen, die sie reich gemacht haben. Diese Unternehmen sind meistens börsennotiert, die Superreichen sind also Aktionäre – und mit steigenden Börsenkursen wächst ihr Vermögen. Kommt es daher, dass viele Menschen denken, dass Aktien nur etwas für Reiche sind? Ein Vorurteil, das sich leicht entkräften lässt. Oder dient diese Stammtisch-Parole wieder einmal nur als Ausrede dafür, sich nicht mit dem Thema auseinanderzusetzen?

Wie auch immer, Aktien sind natürlich nicht nur etwas für Reiche. Im Gegenteil, wir können schon mit sehr kleinen Summen loslegen. Aber, etwas zugespitzt formuliert: Aktien machen reich. Zumindest machen sie uns wohlhabender. Aber wann sind wir eigentlich wohlhabend oder reich? Mit welchem Vermögen gehören wir zu den reichsten Deutschen? Millionen oder gar Milliarden braucht es dazu nicht. Schon wer über ein Nettovermögen von 477.200 Euro verfügt, gehört in Deutschland zu den reichsten

10 Prozent der Bevölkerung. Das zeigt eine Studie des Instituts der deutschen Wirtschaft (IW). Für die Studie haben Experten die Daten des Statistischen Bundesamtes ausgewertet. Wer also ein halbwegs ordentliches Haus in guter Wohnlage abbezahlt hat, darf sich schon zu den Reichen im Land zählen. Und wer die relativ überschaubare Summe von 67.000 Euro gespart hat, gehört bereits zur reicheren Hälfte der Deutschen. Oft herrscht das Klischee vor, zu den oberen 10 Prozent zählten nur Superreiche, etwa Eigentümer großer Unternehmen, Dax-Vorstände oder Spitzensportler. Die IW-Studie räumt mit diesem Vorurteil auf. Die oberen 10 Prozent sind keineswegs nur Millionäre.

Wohlhabend, reich oder gar superreich – da gibt es natürlich Unterschiede. Übrigens auch von Land zu Land. Auf die Frage, wie viel Vermögen man braucht, um zu den Superreichen im eigenen Land zu zählen, gibt ein Vermögensbericht von Knight Frank, einer der weltgrößten Immobilienberatungen, einige überraschende Antworten. In Deutschland ist ein Nettovermögen von 2 Millionen Dollar (1,7 Millionen Euro) nötig, um zum reichsten Prozent der Bevölkerung zu gehören. Deutschland liegt damit auf Platz zehn im weltweiten Vergleich. In neun anderen Ländern ist der deutsche Superreiche nur reich. Dort benötigt man ein noch höheres Vermögen. Wenig überraschend: Bei der Anzahl der Superreichen bleiben die USA weltweit an der Spitze. Insgesamt 19 Millionen Amerikaner haben ein Nettovermögen von mindestens 1 Million Dollar. Dahinter folgt China, in der Volksrepublik gehören 5,8 Millionen Einwohner zum Klub der Dollar-Millionäre. Auf Platz drei kommt schon Deutschland, 2,8 Millionen Bundesbürger haben hierzulande laut dem Report ein Nettovermögen von mindestens 1 Million Dollar.

Ob die auch alle Aktionäre sind? Wahrscheinlich schon. Aber natürlich sind nicht alle mit Aktieninvestments reich geworden. Die meisten sind Unternehmer und haben ihre Firma irgendwann an die Börse gebracht. Das ist natürlich etwas anderes, als Aktien eines fremden Konzerns zu kaufen. Eine sehr prominente Ausnahme gibt es allerdings: Warren Buffett. Der US-amerikanische Super-Investor ist mit Aktien reich geworden, und er hat ziemlich klein angefangen und in den vergangenen Jahrzehnten ein sehr glückliches Händchen bei der Geldanlage bewiesen. Viele Privatanleger kopieren deshalb seinen Anlagestil. Wenn Warren Buffett bei der US-Börsenaufsicht seine Käufe und Verkäufe melden muss, dann bewegt das jedes Mal die Kurse. Genau genommen sind es übrigens die Deals seiner Beteiligungsgesellschaft Berkshire Hathaway, die ebenfalls börsennotiert ist. Buffett ist einer der reichsten Menschen der Welt und einer der erfolgreichsten Investoren. Er denkt dabei übrigens sehr langfristig und hält seine Beteiligungen über Jahre und Jahrzehnte. Nicht jeder Aktionär wird natürlich zum Millionär oder gar Milliardär. Aber wir können ein Stück vom Kuchen abhaben. Wir können es den Superreichen nachmachen und auch zu Unternehmern werden. Wir kaufen einfach ein Stück ihrer Firmen.

Die Superreichen der Welt

Doch wer sind die reichsten Menschen der Welt eigentlich? Jedes Jahr stellt das US-Wirtschaftsmagazin *Forbes* sie der Welt vor. 2021 gab es unter den Top Ten einige Auf- und Abstiege. Unverändert ist die Liste von Männern aus den USA dominiert. Die Positionen haben sich aber durch die Coronakrise verändert. Denn einige Milliardäre mussten starke Verluste hinnehmen, während andere – vor allem aus der Technologie-Branche – von der Pandemie profitiert haben.

Der reichste Mensch der Welt hat es dank einer ziemlich teuren Scheidung in den vergangenen Jahren sogar in Hochglanz-Magazine wie *Bunte* und *Gala* geschafft. Jeff Bezos ist der Gründer des Online-Giganten Amazon. Im Frühjahr 2021 besitzt er stolze 179,6 Milliarden US-Dollar. Bezos hat sein Vermögen in der Coronakrise massiv gesteigert. Kein Wunder, gehörte Amazon doch wie viele Technologieunternehmen zu den Krisengewinnern. Der Onlinehandel zog während der weltweiten Lockdowns kräftig an. Und auch bei der Amazon-Aktie griffen Anleger beherzt zu, was zu einem wahren Kursfeuerwerk führte.

Von einer weiteren Kursrakete, nämlich Tesla, profitierte der zweitreichste Mann der Welt: Elon Musk. Das Vermögen des Tesla-CEOs und -Gründers liegt laut Forbes bei stolzen 165,1 Milliarden US-Dollar. Neben Tesla hat Elon Musk auch noch das Raumfahrtunternehmen SpaceX gegründet. Auch hier ist er Vorstandschef. Kurzzeitig galt Elon Musk übrigens als reichster Mensch der Welt. Er und Jeff Bezos tauschen je nach Stand des Aktienkurses ihrer Unternehmen die Plätze.

Auf Platz drei folgt mit Bernard Arnault der reichste Europäer. Der Franzose und seine Familie verfügen über ein Gesamtvermögen von 160,1 Milliarden US-Dollar. Der Unternehmer der Holding Groupe Arnault investiert vor allem in Luxusartikel und Marken wie Dior, Louis Vuitton, Givenchy, Fendi oder Marc Jacobs. Microsoft-Gründer Bill Gates hat seinen zweiten Platz aus dem vergangenen Jahr verloren und fällt in der Forbes-Liste der reichsten Menschen der Welt 2021 auf den vierten Platz zurück. Gates konnte sein Vermögen im Zuge der Pandemie auf 125,6 Milliarden US-Dollar erhöhen. Mal sehen wie es nach seiner Scheidung, die er im Mai 2021 angekündigt hat, aussieht.

Platz fünf geht an den legendären Börsianer Buffett. Der Amerikaner, der auch als das »Orakel von Omaha« bekannt ist, leitet im stolzen Alter von 90 Jahren noch die Holdinggesellschaft Berkshire Hathaway und kommt im Jahr 2021 auf ein Vermögen von 100,3 Milliarden US-Dollar. Ein Plus von gut 12 Milliarden US-Dollar im Vergleich zum Vorjahr. Auf den weiteren Plätzen folgen Facebook-Gründer Mark Zuckerberg, Oracle-Gründer Larry Ellison, der ehemalige CEO der Google-Mutter Alphabet Larry Page sowie der Informatiker und Google-Mitgründer Sergey Brin. Mukesh Ambani rangiert auf dem zehnten Platz der reichsten Menschen der Welt 2021. Der Inder ist Vorstandsvorsitzender der Petrochemiefirma Reliance Industries.

Wer den Wirtschaftsteil der Zeitung regelmäßig liest, hat einige dieser Namen sicher schon mal gehört. Wer nun gerade reicher als der andere ist, variiert von Erhebung zu Erhebung. Ob die Zahlen überhaupt korrekt sind, daran gibt es Zweifel. Denn natürlich wollen die Superreichen eigentlich nicht, dass bekannt wird, wie viele Milliarden sie besitzen. Aber das lässt sich eben ausrechnen oder doch zumindest schätzen. Denn ab einer bestimmten Größe, muss eine Beteiligung, ein Aktienpaket veröffentlicht werden. Wir wissen also, wie viele LVMH-Aktien Bernard Arnault besitzt oder wie groß der Anteil an Berkshire Hathaway von Warren Buffett ist. Und dann lässt sich leicht ausrechnen, was ein solches Aktienpaket wert ist. Hinzu kommen jede Menge Schätzungen zum Immobilienvermögen und anderen Vermögenswerten. Klar ist aber: Diese zehn Männer sind superreich und super erfolgreich. Und sie sind Aktionäre.

Die reichsten Deutschen

Auch in Deutschland gibt es extrem erfolgreiche und reiche Unternehmer-Familien. Sie schaffen es aber nicht auf die vordersten Plätze der weltweiten *Forbes*-Liste. Sie haben aber natürlich trotzdem mehr als genug zum Leben. Die Coronakrise hat auch ihr Vermögen verändert. Mal ging es für die Superreichen ein paar Plätze nach oben, mal nach unten.

Die reichsten Deutschen 2021 sind wie schon im Vorjahr Beate Heister und Karl Albrecht Junior. Sie sind die Kinder von Karl

Albrecht, dem mit Aldi Süd die größere Hälfte der Supermarktkette gehörte. Die Aldi-Erben besitzen aktuell 42,5 Milliarden US-Dollar – ein Plus von 1,4 Milliarden im Vergleich zum Vorjahr. Wie 2020 ist Dieter Schwarz auch 2021 der zweitreichste Deutsche. Der 81-Jährige ist Eigentümer der Schwarz-Gruppe, zu der unter anderem die Discounter Lidl und Kaufland gehören. Er besitzt 36,8 Milliarden Dollar, knapp eine Milliarde mehr als 2020. Weder Aldi noch die Schwarz-Gruppe sind börsennotiert.

Von der Drittplatzierten wissen wir hingegen sehr genau, dass sie sogar Großaktionärin ist: BMW-Erbin Susanne Klatten. Ihren Bruder Stefan Quandt lässt sie deutlich hinter sich und ist gleichzeitig die reichste Frau Deutschlands. Ihr gehören 19,2 Prozent von BMW. Das ist aber nicht ihre einzige Beteiligung. Insgesamt schätzt Forbes den Wert ihres Vermögens auf 26,7 Milliarden US-Dollar.

Klaus-Michael Kühne erreicht mit einem Vermögen von 22,3 Milliarden US-Dollar den vierten Platz im Ranking 2021. Sein Logistikkonzern Kühne + Nagel hat es vom Familienbetrieb zum börsennotierten Weltkonzern geschafft. Das Unternehmen ist in mehr als 100 Ländern aktiv und hat mehr als 60.000 Mitarbeiter. Vor allem Fußballfans ist der 83-Jährige auch als Sportmäzen bekannt. Er investierte in den Hamburger SV.

Auf Platz fünf folgt der zweite der beiden Aldi-Erben: Theo Albrecht. Er ist der Sohn von Theo Albrecht Senior, dem Aldi Nord gehörte. Theo Albrecht erbte das Vermögen seines Vaters. Es liegt laut Forbes bei 22 Milliarden Dollar.

Stefan Quandt, der Bruder von Susanne Klatten und damit ebenfalls BMW-Erbe, kommt mit einem Vermögen von 20,7 Milliarden US-Dollar auf den sechsten Platz. Auf Platz sieben folgen Reinhold Würth und Familie, Inhaber des gleichnamigen Schraubenherstellers. Es folgen Heinz Hermann Thiele und Familie – er ist allerdings kurz nach Erscheinen der Liste verstorben –,

Hauptanteilseigner von Knorr-Bremse, dem führenden Hersteller von Bremssystemen für Nutz- und Schienenfahrzeuge, und auf den Plätzen neun und zehn die SAP-Gründer Dietmar Hopp und Hasso Plattner mit ihren Familien.

Aldi oder auch die Schwarz-Gruppe sind anders als BMW oder SAP zwar nicht börsennotiert, aber natürlich haben auch die steinreichen Unternehmerfamilien in Deutschland große Aktienpakete. Schließlich streuen sie ihr Risiko ebenfalls über viele Anlagen und Anlageklassen. Wie genau sie das machen, das erzählen von Zeit zu Zeit diejenigen, die sich um das Geld der Superreichen kümmern. Oft sind das sogenannte Family Offices und damit gleich mehrere Vermögensverwalter. Diese Interviews und Berichte zu lesen ist sehr spannend. Und eines kann ich Ihnen versichern: Um Börseninvestments geht es dabei immer.

Dass die Superreichen immer auch auf Aktien setzen, liegt aber garantiert nicht daran, dass Aktien eben nur etwas für die ganz Reichen sind. Das ist ein weit verbreitetes Vorurteil, aber es stimmt nicht. Es taugt auch nicht als Ausrede, warum wir als Otto-Normalbürger, wie immer der definiert wird, nicht in Aktien investieren. Deutschlands Superreiche waren übrigens oft extrem erfolgreiche Unternehmer – oder ihre Eltern, Großeltern und Urgroßeltern waren das. Irgendwann wurde die Firma dann an die Börse gebracht. Die Gründe dafür sind vielfältig. Auf jeden Fall halten die meisten noch immer große Anteile, sind im Unternehmen als Vorstandsvorsitzende oder Aufsichtsräte aktiv und bestimmen weiterhin die Geschicke »ihrer« Firma mit.

Jeder kann ein kleines Vermögen an der Börse machen

Bei Warren Buffett war es anders. Er hat sein Vermögen an der Börse gemacht. Er hat in viele einzelne Unternehmen investiert. Erst mit kleineren Summen, dann mit immer größeren. Das kann natürlich auch mal schief gehen, sogar ein Superinvestor macht Fehler. Aber insgesamt stimmt seine Bilanz. Sonst wäre er auch nicht so reich geworden. Er ist aber auf jeden Fall ein Ausnahme-Investor. Die Börse ist seine Leidenschaft und sein Beruf.

Heute ist es viel einfacher, an der Börse loszulegen, als zu Buffetts Anfangszeiten. Wir brauchen keine großen Summen, keine Kredite, nichts davon. Die Ordergebühren und Depotkosten sind extrem gesunken. Wir können mit ganz kleinen Summen beginnen. Je nachdem bei welcher Filial- oder Onlinebank oder welchem Broker Sie Ihr Depot eröffnen, können Sie schon mit 10 Euro starten. Bei anderen sind es 25 oder 50 Euro. Das ist die Höhe der minimalen Sparrate, mit der Sie Aktien, Fonds oder börsengehandelte Indexfonds besparen können. Ein sensationeller Einstieg in die Börse übrigens, wie ich finde. Allerdings würde ich für einen solchen Sparplan immer Aktienfonds oder Aktien-ETFs wählen und nicht unbedingt einzelne Titel.

Das hat mehrere Gründe. Der wichtigste ist die Risikostreuung. Sie erinnern sich: Es ist eine der obersten Regeln der erfolgreichen Geldanlage, wenn nicht die oberste. Wir müssen unser Geld verteilen und in viele verschiedene Anlageklassen und Einzeltitel investieren. Wenn wir auf die Anlageklasse Aktien schauen, dann sollten es auch viele Branchen und Länder sein. Wir sollten weltweit investieren. Kaufen wir aber nur Einzelaktien, ist das bei kleinen Summen natürlich kaum möglich.

Es immer ein wenig schwierig, sich vorzustellen, was passiert, wenn wir auf die Risikostreuung verzichten. In der Theorie hört sich das irgendwie logisch an, vor allem wenn wir an die alte Börsenweisheit, »Lege nicht alle Eier in einen Korb«, denken. Aber wie funktioniert das in der Praxis?

Ein Beispiel:

Stellen Sie sich vor, Sie haben in drei Aktien investiert und eine davon stürzt ab. Das würde Ihr Depot extrem belasten. Wenn jede dieser drei Aktien ein Drittel Ihres Depots ausmachen würde, also einen Anteil von 33 Prozent hätte, und eine davon würde um 50 Prozent abstürzen, dann wäre Ihr Depot 16,5 Prozent im Minus. Bei einem Depotwert von 15.000 Euro, verteilt auf drei Aktien, die wir für jeweils 5000 Euro kaufen, wäre der Schaden heftig. Erwischen wir eine Niete, deren Kurs mal eben um 50 Prozent einbricht, wären 2500 Euro futsch. Hätten Sie aber zehn Aktien, jeweils mit einem Anteil von 10 Prozent oder 1500 Euro Investment, dann wären es nur 5 Prozent oder 750 Euro. Aber auch zehn Einzelaktien wäre mir noch zu wenig. Die Risikostreuung muss weiter gehen, sehr viel weiter.

Für jede Strategie, jeden Schwerpunkt ein Fonds

Und dabei helfen uns Fonds und ETFs. Beide Anlagevehikel habe ich Ihnen im Kapitel »Geldanlage ist so furchtbar kompliziert« bereits kurz vorgestellt. Bei aktiv gemanagten Investmentfonds sind die Gebühren höher, dafür kümmern sich ein Fondsmanager und sein Team aus Analysten und Volkswirten um unser Geld. Sie wählen die Aktien aus, bestimmen ihre Gewichtung, also ihren Anteil am Gesamtdepot. Sie entscheiden, wann gekauft und wann verkauft wird. Das tun sie aber nicht völlig losgelöst von irgendwelchen Regeln. Jeder Investmentfonds hat eine Strategie und an die müssen sich die Profis halten. Allerdings kann die Strategie mal flexibler und mal unflexibler sein. Wie genau diese Strategie aussieht, das steht im Fondsprospekt, auf der Homepage der Fondsgesellschaft oder im gesetzlich vorgeschriebenen Produktinformationsblatt. Mitunter ist das Ganze etwas verdreht formuliert, weil vor allem die Produktinformationsblätter strengen Vorgaben folgen müssen. Lesbarer sind da oft die Fondsprospekte und die Informationen auf den Webseiten.

Wie kann so eine Strategie also aussehen? Natürlich geht es erst einmal um die Anlageklasse: Investiert der Fonds in Aktien, Anleihen, Rohstoffe oder eine Mischung daraus? Letzteres nennt man dann Mischfonds. Nehmen wir an, wir wollen in einen Aktienfonds investieren, der weltweit anlegt. Suchmaschinen auf den Internetseiten unserer Onlinebank, unseres Brokers oder einer Finanzwebseite helfen uns dabei, eine Auswahl zu treffen. Da in Deutschland aber Tausende aktiv gemanagte Fonds für Privatanleger zugelassen sind, ist das anfangs recht unübersichtlich. Aber auch für Fonds gibt es Ratings – beispielsweise die Sterne von Morningstar –, die ebenfalls in den Suchen integriert sind. Wir sollten immer nach sehr guten Fonds suchen. Neben dem Rating hilft uns die Performance, also die Kursentwicklung. Schauen Sie aber nicht nur darauf, wer im vergangenen Jahr am besten abgeschnitten hat. Wir investieren schließlich langfristig, also fünf oder besser zehn Jahre lang. Manche Fonds gibt es natürlich noch nicht so lange. Aber wenn es so ist: Vergleichen Sie die langfristige Performance. Leider sind die Gewinne aus der Vergangenheit keine Garantie für die Zukunft. Aber sie zeigen schon, wie gut ein Fondsmanagement rückblickend war. Die Damen und Herren werden hoffentlich nicht alles verlernt haben und auch künftig ein gutes Gespür beweisen.

Der Kreativität sind keine Grenzen gesetzt

Aber zurück zur Strategie: Ein Fonds kann global investieren oder mit Schwerpunkt auf bestimmte Regionen oder Länder. Viele Fonds bilden auch einen bestimmten Anlagestil ab: Sie setzen ausschließlich auf Nebenwerte, also die kleinen und mittelgroßen Unternehmen. Sie investieren in Wachstumstitel (Growth) oder Substanzaktien (Value). Wieder andere verfolgen die Dividendenstrategie – global oder regional. Es gibt auch Branchen- und Themenfonds. Da sind der Fantasie übrigens keine Grenzen gesetzt. Es gibt keine Branche, für die es keinen Fonds gibt, ob nun Pharma, Konsum, Technologie oder Autobranche. Auch bei den Themenfonds beweisen die Fondsgesellschaften einigen Erfindungsreichtum: Automatisierung und Robotik, die Smart City oder die Ernährung der Zukunft sind nur drei Beispiele. Vor allem aber die in den Medien viel zitierten Megatrends Digitalisierung und Nachhaltigkeit lassen die Anbieter kreativ werden.

Bei Rentenfonds geht es ebenfalls darum, ob global oder eher in bestimmten Regionen investiert wird. Es geht um die Ratings der Anleihen sowie ihre Restlaufzeit. Was dem Fondsmanagement da »erlaubt« ist, steht ebenfalls in den Informationen der Kapitalanlagegesellschaft. Ähnlich ist es bei offenen Immobilienfonds und Mischfonds. Die Fondsmanager müssen sich aber nicht komplett in die Karten schauen lassen. Sie veröffentlichen zwar die Strategie und auch die zehn größten Positionen im Fonds, mehr aber auch nicht. Ich weiß also, welche zehn Aktien oder Anleihen den größten Anteil im Fondsportfolio haben, nicht aber, was auf den hinteren Plätzen folgt. Allerdings gibt es Informationen dazu, in welchen Branchen, Ländern oder Währungen ein Fonds investiert ist – in der Regel sind das Tortengrafiken.

Dieselben Angaben müssen die ETF-Anbieter Anlegern zur Verfügung stellen. Da ETFs aber einen Index nachbilden, wissen wir ziemlich genau, was drin ist. Denn die Zusammensetzung der jeweiligen Indizes können wir einsehen. Der Dax enthält die 30 größten, börsennotierten deutschen Unternehmen, ab Herbst 2021 sind es die 40 größten. Die Liste findet man leicht im Internet, inklusive der Gewichtung der einzelnen Werte. Aber auch die ETF-Anbieter veröffentlichen sie in der Regel. Manchmal detailliert auf der Webseite oder aber als Download einer Tabelle. Am einfachsten – und im Zweifelsfall auch aktuellsten – sind natürlich die Angaben auf den Seiten der jeweiligen Indexanbieter.

Apropos: Indexanbieter

Auch die sind extrem kreativ. Klingt es nicht völlig verrückt, dass es mehr Indizes als Aktien gibt? Dass es fast 60-mal so viele sind, klingt aber einfach nur unglaublich. Es sind weltweit stolze 2,96 Millionen Indizes, wie es in einer Studie des Branchenverbands Index Industry Association (IIA) aus dem Herbst 2019 heißt. Anleiheindizes machen davon nur einen geringen Teil aus, die allermeisten Indizes bilden Aktien ab. Aber es gibt laut World Federation of Exchanges aktuell »nur« 53.000 börsengelistete Unternehmen weltweit. Selbst bei Experten sorgt das für Kopfschütteln.

Als Privatanleger brauchen wir diese Flut an Indizes sicher nicht. Uns reichen eigentlich die bekanntesten Indizes. Das wären beispielsweise Dax, S&P 500, MSCI World, Euro Stoxx 50 und einige Anleihe-Indizes mit leider recht komplizierten Namen. Und dann vielleicht noch ein paar Branchenindizes oder Sub-Indizes, mit denen wir Investmentstile abbilden können. Also beispielsweise den MSCI World Value, für die Substanzaktien aus dem MSCI

World. Oder den DivDax, der die 15 größten Dividenden-Zahler aus dem Dax beinhaltet. Der ganze Rest ist was für institutionelle Anleger, die sehr viele Indizes benötigen, etwa als Vergleichsindex – im Börsensprech Benchmark. Die Flut an Indizes ist also keine Übung in Sinnlosigkeit, wie es manchmal den Anschein hat. Übertrieben ist sie aber sicher trotzdem.

Häufig heißt es übrigens, der Index-Wahnsinn werde vom Wachstum der Exchange Traded Funds (ETFs) befeuert. Doch die sind nur für einen Bruchteil verantwortlich. Nicht jeder der drei Millionen Indizes wird natürlich über einen ETF abgebildet. Davon gibt es in Deutschland aktuell etwa 1500. Fast jeder Anbieter hat einen ETF auf den Dax oder den Weltaktienindex MSCI World im Angebot. Das ist quasi das Brot-und-Butter-Geschäft. Entsprechend viele praktisch deckungsgleiche Indexfonds gibt es auf die bekanntesten und gefragtesten Indizes. Manche ETF-Anbieter sind aber auch auf Themen- oder Branchen-ETFs spezialisiert.

Die Auswahl des passenden ETFs und Fonds

Gibt es mehrere ETFs zu einem Index, dann haben wir die Qual der Wahl. Dann hilft nur der Blick auf die Kennzahlen, um das passende Produkt auszuwählen. Ich mache es mir dabei übrigens ziemlich einfach und verzichte darauf, mich durch allzu viele Informationen zu wühlen. Erst entscheide ich mich für die Anlageklasse, die Anlagestrategie, die Region: also beispielsweise für den MSCI World oder den Dax. Dann überlege ich mir, ob ich lieber in einen ausschüttenden oder einen thesaurierenden ETF investieren möchte. Ausschüttend heißt, dass die Dividenden laufend an mich überwiesen werden. In der Regel passiert das einmal im Jahr, in einigen wenigen Fällen auch öfter. Thesaurierend bedeutet, dass die Erträge reinvestiert werden. Das Geld bleibt also im ETF und »arbeitet« weiter für uns. Diese Entscheidung müssen wir auch bei aktiv gemanagten Fonds treffen. Soll das Geld automatisch wieder angelegt werden, wählen wir die thesaurierende Variante; soll es auf dem Konto landen, die ausschüttende. Für den langfristigen Vermögensaufbau würde ich immer thesaurierende Fonds und ETFs wählen. So profitieren wir von einer Art Zinseszinseffekt.

Die Suchmaschinen werden im Fall der ETFs auf den MSCI World oder den Dax für beide Varianten noch immer recht lange Liste ausspucken, bei spezielleren Indizes manchmal auch nur einen oder zwei ETFs. Was also tun, wenn die Liste länger ist? Ich schaue als nächstes auf einen der wichtigsten Renditefaktoren beziehungsweise Renditekiller: die Kosten. Mein ETF sollte so günstig wie möglich sein, auch wenn die Kosten im Promillebereich liegen. Es macht langfristig eben einen Unterschied, ob mein Dax-ETF jährliche Kosten (TER) von 0,08 Prozent oder 0,16 Prozent hat. So »groß« ist nämlich die Spanne, Stand Frühjahr 2021.

Häufig wird empfohlen, auf die Größe des ETFs zu achten. Gemeint ist das verwaltete Vermögen, das im Fonds investiert ist. Zu kleine ETFs seien für die Emittenten unwirtschaftlich, heißt es dann oft, und werden gegebenenfalls geschlossen. Dann bekommen wir zwar unser Geld zurück, müssen es aber neu anlegen. Wir sollten dabei aber bedenken: Neue ETFs verwalten natürlich weniger Geld als ältere, und je spezieller der Index, desto geringer in der Regel die Nachfrage. Wenn es um Basisinvestments wie den MSCI World, den Dax oder auch den S&P 500 geht, dann ist Größe irrelevant. Denn so gut wie jeder Anbieter will sie im Programm haben und wird sie kaum schließen.

Diskutiert wurde vor einigen Jahren recht hitzig über die Art der Indexabbildung. Dazu gibt es mehrere Methoden. Unterschieden wird vor allem zwischen der physischen Replikation, auch volle Replikation genannt, und der mittlerweile weniger verbreiteten synthetischen, swap-basierten Replikation. Voll replizierende ETFs bilden den Index durch den Kauf aller im zugrunde liegenden Index enthaltenen Wertpapiere ab. Im Fall von Dax-ETFs werden also alle Aktien des deutschen Aktienindex erworben – mit einer Gewichtung, die der im Index entspricht. Kommt es zu Veränderungen in der Indexzusammensetzung, werden diese im ETF entsprechend berücksichtigt. Das ist sehr praktisch. Wir müssen nichts machen, alles läuft wie von selbst.

Bei einigen Indizes ist die volle Replikation aber schwierig – etwa wegen der hohen Anzahl der im Index enthaltenen Einzelwerte. Beispiele sind der S&P 500 mit 500 Einzelaktien oder der MSCI World mit mehr als 1600 Werten. In solchen Fällen wird häufig eine repräsentative Auswahl der im Index enthaltenen Wertpapiere erworben. Der ETF ist dann »physisch optimiert« oder »teilreplizierend«. Es kann dann aber natürlich sein, dass die Performance unseres ETFs leicht vom Index abweicht.

Außerdem gibt es noch swap-basierte oder auch synthetische ETFs. Auch sie wurden für den Fall entwickelt, dass einfach viel zu viele Aktien im Index sind und es unwirtschaftlich wäre, jede davon zu kaufen. Ist der ETF »geswapt«, werden andere Wertpapiere gekauft, als im Referenzindex enthalten sind. Zugleich wird mit einer Bank ein sogenannter Swap-Vertrag abgeschlossen, das heißt, es wird ein Tausch (»Swap«) der Wertentwicklung dieses Portfolios mit dem abzubildenden Index vereinbart. Ich weiß, das klingt sehr kompliziert. In diesem Fall steckt also nicht genau der Index im ETF. Deshalb muss die korrekte Formulierung oder Definition auch heißen, dass börsengehandelte Indexfonds die Entwicklung eines Indizes eins zu eins abbilden. Es muss eben nicht immer wirklich der Index oder jedes Indexmitglied sein. Aber das sind Feinheiten, die wir eigentlich vernachlässigen können. Denn wir bekommen ja die Performance, die Rendite des ausgewählten Indizes. Außerdem gibt es immer weniger swap-basierte ETFs, denn sie werden von Anlegern, auch von Profis, immer seltener nachgefragt. Deshalb haben viele Emittenten ihre Produktpalette auf teil- oder vollreplizierend umgestellt.

Was wir für einen ETF an der Börse zahlen, hat nichts mit den Kosten zu tun. Der ETF hat einen Kurs oder besser einen Preis, den wir pro Anteil zahlen müssen. Die Kosten sind die jährlichen Gebühren. Dass Dax-ETFs zu ganz verschiedenen Kursen gehandelt werden, können wir getrost ignorieren. Das hat etwas damit zu tun, wie der ETF aufgelegt wurde, ob er ausschüttet oder thesauriert. Wenn wir einen Dax-ETF kaufen, erzielen wir die Rendite, die auch der Index erzielt, abzüglich der geringen jährlichen Gebühren und kleiner Abweichungen.

Ob nun Fonds oder ETFs – grundsätzlich sind beide sehr gute Anlagevehikel. Ob aktiv oder passiv – wofür auch immer Sie sich entscheiden, Sie können schon mit relativ geringen Summen loslegen. Einzelne Fonds- oder ETF-Anteile kosten oft nur wenige Euro, manchmal auch ein paar Hundert. Damit investieren Sie dann in Dutzende, Hunderte, manchmal sogar über 1000 Aktien. Es braucht keine Millioneninvestments, um an der Börse aktiv zu werden. Und auch für eine gute Risikostreuung sind keine großen Anlagesummen nötig.

Vorsicht, Klumpenrisiko!

Auch wenn wir uns noch so große Mühe mit der Risikostreuung geben, mitunter haben wir ziemliche Ungleichgewichte im Depot, sogenannte Klumpenrisiken. Wenn ich nur Autoaktien kaufe, dann ist mir klar, dass mein Wohl und Wehe an der Börse einzig und allein von der Entwicklung dieser Branche abhängt. Das wäre natürlich keine gute Idee. Aber auch einzelne Fonds und ETFs können ein Klumpenrisiko haben. In vielen Depots sind beispielsweise Technologieaktien mächtig übergewichtet. Sie haben die Rally der vergangenen Jahre angeführt und einen gigantischen Börsenwert erreicht. Ihr Anteil in vielen Indizes ist deshalb ziemlich üppig. Viele ETF-Investoren sind sich dessen aber gar nicht bewusst.

Wer auf den S&P 500 setzt, der setzt auf den breiten amerikanischen Aktienmarkt. Mit großer Streuung natürlich, schließlich sind im Index stolze 500 Werte vertreten. So weit, so gut – und so falsch. Denn mit der Diversifizierung ist es nicht mehr besonders weit her. Die großen Tech-Giganten Microsoft, Apple, Amazon, Alphabet, Facebook machen gut 20 Prozent des S&P 500 aus. Ein immenses Klumpenrisiko. Natürlich ist die Entwicklung dem großen Erfolg der fünf Konzerne zuzuschreiben: Ihr Geschäft brummt, der IT-Branche gehört die Zukunft. Deshalb laufen ihre Aktien so gut und sie sind an der Börse richtig viel wert. Da die Unternehmen im S&P 500 nun mal nach Marktkapitalisierung gewichtet werden, ist der Anteil der Tech-Giganten so stark gestiegen. Ist ein solches Klumpenrisiko gesund? Zumindest ist es nicht erfreulich mit Blick auf unsere Risikostreuung.

Diese Marktmacht einzelner Unternehmen ist übrigens keine amerikanische Besonderheit. Dasselbe Phänomen ist auch im Dax zu beobachten: Hier kommt SAP, Deutschland größtes und erfolgreichstes IT-Unternehmen, mittlerweile auf einen stolzen Anteil von gut 10 Prozent – mal etwas mehr, mal etwas weniger. Es geht sogar noch heftiger: Im schweizerischen Standardwerte-Index SMI ist Roche mit etwa 16 Prozent, Novartis mit rund 15 Prozent und Nestlé sogar mit fast 25 Prozent gewichtet (Stand: Frühjahr 2021). Drei Unternehmen machen also mehr als die Hälfte des Index aus. Das landet allerdings nicht eins zu eins in ETF-Portfolios.

In sogenannten Publikumsfonds gibt es eine Obergrenze von 10 Prozent für einzelne Titel, aber auch das wäre heftig.

Doch zurück zu den Tech-Giganten. Die IT-, Software- und Telekommunikations-Branchen kommen zusammen auf 37 Prozent im S&P 500 und auf 36 Prozent im MSCI World. Allein Amazon, Apple, Alphabet, Facebook und Microsoft machen im Weltaktienindex gemeinsam 12 Prozent aus. Das mag ein erhöhtes Klumpenrisiko sein, doch Digitalisierung und Automatisierung sind eben absolute Megatrends. Zumal diese fünf Titel sehr unterschiedliche Geschäftsfelder haben und in diesen gut diversifiziert wird: Software, Smartphones, andere Hardware und Streaming, Retail-Verkauf und Cloud, soziale Netzwerke.

Geht der Trend zu immer mehr Tech weiter, laufen die Geschäfte weiter so gut, können Investoren auch vom Übergewicht der Tech-Aktien in den Indizes (und vielen Fonds) profitieren. Wie immer bei der Geldanlage gilt aber natürlich: Wir sollten wissen, was wir tun. Wir sollten uns die Indizes, auf die wir setzen und die wir kombinieren wollen, genau anschauen. Wir sollten bedenken: Es gibt sicher Schlimmeres, als ein gewisses Übergewicht auf die großen IT-Konzerne und damit die Megatrends unserer Zeit zu legen. Wir müssen uns dessen nur bewusst sein. An den großen amerikanischen Tech-Konzernen kommt im Grunde an der Börse auch wirklich niemand vorbei. Ihre Entwicklung war gigantisch, das zeigt auch ein Vergleich des Portals »ETF-Nachrichten«. Vor dem Corona-Crash kam der gesamte deutsche Aktienmarkt auf eine Marktkapitalisierung von rund 2,1 Billionen Euro. Die beiden wertvollsten amerikanischen Unternehmen Apple und Microsoft waren zusammen rund 2,35 Billionen Euro wert. Nur diese beiden Tech-Giganten übertrafen also den Wert aller aktiengehandelten Unternehmen Deutschlands zusammen. Da kann es schon mal zu Klumpen im Depot kommen!

Apropos: Klumpen

Es gibt aber nicht nur Branchen-Klumpen, sondern auch Länder-Klumpen. Der Weltaktienindex MSCI World ist nämlich genau genommen eine Mogelpackung. Mal abgesehen davon, dass er nur Aktien aus Industrieländern enthält – so viel zum Thema »Welt« –, haben die USA einen Anteil von 60 Prozent. Das liegt übrigens daran, dass auch dieser Index – wie übrigens die meisten anderen auch – nach Marktgewichtung zusammengestellt ist. Die USA sind nun mal der größte Kapitalmarkt der Welt, dort sind viele der wertvollsten Unternehmen gelistet und so kommt es zu diesem Übergewicht. Dieser Klumpen macht den MSCI World aber nicht zu einem schlechten Index, aber er ist eben sehr amerikanisch. Zwar sind im MSCI World rund 1600 Aktien aus 23 Ländern enthalten, aber es sind nur Papiere aus Industrieländern. Die aufstrebenden Schwellenländer sind im MSCI Emerging Markets gelistet. Wer wirklich weltweit anlegen möchte, sollte deshalb auf den MSCI All Country World schauen. Das ist eine Kombination aus Industrie- und Schwellenländern, ein echter Weltindex.

So weit, so gut. Fonds und ETFs ermöglichen uns also einen relativ einfachen Einstieg an der Börse – und das mit guter Risikostreuung und überschaubaren Kosten. Trotzdem heißt es immer wieder, dass die Positionen in unserem Depot nicht zu klein sein sollen. Das ergibt nämlich wenig Sinn mit Blick auf die Rendite. Und sind es sehr viele kleine Positionen, dann verlieren wir den Überblick. Auch wenn die Orderkosten dank der Neobroker geschmolzen sind wie das Eis in der Sonne, müssen wir uns die Frage stellen, ob es ratsam ist, nur einmal 100 Euro zu investieren. Selbst angesichts der sehr guten Renditeaussichten an der Börse wird aus 100 Euro einfach kein Vermögen. Was aber tun, wenn Sie schlichtweg keine 2000, 5000 oder sogar 10.000 Euro haben, um diese zu investieren? Ganz einfach: Sparen Sie regelmäßig.

Mit Sparplänen ein Vermögen aufbauen

Mit einem Sparplan sind auch kleinere Summen sehr wohl empfehlenswert, ganz kleine sogar. Investieren Sie über einen monatlichen Sparplan. ETF- und Fonds-Sparpläne passen perfekt zu unserem Ziel, langfristig Vermögen aufzubauen. Aber Sie bleiben maximal flexibel, falls Sie sich auf dem Weg zu Ihrem langfristigen Ziel noch ein paar andere Wünsche erfüllen wollen. Oder falls sich Ihre Ziele ändern.

Wenn Sie sich für Aktienfonds-Sparpläne entscheiden – es gibt auch Sparpläne auf Anleihe-, Immobilien-, Rohstoff- und Mischfonds –, dann sind das auch noch echte Renditebringer. Trauen Sie sich. Fangen Sie so früh wie möglich damit an. Wie hoch die Renditen langfristig sein können, wie heftig aber auch die Crashs einschlagen können, das wissen Sie ja bereits. Sie erinnern sich an das Renditedreieck des Deutschen Aktieninstituts (DAI). Es zeigt nicht nur die guten Renditen, sondern vor allem macht es deutlich, dass das Verlustrisiko mit der Anlagedauer, also Ihrem Anlagehorizont, immer weiter schwindet. In einzelnen Jahren kann es natürlich ganz anders und ziemlich übel aussehen, aber das ignorieren Sie als langfristige Anleger und Anlegerinnen am besten.

Oder Sie nutzen die Kursrücksetzer sogar, um Positionen aufzubauen. Je günstiger Sie sich mit Aktien eindecken, desto besser. Keine Angst, Sie müssen ab jetzt nicht täglich den Wirtschaftsteil der Tageszeitung analysieren, um den perfekten Ein- oder

Ausstiegszeitpunkt zu erwischen. Das funktioniert ja sowieso nicht. Wir automatisieren den Prozess einfach via Sparplan – Monat für Monat wird die gleiche Summe investiert. Mal gibt es dafür mehr ETF- oder Fonds-Anteile, mal weniger. Je nachdem wie hoch oder niedrig die Kurse an der Börse gerade stehen.

Für den Anfang würde ich einen Sparplan auf einen global anlegenden Fonds oder ETF empfehlen. So streuen Sie das Risiko über viele Länder, Regionen und vor allem Einzeltitel. Mal läuft es in den USA besser, mal in Europa, mal sind Technologieaktien gefragt, mal eher konservative Chemie- und Pharmatitel. Solche Aktienfonds bieten alle Fondsgesellschaften an, Sie finden sie leicht über Suchmaschinen auf den Seiten der Onlinebroker oder auf nachrichtlichen Finanz-Webseiten. Der passende Index heißt MSCI World oder, wenn auch Schwellenländer-Aktien dabei sein sollen, MSCI All Country World.

Kleine Summe, große Wirkung (Z)

Ein Sparplan auf globale Aktien, ob nun via Fonds oder ETF, lohnt sich auf jeden Fall. Der Fondsverband BVI rechnet regelmäßig nach, und das Ergebnis solcher Sparpläne kann sich wirklich sehen lassen.

Die Ergebnisse zeigen: Sparpläne lohnen sich! Langfristig wächst das Vermögen erheblich, selbst wenn es zwischendurch mal übelst knallt an der Börse. Für mich und meinen Vermögensaufbau sind Fonds- und ETF-Sparpläne deshalb ein enorm wichtiger Baustein.

Je nachdem was Ihr Budget hergibt und was Ihre Bank oder Ihr Onlinebroker anbietet, können Sie Raten ab 25 Euro sparen. Manchmal geht es schon ab 10 Euro, eigentlich immer ab 50 Euro. Das muss auch gar nicht monatlich passieren. Viele Banken und Onlinebroker bieten beispielsweise auch Intervalle von zwei, drei oder sechs Monaten an. Es lohnt sich auch hier, die Konditionen zu vergleichen. Börsen-Webseiten und -Magazine liefern regelmäßig solche Tests. Die Gebühren für die Sparpläne halten sich in der Regel aber in Grenzen.

Ein Beispiel:

Wer zehn Jahre lang Monat für Monat 100 Euro in einen Aktienfonds global investierte, zahlte 12.000 Euro ein, konnte sich aber Ende 2020 über 17.192 Euro freuen. Das entspricht einer Rendite von stolzen 7 Prozent pro Jahr. Auf Sicht von 15 Jahren ist die Rendite mit 5,9 Prozent etwas geringer, weil die Finanzkrise zwischenzeitlich die Kurse abstürzen ließ. Trotzdem wurden aus 18.000 Euro immerhin 30.293 Euro. Wenn Sie 20 Jahre lang investiert hätten, wären aus 24.000 Euro unglaubliche 45.058 Euro geworden. Das entspricht übrigens einer Rendite von 5,9 Prozent, obwohl neben der Finanzkrise auch noch der Internet-Crash in diesen Anlagezeitraum fiel.

Das Schöne am Sparplan: Alles passiert ganz automatisch. Von sinkenden Kursen profitieren Sie sogar. Fallen die Kurse, bekommen Sie bei der nächsten Ausführung mehr Anteile für Ihre feste Rate. Steigen die Kurse, gibt es weniger Anteile. Sie legen also antizyklisch an. An der Börse eine ziemlich gute Idee. Mit Sparplänen können Sie auch der Frage nach dem richtigen Timing geschickt ausweichen. Sie disziplinieren sich quasi selbst, und die Zeit arbeitet für Sie.

Mit Sparplänen bleiben Sie übrigens maximal flexibel: Sie können jederzeit die Rate ändern oder den Sparplan aussetzen. Das geht bei den Onlinebrokern mit wenigen Klicks im Internet. Sie können jederzeit Geld entnehmen, indem Sie Fonds- beziehungsweise ETF-Anteile verkaufen, wenn es unbedingt sein muss.

Gerade wenn wir noch am Anfang unseres Vermögensaufbaus sind, ist das eine beruhigende Alternative. Ich bin ein sehr großer Fan von Sparplänen und habe seit Jahren mehrere. Mitunter wundere ich mich sogar, wie sehr sich das lohnt, wie viel Geld da zusammenkommt. Und als Einstieg in die Börse sind sie erst recht prima. Kleine Summen, hohe Flexibilität, automatisches Sparen. Fangen Sie einfach an, aber schauen Sie nicht so oft hin, vor allem in schwachen Börsenzeiten nicht. Über die Jahre wird ein schönes Sümmchen zusammenkommen, trotz zwischenzeitlicher Rücksetzer. Versprochen!

Einmalanlage schlägt Sparplan

Es gibt aber auch immer wieder Kritik an Sparplänen. Nicht, weil sie insgesamt schlecht sind, sondern weil die Einmalanlage besser abschneidet. Aber dafür brauchen wir eben auch die entsprechende Summe. Viele von uns verfügen jedoch nicht über genügend finanziellen Spielraum, um mehrere tausend Euro auf einmal anzulegen. Oder wir haben einfach nicht den Mut. Dann sind wir mit einem Sparplan gut versorgt. Wer die Wahl zwischen beiden Strategien hat, sollte aber wissen: Sparpläne halten sehr langfristig im Durchschnitt nicht mit einmal angelegten Kapitalsummen mit. Das beweist auch eine Untersuchung der Ratingagentur Morningstar. Die Experten haben berechnet, wie sich Sparpläne und Einmalanlagen am breiten US-Aktienmarkt zwischen 1926 und August 2019 in verschiedenen rollierenden Zeiträumen zwischen zwei Monaten und zehn Jahren entwickelt haben. Unter dem Strich standen Einmalanlagen jeweils besser da – je länger die Sparpläne liefen, desto ausgeprägter die Überlegenheit der Einmalanlage.

> Es ist ein weit verbreiteter Fehler, an der Börse auf einen günstigen Einstiegszeitpunkt zu warten.

Wenn wir aber auf die Einmalanlage setzen, müssen wir allerdings immer wieder schwierige Entscheidungen treffen. Wann kaufen wir? Jetzt? Oder besser ein paar Tage (oder Wochen) warten? Sind die Kurse nicht schon heiß gelaufen? Sollten wir nicht den nächsten Kursrücksetzer abwarten? Niemand weiß, wie es weitergeht, und das macht es so schwierig. Es ist ein weit verbreiteter Fehler, an der Börse auf einen günstigen Einstiegszeitpunkt zu warten. Das ist gerade in Bullenmärkten, also bei stark steigenden Kursen zu beobachten. Viele Anleger stehen an der Seitenlinie und warten auf eine unmittelbar bevorstehende Korrektur, die eine günstige Kaufgelegenheit bieten soll. Doch an der Börse wird nicht geklingelt – weder zum Einstieg noch zum Ausstieg.

Wir wollen keine Timing-Fehler machen und warten dann gerne mal viel zu lange. Im schlimmsten Fall tun wir gar nichts. Für einen langfristigen Vermögensaufbau mit Aktien ist der richtige Einstiegszeitpunkt aber gar nicht entscheidend: Untersuchungen zeigen, dass Anleger selbst größere Kursverluste – etwa nach Börsen-Crashs oder Finanzkrisen – mit der Zeit wieder mehr als wettmachen konnten. Ein Blick auf Bundesbank-Daten zeigt, wie sich eine Anlage von 10.000 Euro in den deutschen Leitindex Dax entwickelt hat, wenn der Sparer kurz vor den größten Aktiencrashs der jüngeren Vergangenheit investierte – also jeweils zu einem denkbar schlechten Zeitpunkt. Das Ergebnis: Wer das Geld kurz vor der sogenannten »Dotcom-Blase« im Jahr 2000 angelegt hatte, konnte rund 18 Jahre später trotzdem ein Plus von durchschnittlich immerhin 2,8 Prozent pro Jahr verbuchen. Wer 2007 kurz vor der Finanzkrise investiert hatte, erzielte bis 2018 eine Rendite von durchschnittlich 4,4 Prozent jährlich. Warum das so ist? Die Wirtschaft wächst auf lange Sicht und damit steigen auch die Unternehmenswerte. Das spiegelt die Börse wider. Aktien erwirtschaften trotz zwischenzeitlicher Rücksetzer über lange Zeiträume im Vergleich zu anderen konventionellen Wertpapieren regelmäßig den größten Gewinn. Beim Vermögensaufbau ist daher Durchhaltevermögen wichtiger als der Zeitpunkt von Ein- und Ausstieg.

Wer das Risiko einer Direktanlage in Aktien scheut und die Suche nach dem optimalen Ein- und Ausstiegszeitpunkt vermeiden will, fährt deshalb mit einem Aktienfonds- oder ETF-Sparplan ziemlich gut. Gerade wenn an der Börse mal wieder Emotionen hochkochen, diszipliniert so ein Sparplan natürlich ungemein, weil er einfach vor sich hinläuft. Wenn wir kein größeres Vermögen haben, sind Sparpläne sogar alternativlos.

Aktien sind nicht nur etwas für Reiche. Im Gegenteil. Sie sind ein wichtiger Baustein für unseren Vermögensaufbau. Und wir können schon mit sehr geringen Summen starten. Mit viel geringeren sogar, als viele denken. 30 Prozent der Deutschen gaben in der Umfrage von J.P. Morgan Asset Management an, dass sie nicht in Wertpapieren anlegen, weil sie keine großen Beträge zur Verfügung haben. Viele denken also, man müsse bereits ein Vermögen besitzen, um am Kapitalmarkt zu investieren. Zudem würden 35 Prozent der Befragten erst dann investieren, wenn sie genug Geld als »eiserne Reserven« zur Verfügung haben. Es ist sinnvoll und richtig, Rücklagen gebildet zu haben, bevor man anfängt, sein Erspartes am Kapitalmarkt anzulegen. Zur Erinnerung: Dieser Notgroschen sollte die Lebenshaltungskosten von mindestens drei Monaten – je nach Geschmack auch sechs Monaten – abdecken. Aber bitte auch nicht mehr. Sobald diese Summe angespart ist, gibt es keinen Hinderungsgrund mehr, das Thema Vermögensaufbau anzugehen und an der Börse zu investieren.

Kein Vermögensaufbau ohne Aktien

☐ In Zeiten von Null- und Negativzinsen ist Vermögensaufbau ohne Aktien kaum möglich.

☐ Sie können schon mit ganz geringen Summen loslegen – via Sparplan.

☐ Wählen Sie lieber aktive Investmentfonds oder passive ETFs als Einzeltitel. Das erleichtert die Risikostreuung.

☐ Die Einmalanlage schneidet statistisch langfristig zwar besser ab als Sparpläne, aber auch diese bringen gute Renditen.

Ausrede 12
Gold ist (m)ein sicherer Hafen

Es überrascht wenig, dass die sicherheitsverliebten deutschen Sparer nach Anlageklassen suchen, die angeblich komplett risikolos sind. Wenn die dann aber auch noch den Ruf haben, ein »sicherer Hafen« in stürmischen Zeiten zu sein: Perfekt! Kein Wunder also, dass die Deutschen Gold geradezu lieben. Wenn alles den Bach runtergeht, wenn die Wirtschaft in eine tiefe Krise stürzt und die Börsenkurse nur noch eine Richtung kennen, nämlich nach unten, dann soll Gold sie retten. Das gelbe Edelmetall ist quasi eine Versicherung für den Krisenfall. Nur was ist, wenn diese Versicherung im Schadensfall nicht »zahlt«? Im März 2020, inmitten des Corona-Crashs an der Börse, war das nämlich so. Damals brach der Preis sehr stark ein. Ist der Nimbus damit gebrochen? Ist es ein Mythos, dass Gold ein sicherer Hafen ist?

Eines vorweg, auch wenn ich mich wiederhole: Es gibt keine sichere Geldanlage, also auch keinen absolut sicheren Hafen. Jede Anlageklasse birgt Risiken, auch Gold. Lieber auf Nummer sicher zu gehen, ist eine Ausrede, die ich nicht gelten lasse. Auch nicht, wenn es um Gold geht. Es gibt immer Risiken, mal sind sie kleiner, mal größer. Sie verändern sich auch, je nachdem, wie das wirtschaftliche, politische und manchmal auch emotionale Umfeld so ist.

> Es gibt keine sichere Geldanlage, also auch keinen absolut sicheren Hafen.

In der Coronakrise war der sichere Hafen Gold keine besonders gute Anlaufstelle. Als die Pandemie ausbrach und die Krise die Finanzmärkte erfasste, war Gold ab Februar 2020 zwar als Krisenwährung sehr gefragt. Der Preis für eine Feinunze zog Anfang März auf über 1700 Dollar an – der höchste Stand seit Dezember 2012. Wer allerdings geglaubt hatte, dass Gold in Krisenzeiten unaufhaltsam weiter steigen würde und vielleicht seine Goldposition noch aufgestockt hat, konnte sich wenige Tage später nur noch verwundert die Augen reiben. Ab dem 9. März 2020 kannte der Goldpreis wochenlang nur eine Richtung: abwärts. Mitten in der Krise brach er sehr stark ein. In nur sechs Handelstagen ging es von über 1700 Dollar auf etwa 1450 Dollar nach unten. Sofort stellten sich Experten, Investoren und vor allem die Medien die Frage: Hat das Edelmetall damit den Status als sicherer Hafen verloren? Zumal es nicht das erste Mal war, dass der Preis für das gelbe Edelmetall in einer heftigen Krise einbrach und seinem Ruf als Versicherung gegen Krisen eben nicht treu blieb.

Der Goldpreis in US-Dollar
Quelle: Finanzen.net

Auch der Blick auf die Finanzkrise 2008/2009 zeigt, dass der Goldpreis bei heftigen Turbulenzen an den Finanzmärkten durchaus unter Druck geraten kann. Als die US-Investmentbank Lehman Brothers im September 2008 zusammenbrach, legte Gold zunächst deutlich zu. Mit dem immer stärkeren Kursrutsch an den Aktienmärkten gab der Preis dann aber auch nach. Gold brach im Oktober 2008 in nur zwei Wochen um mehr als 25 Prozent ein. Mitten in der Krise kriegte auch Gold die Krise. Verkehrte Welt? Nicht ganz. Ab Ende des Monats startete eine fulminante Gold-Rally.

Der zwischenzeitliche Ausverkauf von Gold in Krisenzeiten dürfte mehrere Gründe haben. Zum einen werden bei heftigen Einbrüchen an anderen Märkten solche Anlageklassen und Depotpositionen verkauft, bei denen man noch Gewinne realisieren kann; damit werden Löcher gestopft, die sich in anderen Anlageklassen aufgetan haben. Liquidität ist dann Trumpf, vor allem bei Profi-Investoren wie Pensionskassen, Versicherungen oder Stiftungen. Oder anders formuliert: Sie »vergolden«, was sich noch vergolden lässt. Zum anderen können sogenannte Portfolioeffekte dazu führen, dass Vermögensgegenstände verkauft werden, die sich in einer schwachen Börsenphase gut schlagen. Brechen beispielsweise die Aktienkurse stark ein, sinkt auch die Aktienquote des Depots, während die Goldquote steigt. Um die Balance der Quoten wiederherzustellen, muss dann Gold verkauft werden.

Chancen und Risiken des gelben Edelmetalls

Ist Gold nun eine »sichere« Anlage oder vielleicht sogar hochriskant? Wie jede andere Anlageklasse gibt es auch bei Goldinvestments Chancen und Risiken, auch wenn das gelbe Edelmetall bei seinen Anhängern als absolut krisensicher gilt. Anders als reines Papier- oder Buchgeld ist es etwas Handfestes mit einem realen

Wert. Vor allem kann es nicht beliebig vermehrt werden, wie es bei Papiergeld der Fall ist. Die Notenbanken mit ihren Druckpressen lassen grüßen.

Ich bin kein Goldfan. Aber der Fairness halber fangen wir mit den Vorteilen von Gold an. Nicht von jedem bin ich uneingeschränkt überzeugt, aber hier geht es um Ihre Geldanlage – und nicht um meine. Sie müssen am Ende selbst entscheiden, was Sie tun, wie Sie Ihr Geld anlegen und ob Gold eine Anlageklasse für Sie ist. Fakt ist, dass Gold einen guten Schutz vor Währungsreformen bietet. Eine Währungsreform mindert den Wert des Goldes nicht. Ob wir allerdings mit einer solchen Reform in den kommenden Jahren rechnen müssen? Steht der Euro vor dem Aus? Diese Diskussionen gab es in der Euro-Schuldenkrise, die unmittelbar auf die Finanzkrise folgte. Aber aktuell? Falls Sie damit rechnen, ist Gold sicher eine gute Anlageklasse für Sie.

Ein weiterer Vorteil: Gold kann eine starke Inflation verkraften. In einer Krise können Anleger mit dem Edelmetall sogar Kursgewinne erzielen, auch wenn das nicht garantiert ist. Und natürlich stimmt es auch, dass Gold in fast allen Kulturen der Erde als Tauschmittel akzeptiert wird, und das seit mehreren tausend Jahren. Durch die Schmuckindustrie besteht zudem ein realer Gold-Bedarf. Immer wieder gibt es große Storys in den Medien, wenn in Indien die Hochzeitssaison beginnt. Völlig verrückt. Aber es stimmt natürlich: Die Nachfrage kommt somit nicht nur von Investoren. Allerdings frage ich mich immer, wie viel Nachfrage aus der Schmuckindustrie in Krisenzeiten noch vorhanden ist. Gönnen wir uns oder unseren Lieben dann wirklich einen dicken Klunker oder halten wir das Geld lieber zusammen? Richtig ist auch, dass die weltweiten Gold-Reserven im Gegensatz zu Papiergeld endlich sind. Auch steuerlich haben Investments in das gelbe Edelmetall einen Vorteil: Gold ist in

Form von Barren und Anlagemünzen von der Umsatz- und Abgeltungssteuer befreit.

Ich mag es trotzdem nicht als Anlageklasse, an Ohren, Hals, Handgelenken und Fingern finde ich es hingegen wunderschön. Aber bei der Geldanlage überwiegen für mich einfach die Nachteile. Was aber nicht heißt, dass es nicht Phasen in meinem Börsianerinnen-Leben gab, in denen ich mich nicht geärgert habe, dass ich kein Gold im Depot hatte. Grundsätzlich und langfristig sehe ich aber trotzdem mehr oder gewichtigere Nachteile als Vorteile. Das größte Manko: Gold bringt weder Zinsen noch Dividenden. Die Rendite ergibt sich einzig und allein durch die Preisentwicklung. Kapital, das in Gold steckt, arbeitet nicht. Das Edelmetall ist kein produktives Gut. Es erwirtschaftet nichts, folglich schüttet es auch nichts aus. Rendite gibt es einzig in Form von Kursgewinnen. Das ist bei Aktien ganz anders. Unternehmen wirtschaften, sie machen im Idealfall Gewinne.

Der Goldpreis steigt nur, wenn sich genügend Käufer finden, die bereit sind, höhere Preise zu zahlen. Aus welchem Grund auch immer. Der Barren, der in Ihrem Tresor liegt, ist morgen noch der gleiche Barren wie heute. Unternehmen entwickeln sich weiter, produzieren, verdienen Geld. Gold hingegen liegt nutzlos rum. Trotzdem lieben viele deutsche Privatanleger Gold. Seit vielen Jahrtausenden erliegen die Menschen der Faszination des Goldes. Es ist von jeher ein Zeichen von Reichtum. Es verspricht Sicherheit. Seit jeher ranken sich unzählige Mythen und Legenden um das gelbe Edelmetall.

Eine hoch emotionale Anlageklasse

Vielleicht liegt es daran, dass Gold als Anlageklasse so große Strahlkraft hat. Bei keiner anderen Anlageklasse kochen aber auch die Emotionen derart hoch wie beim Gold. Schauen Sie mal in Internetforen. Es scheint nur zwei Lager zu geben: Die einen lieben, ja glorifizieren Gold und lassen nichts darauf kommen, die anderen hassen es. Hass ist zwar ein hartes Wort, aber ich gehöre dem zweiten Lager an und kann Gold wenig abgewinnen.

Keine Zinsen, keine Dividenden, dafür aber jede Menge Nervenkitzel: Gold hat ein hohes Kursrisiko und unterliegt enormen Schwankungen. Dazu gehört auch das Währungsrisiko. Denn Gold wird in US-Dollar gehandelt. Wertet der Dollar stark gegenüber dem Euro ab, entsteht bei Wiederverkauf des Goldes ein Nachteil für Investoren im Euroraum. Und anders herum natürlich – kein Risiko ohne Chance, keine Chance ohne Risiko. Dann sind da noch Lagerung und Verwahrung des Goldes. In physischer Form, also als Münzen oder Barren ist es wirklich unkomfortabel. Tresor oder Schließfach, das kostet Geld.

Ob es sinnvoll ist, in Gold zu investieren, müssen Sie selbst entscheiden. Wägen Sie die Vor- und Nachteile ab, wie bei jeder anderen Anlageklasse auch. Wenn Sie Angst vor einem Währungscrash haben und einen Totalverlust Ihrer anderen Anlagen befürchten, sollten Sie einen Teil Ihres Vermögens in physischem Gold anlegen. Wer aber eine positive Rendite erzielen möchte, der sollte sich auf den Anleihe- und Aktienmärkten umschauen. Eine Investition in Edelmetalle sollten Sie immer als Versicherung für Krisenzeiten ansehen und nicht als Renditebringer. Wie hoch der Anteil dieser Versicherung in Ihrem Depot sein sollte, ist sehr individuell und hängt mit Ihrer Risikoneigung zusammen. Experten empfehlen, 5 bis 10 Prozent des Depotwertes in Gold anzulegen. Manche gehen sogar weiter und würden 25 Prozent in das gelbe Edelmetall stecken, aber das sind dann echte Goldfans.

Um Risiken zu streuen, könnte eine moderate Beimischung von Edelmetallen durchaus sinnvoll sein. Schlussendlich korrelieren Gold und Aktien kaum, sie bewegen sich also nicht im Gleichschritt. Oft entwickeln sich die Werte von Gold und Aktien sogar konträr. Eine geringe Beimischung von Gold und Silber kann das Depot auf lange Sicht deshalb durchaus vor allzu großen Kursschwankungen absichern. Kurzfristige starke Preissteigerungen sind in Krisenzeiten bei Gold wahrscheinlich. Das bedeutet aber nicht, dass Gold dauerhaft höhere Renditen als Aktien liefern würde. Wer im Jahr 2000 in Gold investiert hat und bis heute dabeigeblieben ist, hat im Vergleich zu einem Aktieninvestment eine bessere Rendite erzielt und weniger Schwankungen erleiden müssen. Wer dagegen schon Anfang der 1980er- oder 1990er-Jahre investiert hat und zehn Jahre dabeigeblieben ist, hat mit Gold eine schlechtere Rendite erzielt als mit Aktien. Von 1975 bis 2016 brachte ein reines Aktieninvestment erheblich mehr Rendite als Gold, schwankte aber natürlich viel stärker.

Gold ist eine Anlageklasse wie jede andere auch. Es mag in turbulenten Zeiten für Ruhe im Depot sorgen, aber ein großer Ausverkauf an den Finanzmärkten geht auch an dem gelben Edelmetall nicht vorbei. Ganz so sicher ist dieser sichere Hafen dann doch nicht. Grundsätzlich ist eine Beimischung aber sinnvoll, wenn man sich gegen allzu große Schwankungen »versichern« will. Ich habe auf diesen sicheren Hafen bisher verzichtet, auch wenn Backtests gezeigt haben, dass mein Depot mit einer kleinen Beimischung im Corona-Crash etwas weniger stark geschwankt hätte. Ich setzte aber lieber auf renditestarke Aktien.

Bitcoin taugt nicht als Krisenwährung

> ### Apropos: »sicherer Hafen«
>
> *Ich tue mich schon mit Gold als Krisenwährung schwer, aber der Bitcoin? Es gibt doch glatt immer wieder Experten, die die Kryptowährung als Ersatz für Gold und als neuen sicheren Hafen bezeichnen. So ein Unsinn! Der Bitcoin ist das Gegenteil von einem sicheren Hafen. Spätestens in der Coronakrise sollte klar geworden sein, dass die Kryptowährung kein Zufluchtsort für Anleger auf der Suche nach Sicherheit ist. Als es nämlich an der Börse richtig krachte, stürzte auch der Bitcoin-Kurs um stolze 50 Prozent ab.*

Dass sich Kryptos wie der Bitcoin in den vergangenen Jahren als eigene Anlageklasse am Finanzmarkt etabliert haben, darüber sind sich Investoren und Analysten mittlerweile einig. Die digitalen Münzen werden längst auch von Profis an etablierten Handelsplätzen gehandelt. Uneinig dagegen waren Experten darüber, wie sich diese neue Anlageklasse im Vergleich zu Aktien oder auch zum Gold verhält. Sackten Aktien ab, legte der Bitcoin in den vergangenen Jahren mitunter leicht zu.

Kryptowährungen verhalten sich wie der Aktienmarkt.

In anderen Fällen jedoch verlor auch der Bitcoin, wenn die Aktienkurse nachgaben. Doch es fehlte der Crash-Test. Der Absturz während der Corona-Turbulenzen hat dann sehr deutlich gezeigt: Kryptowährungen verhalten sich wie der Aktienmarkt. Übrigens genau wie die Börsen startete auch der Bitcoin nach dem heftigen

Crash eine fulminante Aufholjagd – neue Allzeithochs inklusive. Er performte sogar besser als die gehypten Technologieaktien.

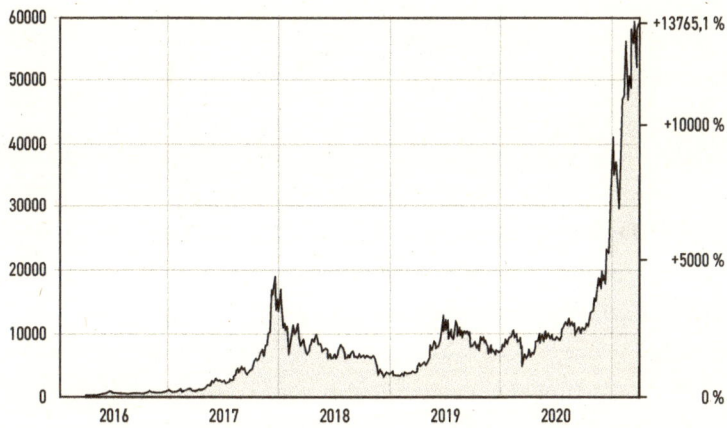

Der Bitcoin in Dollar
Quelle: Finanzen.net

Warum der Bitcoin stärker abgestürzt ist als die Aktienmärkte, erklärten Experten so: Viele Anleger hatten satte Gewinne mit den Kryptowährungen gemacht. Wer an den Aktienmärkten gerade Verluste erlitt, verkaufte Bitcoins, um sich Cash zu sichern. Derselbe Grund also, der den Goldpreis abschmieren ließ. Den Kryptos wurde aber auch zum Verhängnis, dass sie dezentral organisiert sind. Bricht an den Aktienmärkten Panik aus, dann bietet das etablierte Finanzsystem Sicherheitsanker: Börsen können den Handel aussetzen, wenn die Kursverluste zu drastisch sind. Das ist im Corona-Crash an den US-Börsen gleich mehrfach geschehen. Eine 15-minütige Handelspause soll Händlern Zeit geben, nächste Schritte zu überdenken, und den Markt vor einer irrationalen Panikwelle bewahren. Für Beruhigung sorgen in Krisenzeiten auch immer wieder die Zentralbanken – etwa mit

Zinssenkungen, wie es die US-Notenbank Fed machte, oder weiteren Anleihekäufen und günstigen Krediten wie bei der EZB. Regierungen können Hilfsprogramme auflegen und Steuererleichterungen umsetzen.

Diese Sicherheitsanker kennt das dezentrale System der Kryptos nicht. Denn Bitcoin und Co. sind ja gerade per Definition von keiner Notenbank, keiner Regierung und keinem einzelnen Unternehmen oder gar einer Bank abhängig, sondern werden dezentral von ihren Nutzern verwaltet. Auch das schien sich in der ersten großen Finanzmarktkrise seit Entstehung des Bitcoins im Jahr 2009 zu rächen. Eine Studie der Universität Hohenheim in Stuttgart kommt sogar zu dem Urteil, dass der Bitcoin nicht nur genauso von der Wirtschaftskrise betroffen ist wie andere Wertanlagen, sondern sogar die Krisenanfälligkeit des Portfolios erhöht.

Überproportionales Verlustrisiko in der Krise

Anhand von Modellrechnungen haben die Forscher die Krisenanfälligkeit der Kryptowährung getestet. Das Ergebnis: In der Coronakrise hat der Bitcoin als sicherer Hafen komplett versagt, er hat sogar ein überproportionales Verlustrisiko. Die Forscher haben fiktive Börsenprofile miteinander verglichen, die unterschiedliche Bitcoin-Anteile aufwiesen. Profile, die ausschließlich aus Bitcoins bestanden, besaßen demnach ein doppelt so hohes Verlustrisiko wie ein Dax-Portfolio. Auch bei gemischten Anlagen war das Ergebnis ähnlich. Bereits bei einem Bitcoin-Anteil von 10 Prozent im sonst reinen Dax-Portfolio stieg das Verlustmaß um 5 Prozent. Bei einem Anteil von 20 Prozent stieg das Risiko sogar um weitere 15 Prozent. Der Bitcoin erwies sich als alles andere als krisensicher. Die Wissenschaftler betonten aber auch: An den Chancen der Blockchain-Technologie ändert der Befund natürlich nichts. Denn durch die Blockchain-Technologie werden Geld und Währungen in einer Art und Weise zur Verfügung gestellt, die es vorher nie gab – unabhängig von der Geldpolitik der Notenbanken.

Kryptowährungen sind eine interessante Anlageklasse. Sie bieten hohe Chancen und damit verbunden eben auch hohe Risiken. Sie funktionieren wie jede andere Anlageklasse auch. Weil aber die Volatilität so extrem hoch ist und er sich noch dazu im Gleichklang mit den Aktienmärkten bewegt, taugt der Bitcoin ganz sicher nicht als sicherer Hafen. Dann schon lieber Gold. Doch auch hier müssen Sie wissen: Auch der Preis für das gelbe Edelmetall kann mitunter heftig schwanken. Wenn Anleger in Krisenzeiten einfach alles aus dem Depot schmeißen, weil Liquidität, also Bargeld die anscheinend gefragteste Anlageform ist, dann gerät auch der Goldpreis unter Druck. Sicher ist somit dieser sichere Hafen nur bedingt. Es soll übrigens sicherheitsverliebte Sparer geben, die ihr ganzes Geld nur in Barren und Münzen investieren. Das ist aber alles andere als empfehlenswert und hat auch mit Risikostreuung nichts zu tun. Sicher ist nicht immer sicher, keine Anlageform ist komplett risikolos. Das gilt übrigens auch für Immobilien.

Ausrede 13
Immobilien sind absolut krisenfest

Das Loft im angesagten Szene-Viertel oder der ausgebaute Bauernhof im Grünen – Immobilien stehen sehr hoch in der Gunst der Deutschen. Dabei müssen sie aber auch gar nicht so ausgefallen sein. Immobilien gelten als absolut sichere Geldanlage. Das eigene Haus oder die eigene Wohnung gehört für viele Deutsche ganz selbstverständlich zum Vermögensaufbau und ist fester Baustein der Altersvorsorge. Der Ruf von Betongold scheint makellos – anders als der Ruf der angeblich hochriskanten Aktien. Zu Recht? Der überwiegende Teil der Deutschen hält Immobilien auf jeden Fall für eine sehr gute Investition, das zeigen Umfragen immer wieder. Mal suchen sie Schutz vor den Auswirkungen von Finanz- und Wirtschaftskrisen, mal vor vermeintlich drohender Inflation.

Doch das immense Vertrauen in Immobilien als Geldanlage ist oft nicht gerechtfertigt. Während nämlich die Risiken bei Aktien viel beachtet und meistens völlig überschätzt werden, werden sie bei Häusern und Wohnungen in der Regel unterschätzt oder sogar völlig ausgeblendet. Ein schwerer Fehler! Verstehen Sie mich nicht falsch: Ich habe nichts gegen selbstgenutztes Wohneigentum. Im Alter keine Miete und auch keine Kreditraten mehr zahlen zu müssen, hat natürlich durchaus seinen Reiz. Aber wenn es um Ihre sonstige Geldanlage geht, eignen sich Immobilien allenfalls als (Depot-)Beimischung.

Immobilienboom in der Niedrigzinsphase

In Deutschland ist in den vergangenen Jahren geradezu ein Run auf Häuser und Wohnungen ausgebrochen. Die Niedrigzinsphase hat viele in Immobilien getrieben, weil dadurch auch die Kredite billig geworden sind. Allerdings sind mit dem Nachfrageboom die Preise mächtig gestiegen. In manchen Metropolen wächst bereits die Angst vor einer Immobilienblase und davor, dass diese irgendwann platzt. Ich vermag nicht einzuschätzen, wie groß die Gefahr ist. Auf der einen Seite warnt die Deutsche Bundesbank seit geraumer Zeit vor überhöhten Preisen, auf der anderen Seite haben sich die Immobilienpreise selbst in Großstädten lange Jahre nur seitwärts bewegt. Im Sommer 2021 spricht nicht viel dafür, dass wir in einer Blase stecken. Experten der Deutschen Bank und der staatlichen Förderbank KfW haben den Markt intensiv analysiert. Ihr Ergebnis: Von einer bundesweiten Überhitzung der Preise sind wir noch weit entfernt.

Aber die Anzeichen dafür, dass die Immobilienpreise regional unter Druck geraten, sind da. Vor allem in den großen Metropolen hat sich die Preisentwicklung von der wirtschaftlichen Realität in Deutschland abgekoppelt. Um weiter rasant steigende Kaufpreise zu rechtfertigen, müssten auch Einkommen und Mieten deutlich klettern und die Bauzinsen fallen – doch das tun sie nicht. Im Gegenteil: Die Coronakrise verschärft die Lage auf dem Arbeitsmarkt, die Hypothekenzinsen steigen und die Parteien überbieten sich mit Vorschlägen, wie die Mietpreise gedeckelt werden können. Wer auf der Suche nach einer Immobilie ist, um sie selbst für seine Familie zu nutzen, den muss das wenig kümmern. Wer das Betongold als Kapitalanlage betrachtet, den sollte das jedoch nachdenklich stimmen.

Offensichtliche und weniger offensichtliche Risiken

Nachholbedarf oder Blase? Pauschal lässt sich das wohl nicht beantworten. Aber unabhängig davon ist das Vertrauen, das viele Investoren in Immobilien setzen, sachlich nicht immer nachvollziehbar. Immobilien sind und bleiben eine beliebte Anlageklasse. Kein Wunder, hat sich in der Vergangenheit doch scheinbar bewährt, auf diese Anlageklasse zu setzen. Vor allem in großen Krisen versprechen Immobilien angeblich Sicherheit. Vielleicht spielt hier immer noch die über Generationen vermittelte Erfahrung eine Rolle, dass Geldvermögen durch Inflation entwertet wird; Grundstücke und Immobilien gelten dagegen als inflationssicher und wertbeständig. Nicht umsonst spricht man von Betongold. Aber so sicher ist die Investition in dieses Betongold dann doch nicht. Absolut krisenfest sind auch Immobilien nicht, sonst hätten wir in der Vergangenheit keine Immobilienkrise wie beispielsweise 2008 in den USA erlebt. Immobilien sind nicht krisenfest. Im Gegenteil, sie können Investoren in einer Krise sogar relativ schnell ruinieren. Wer seinen Kredit nicht mehr bedienen kann, weil er seinen Job verloren hat, muss die damit finanzierte Immobilie in der Krise verkaufen. Sicher nicht zu Höchstkursen. Dann offenbart sich oft auch ein anderer Nachteil: Immobilien sind, wie ihr Name schon sagt, immobil. Wir können sie nicht mal eben schnell verkaufen, das ist schon etwas komplizierter und zeitintensiver. Gerade in persönlichen Krisen kann uns das zum Verhängnis werden.

Aber nicht nur das. Auch andere Risiken lauern. Manche haben wir gar nicht auf dem Schirm. Mich hat beispielsweise ein Experte auf die demografische Entwicklung hingewiesen. Ab 2025 wird die Bevölkerung in Deutschland mit zunehmender Dynamik schrumpfen. Ob die Einwanderung in ihrer aktuellen Form den Immobilienmarkt jedoch stabilisiert, bezweifelte er auch. Hinzu kommen seit Jahren eine Rekordbautätigkeit, Nullzinsen und

Rekordpreise. Nehmen wir jetzt noch das politische Ziel hinzu, Mieten auch in bestehenden Mietverträgen wieder zu senken, dann könnte man Wohnimmobilien auch getrost als Hochrisiko-Investment bezeichnen. Schon heute gibt es schließlich Regionen mit schrumpfender Bevölkerung und damit steigendem Leerstand. Doch wie heißt es so schön? Lage, Lage, Lage. Aber trotzdem: Leerstand oder unbeliebte Regionen sind ein Risiko. Zu einem Wertverlust kommen dann auch noch laufend hohe Kosten für die Instandhaltung hinzu. Der Wohlfühlfaktor bei Immobilien kommt in den guten Regionen vor allem daher, dass man in den letzten Jahrzehnten wenig Probleme hatte. Aber wehe, wenn sich das ändert.

Ich will wirklich nicht allzu schwarzmalen. Aber leider wiegen sich viele Investoren in falscher Sicherheit und blenden die Risiken aus. Häuslebauer ignorieren nämlich, dass der Preis für ihre Immobilie sehr wohl schwankt. Im Gegensatz zum Aktiendepot können sie nur nicht in Echtzeit überprüfen, was ihre Immobilie gerade auf den Cent genau wert ist. Gefühlt sind Aktien oder sogar Gold deshalb riskanter. Trotzdem schwanken auch die Preise für Häuser und Wohnungen. Immobilie ist aber natürlich nicht gleich Immobilie. Die Preise von Wohnimmobilien reagieren auf Krisen anders als die von Gewerbeimmobilien. Gerade Wohnimmobilien sind aber vergleichsweise unempfindlich gegenüber wirtschaftlichen Krisen, da die Nachfrage von Faktoren wie Bevölkerungswachstum oder Wohnungsknappheit bestimmt wird. In der Regel steigen Vermögenswerte von Immobilien auch wieder, wenn eine Krise vorbei ist.

Apropos: Krise

Die Coronakrise hinterlässt bisher auf dem Wohnungsmarkt keine Spuren. Zumindest nicht auf den Wohnungsmärkten der sieben begehrtesten Städte – das heißt Berlin, Düsseldorf, Frankfurt, Hamburg, Köln, München und Stuttgart –, wie Studien zeigen. Die Mieter zahlen weiterhin pünktlich ihre Mieten, die Immobilienfinanzierungen werden bedient, Trendbrüche bei der Miet- und Kaufpreisentwicklung sind nicht zu erkennen. Auch die Kaufpreise steigen weiter. Der Boom auf dem Wohnimmobilienmarkt geht also weiter. Doch wie gefährlich ist das? Genau wie am Aktienmarkt können auch am Immobilienmarkt Preisblasen entstehen. Mitunter werden aberwitzige Preise aufgerufen und sogar gezahlt. Aber wird auch blind und gierig gekauft? Genau das charakterisiert nämlich eine Blase. Oder wird aus Mangel an (Anlage-)Alternativen gekauft? Eine flächendeckende Immobilienblase in Deutschland gibt es Experten zufolge nicht, sondern nur regionale Überhitzungstendenzen. Preisanstiege bei Wohnimmobilien sind nicht spekulativ bedingt, sondern fußen auf einer real existierenden Knappheit an Wohnraum insbesondere in den großen Metropolen.

Klar ist aber: Kein Boom hält ewig. Da unterscheidet sich die Anlageklasse Immobilien nicht von Aktien, auch wenn deren Kursschwankungen in der Regel heftiger sind. Investoren dürfen sich nichts vormachen: Immobilien mögen eine vergleichsweise sichere Anlageklasse sein, aber absolute Sicherheit gibt es eben nicht. Im Gegenteil. Als Kapitalanlage bergen sie unterschätze Risiken. Unerwartete Reparaturen oder Leerstände können schließlich ganz schön ins Geld gehen. Das ist längst nicht das einzige Risiko. Wenn es hier um die Sicherheit im Sinne von Werterhaltung der Anlage geht, gehören Immobilien natürlich nicht zu den »sicheren« Anlagen. Dabei spielt die Substanz der Immobilien eine Rolle, noch wichtiger ist aber eben der Standort.

Immobilienpreise können deutlich schwanken, trotzdem ist die Rendite aber höher als bei supersicheren Bundesanleihen oder gar Sparanlagen. Und natürlich schwanken Immobilienpreise in der Regel nicht so stark wie Aktienkurse oder sogar Anleihen. Aber absolut superstabil sind sie in den wenigsten Lagen und die jährliche Rendite hängt eben nicht nur vom Kauf- und Verkaufspreis ab.

Immobilieneigentümer sparen mehr

Auch wenn das Eigentum an Immobilien nicht immer gleichbedeutend mit einem steigenden Wert der Immobilie und damit einem höheren Vermögen ist: Viele Studien haben jedoch gezeigt, dass Immobilienbesitzer mehr sparen, weil sie ihre Kredite abbezahlen müssen. Sie sind bei den Ausgaben also oft schlicht disziplinierter als andere – und mehren auf diese Weise ihr Vermögen. Allerdings ist die Wohneigentumsquote in Deutschland relativ gering, unter den Ländern der Industrieländer-Organisation OECD ist sie sogar die zweitniedrigste. Die »reichen Deutschen« sind, wenn es um Finanzvermögen geht, international eher Mittelmaß, das zeigt eine Studie des Instituts der deutschen Wirtschaft (IW). So rangiert Deutschland laut Eurostat gerade mal auf dem zwölften Rang, noch hinter Ländern wie Malta, Portugal oder Spanien. Die geringe Wohneigentumsquote ist auch ein Grund dafür, warum die Vermögen innerhalb Deutschlands sehr ungleich verteilt sind.

Wenn wir an unsere selbstgenutzte Immobilie denken, dann spielen Marktpreis-Änderungen natürlich eine untergeordnete

Rolle. Geht es aber um Immobilien als Geldanlage werden die Risiken im Vergleich mit Aktien oder Anleihen leider oft unterschätzt. Anders als an der Börse gibt es keine laufende Kurs- beziehungsweise Preisfeststellung. Wir kennen den aktuellen Wert unserer Immobilie deshalb nicht einmal – wir schätzen und hoffen. Aber wir sehen eben nicht, wie stark unsere Immobilie im Preis schwankt. Wir wissen nicht, ob sich der überteuerte Verkauf der Nachbarwohnungen positiv auf unser Eigentum auswirkt oder umgekehrt wie der Verkauf zum Schnäppchenpreis auch den Wert unserer eigenen vier Wände belasten kann. Solange Sie nicht verkaufen möchten oder das Objekt beleihen wollen, kann Ihnen das natürlich erst mal egal sein. Einen Wertverlust werden Sie erst dann bemerken, wenn Sie Ihr Haus oder Ihre Wohnung eines Tages verkaufen möchten und womöglich nicht zum erhofften Preis loswerden.

Viele blenden aber auch aus, wie viel sie über die Jahre investiert haben. Die neue Duschwand? Oder gleich ein ganz neues Bad? Der Wasserboiler in der Küche? Alle paar Jahre muss das Parkett abgeschliffen und neu geölt werden? Sind wir Mieter, zahlt das in der Regel der Vermieter. Sind wir Eigentümer, zahlen wir selbst. Aber denken wir daran, wenn wir die Rendite unseres Eigentums berechnen?

Obwohl Immobilien als Geldanlage einige gravierende Nachteile mit sich bringen, sind die eigenen vier Wände der Traum vieler Menschen. Der Kapitaleinsatz ist meist so hoch, dass häufig das gesamte Vermögen in Haus oder Wohnung gesteckt werden muss – zusätzlich zum Immobilienkredit. Mit der Risikostreuung ist es in diesem Moment vorbei und der Anleger hat im Wesentlichen nur noch eine Anlageklasse in seinem Portfolio: sein Haus. Ein ganz schönes Klumpenrisiko. Solange man das eigene Heim bewohnt, spart man zwar auf der einen Seite die monatliche Miete, allerdings werden keine laufenden Erträge erzielt. Dividenden?

Zinskupons? Fehlanzeige. Kredittilgung, laufende Kosten und unregelmäßig wiederkehrende Reparaturkosten stehen der ersparten Miete gegenüber. Hier kommt es auf den Einzelfall an, ob der Immobilienerwerb unter dem Strich eine Investition oder eine Verbindlichkeit ist.

Besonders schmerzlich wurden Besitzern von speziellen Fonds die Wertschwankungen der Immobilien bewusst. Offene Immobilienfonds galten eigentlich als supersicher. Dann kam die Finanzkrise, und viele Fonds gerieten in Schieflage und mussten geschlossen werden oder wurden abgewickelt. Eine böse Überraschung für Investoren: Die erzielbaren Marktpreise lagen bis zu 40 Prozent unter den Immobilienwerten, die Fondssachverständige im letzten Bewertungsgutachten angesetzt hatten. Und diese Gutachten waren oft nicht älter als ein Jahr. Dieses Investment lohnte sich oft nicht, obwohl es natürlich auch viele Beispiele für gute offene Immobilienfonds gibt.

Auch bei der direkten Investition – ob nun als selbstgenutzte oder vermietete Immobilien – sind die Risiken oft größer als gedacht, auch abgesehen vom schwankenden Wert. Gibt die alte Heizung den Geist auf oder ein übler Wasserschaden richtet einen hohen Schaden an, der nicht ausreichend versichert ist, dann ist der Ärger groß. Vor allem, wenn es für solche überraschenden Instandhaltungskosten keine ausreichenden Rücklagen gibt. Das kann Immobilienbesitzer schnell in finanzielle Bedrängnis bringen und belastet natürlich die Rendite. Bei vermieteten Immobilien kann es zudem zu Leerstand kommen oder Sie bekommen nicht mehr die gewünschte Miete – und schon ist die Anlage nur noch halb so renditestark. Ganz so sicher, wie viele denken, ist das beliebte Betongold eben doch nicht.

Glücklicher,
sorgloser,
entspannter.

Ausrede 14
Geld macht nicht glücklich

Glück definiert jeder etwas anders. Was den einen glücklich macht, bedeutet dem anderen wenig oder sogar gar nichts. Hoffentlich sind Sie glücklich und zufrieden! Es gibt bekanntlich viele Faktoren, die unseren Gemütszustand beeinflussen. Aber hat das auch etwas mit unserem Kontostand und unserem Vermögen zu tun? Macht Geld glücklich? Oder verdirbt es doch den Charakter, wie es oft heißt? Mitunter lässt es schließlich auch die eine oder andere schlechte Charaktereigenschaft hervortreten. Wie ist Ihre Einstellung zum Geld? Können Sie davon nicht genug bekommen oder brauchen Sie nur genug zum Leben?

Schwierige Fragen. Noch schwieriger sind die Antworten. Über Geld spricht man bekanntlich nicht, vor allem nicht in Deutschland. Die Annahme, dass Geld glücklich machen könnte, ist auch eher verpönt. Tut es aber, zumindest unter bestimmten Voraussetzungen und bis zu einem gewissen Maße. Die Frage, ob und wie viel Geld uns glücklich macht, untersuchen Forscher schon lange. Ihre Ergebnisse sind aber leider nicht eindeutig. Es gibt Studien, die sagen: Je mehr Wohlstand, desto mehr Zufriedenheit. Wieder andere sagen: Geld macht nicht glücklicher, aber weniger traurig.

Relativ unbestritten ist: Hunger, Krankheit, Kälte und Ungerechtigkeit machen unglücklich. Auch Armut, Arbeitslosigkeit oder finanzielle Sorgen tragen nicht zum Wohlbefinden bei. Liebe,

Erfüllung, Erfolg, Anerkennung, Dankbarkeit und empfundene Sicherheit hingegen machen glücklich. Solange Geld dazu nötig ist, die Unglücklichmacher abzubauen, steigert es das Glücksempfinden. Mehr Geld zu haben, erlaubt einen höheren Lebensstandard. Ein solches finanzielles Plus ist natürlich vor allem bei niedrigem Einkommen spürbar. Geld bedeutet aber auch Sicherheit und kann ungemein beruhigen. Auch deshalb macht es glücklicher. Es geht also nicht nur darum, ob wir uns Restaurantbesuche oder Urlaube leisten können. Wer sich keine finanziellen Sorgen machen muss, lebt gleich entspannter. Auch wenn uns das oft gar nicht bewusst ist. Wer aber immer knietief im Dispo steckt, mit Mühe und Not über die Runden kommt und sich den nächsten Urlaub vom Mund absparen muss, ist aber definitiv unentspannter. Auch wenn es natürlich Menschen gibt, denen alles total egal ist. Aber ob die dieses Buch lesen?

Die Forschung liefert verwirrende Ergebnisse

Wirklich zu messen, wie glücklich Geld macht, ob es Grenzen gibt und ob Geld irgendwann vielleicht auch zur Belastung werden kann, das beschäftigt die Wissenschaft natürlich auch. Es gibt sogar eine spezielle Reichenforschung. Die liefert allerdings mitunter verwirrende Ergebnisse. Je nach Studie liegt der Punkt, ab dem mehr Geld das Glücksgefühl nicht mehr erhöht, zwischen 35.000 Euro und 60.000 Euro Jahreseinkommen. Zugegeben, das sind keine besonders hohen Summen. Diese Summen lassen doch zumindest daran zweifeln, dass Reichtum glücklich macht. Der Ökonom und Chef des Deutschen Instituts für Wirtschaftsforschung (DIW), Marcel Fratzscher, hat sich des Themas für *Die Zeit* angekommen. Die Überschrift seines Beitrags: »(Sehr viel) Geld macht doch glücklich«. Auch wenn nur schwer eine Kausalität zwischen Geld und Glück nachgewiesen werden könne, gebe es doch Belege dafür, »dass glücklichere Menschen auch beruflich erfolgreicher und somit vermögender sind«, schreibt der Ökonom.

Er verweist auf eine Studie aus seinem Haus, die sich die Lebenszufriedenheit verschieden vermögender Gruppen angeschaut hat. Das Ergebnis sei ein erstaunlich starker Unterschied in der allgemeinen Lebenszufriedenheit zwischen Millionären und anderen Gruppen. »Menschen in der unteren Hälfte der Vermögensverteilung sind etwas weniger zufrieden als Menschen in der oberen Mittelschicht, die wiederum etwas weniger zufrieden sind als Wohlhabende«, schreibt Fratzscher. »Der allergrößte Anstieg der Lebenszufriedenheit trifft jedoch auf Millionärinnen und Millionäre zu.« Die Studie beleuchtete spezifische Bereiche der Zufriedenheit. »Sie kommt zu dem Ergebnis, dass Millionärinnen und Millionäre nicht nur mit ihrem Einkommen sehr viel zufriedener sind als andere Gruppen, sondern auch mit ihrer Arbeit, ihrer Familie und ihrer Gesundheit.« Weil sie sich weniger Sorgen um den schnöden Mammon machen müssen? Weil sie finanzielle Freiheit erreicht haben, mehr als das sogar? Oder liegt es gar nicht wirklich am Geld, sondern eben am beruflichen Erfolg, der wiederum mit einem Mehr an Geld einhergeht? Einen Trost hat der DIW-Ökonom für alle, die keine großen Vermögen besitzen: »Millionärinnen und Millionäre haben weniger Spaß in ihrem Leben, so scheint es: Sie sind nicht zufriedener mit ihrer Freizeit als die meisten und sogar weniger zufrieden als Menschen, die wohlhabend sind.«

Das Erbe verpflichtet, und manchmal belastet es auch

Sehr großer Reichtum macht aber nicht zwangsläufig glücklicher. Mitunter kann sogar das Gegenteil der Fall sein. Sehr reiche Menschen haben ihr Geld häufig geerbt. Das Familienunternehmen wird von Generation zu Generation weitergegeben. Das kann durchaus belasten, denn die Erben fühlen sich dann der Familientradition und der Firma verpflichtet. Nicht jeder kann damit umgehen. Wir lesen immer wieder von reichen Erben, die aus der Spur springen, von der dritten oder vierten Generation, die das Familienunternehmen vor die Wand fährt. Von Erben, die eigentlich anders leben wollten, andere Ziele hatten, sich aber der Tradition gebeugt haben und scheitern. Dann führt mehr Geld oft zu weniger Freiheit und macht damit weniger glücklich. Das klingt natürlich nach einem ziemlichen Luxusproblem im wahrsten Sinne des Wortes. Aber großer Reichtum kann eben auch zur Belastung werden. Zumal wer mehr hat, auch mehr verlieren kann. Das kann bei vielen Menschen Ängste auslösen und unglücklicher machen.

Geld kann also sehr wohl glücklich machen, muss es aber nicht. Es gilt allerdings auch, mit einigen Vorurteilen aufzuräumen. Es gibt viele – mehr oder wenige dumme – Stammtisch-Parolen zum Thema, keine Frage. Wir sollten das Thema pragmatischer sehen, vor allem mit Blick auf unseren langfristigen Vermögensaufbau und damit auch auf unsere Altersvorsorge. Die gesetzliche Rente und bloßes Sparen werden uns ganz sicher nicht »glücklich« machen. Wenn wir auch später das Leben genießen möchten – und das ohne finanzielle Sorgen –, dann müssen wir aktiv werden. Wir müssen uns quasi selbst glücklich machen, damit wir später gut über die Runden kommen. Es geht gar nicht darum, steinreich zu werden. Es geht um finanzielle Sorglosigkeit und hoffentlich sogar finanzielle Freiheit. Wenn man sich auch im Alter noch etwas leisten kann und nicht auf andere angewiesen ist, macht das sicherlich glücklich.

Wir müssen unsere Einstellung zu Geld überdenken, unser »Money Mindset« neu ausrichten. Den Begriff Mindset könnte man mit Einstellung, Denkweise, Gesinnung, Mentalität, Lebensphilosophie, Haltung oder Weltanschauung übersetzen. Es geht somit um unsere Einstellung, unsere Haltung zum Geld. Es geht um unsere aktuelle und zukünftige finanzielle Situation und darum, wie wir diese bewerten. Das beinhaltet Blockaden, Glaubenssätze und Verhaltensmuster, die wir uns im Laufe unseres Lebens – auch durch familiäre Prägung – angeeignet haben. Negative Glaubenssätze wie »Geld macht nicht glücklich« gehören ebenso der Vergangenheit an wie all die Ausreden, warum wir uns nicht um unsere Finanzen kümmern, warum wir kein Vermögen aufbauen können.

Holen wir Geld aus der »Schmuddelecke«. Es geht nicht um Millionäre mit Golduhr und superteurem Auto oder um sonstwie unangenehm zur Schau gestellten Reichtum. Es geht um finanzielle Freiheit, wie immer jeder die persönlich für sich definiert. Es geht aber zumindest um etwas mehr finanziellen Spielraum. Es geht vor allem um unsere Zukunft. In den Ländern übrigens, in denen die Bevölkerung unverkrampft über Geld und seine Anlageformen diskutiert, sieht die Altersvorsorge besser aus als in Deutschland. Ein Beispiel ist die Schweiz. Reden wir also über Geld, überdenken wir unser Money Mindset.

Unsere Beziehung zum Geld ist mitunter verhängnisvoll. Umfragen zufolge würde jeder fünfte Deutsche auf ein Jahr seines Lebens verzichten, wenn er dafür eine Million bekommen würde. Verrückt, oder? Würden Sie lieber den Millionen-Jackpot im Lotto knacken oder eine üppige Sofortrente bis ans Lebensende gewinnen? Spontan locken uns die Millionen, bei genauerem Nachdenken aber dann vielleicht doch die monatliche Überweisung. Auch das ist Money Mindset. Der vor einigen Jahren verstorbene Literatur-Papst Marcel Reich-Ranicki sagte übrigens einst: »Geld allein macht nicht glücklich, aber es ist besser, in einem Taxi zu weinen als in einer Straßenbahn.«

Und die Börse? Macht sie glücklich? Mich auf jeden Fall! Ich liebe das tägliche Auf und Ab der Kurse. Die Börse ist meine große Leidenschaft. Bei meinem persönlichen Vermögensaufbau kann ich auf allzu viel Nervenkitzel aber ziemlich gut verzichten, da mag ich es entspannter. Aber ich weiß eben auch: Keine Chance ohne Risiko. Kursschwankungen gehören an der Börse nun mal dazu. Langfristig stimmt die Rendite. Allerdings muss ich auch zugeben: So viel Geld, dass es mich komplett unabhängig macht, habe ich an der Börse noch nicht verdient. Finanziell unabhängig hat sie mich noch nicht gemacht. Aber der finanzielle Spielraum wächst von Jahr zu Jahr. Und die Börse liefert mir jede Menge Geschichten, über die ich als Journalistin und Buchautorin schreiben kann. Das macht mich glücklich und zufrieden.

Ausrede 15
Aller Anfang ist schwer

Aller Anfang ist schwer, heißt es. Aber das stimmt gar nicht. Aller Anfang ist höchstens aufregend, eine Herausforderung, aber nicht zwangsläufig schwer. Wenn wir neu anfangen, im Beruf, in der Liebe oder mit einer Sportart, dann mögen wir ein wenig unbeholfen und unsicher sein. Es ist eben alles ganz neu. Aber es muss nun wirklich nicht schwer sein. Im Gegenteil. Manchmal ist alles viel einfacher, läuft viel entspannter als erwartet. Mitunter läuft es sogar richtig gut mit unserem Neuanfang. Mit Ihrer Geldanlage geht es Ihnen hoffentlich genauso oder zumindest ähnlich. Selbst wenn Sie anfangs sehr unsicher sind, ob Sie das Richtige tun, es lohnt sich auf jeden Fall anzufangen, sich um die eigenen Finanzen sehr viel intensiver zu kümmern. Und was Ihre mögliche Unsicherheit angeht: Es wird besser, ganz sicher.

Natürlich tun wir uns oft schwer mit Veränderungen. Von der Sparerin zur Anlegerin, vom Sparbuch zum Aktiendepot – das ist eine ziemliche Veränderung, ein ziemlich großer Schritt. Aber es geht ja auch gar nicht darum, die Aktienquote von null auf 100 hochzufahren. Das wäre sowieso völlig übertrieben. Tasten Sie sich heran an das Neue. Machen Sie erste Erfahrungen. Schauen Sie, wie sich das anfühlt. Aber auf Ihrem Weg zu mehr finanzieller Freiheit, zu mehr Altersvorfreude brauchen Sie den Renditebringer Aktie auf jeden Fall. Fangen Sie einfach an, je früher, desto besser. Gehen Sie das Ganze entspannt an, Schritt für Schritt.

Die renditestarke Anlageklasse Aktie ist Ihnen aber eigentlich immer zu riskant gewesen? Dann starten Sie doch mit einem Fonds- oder ETF-Sparplan. Trauen Sie sich an die Börse. Sie kennen doch jetzt die Grundregeln der erfolgreichen Geldanlage. Fangen Sie mit kleinen Summen an, wenn Sie noch unsicher sind. Denken Sie langfristig, dann können Sie das ganze Auf und Ab an der Börse relativ entspannt betrachten und größere Kurskapriolen aussitzen, ohne die Ruhe zu verlieren.

Keine Ausreden mehr, keine Vorurteile mehr

Keine Zeit, kein Geld, keine Motivation – diese Ausreden zählen jetzt hoffentlich nicht mehr. Die Notwendigkeit, etwas zu tun, ist offensichtlich. Es gibt einfach keine Zinsen mehr, die Altersvorsorge ist unsicherer denn je. Schwieriger wird es sicher, wenn wir mit unseren Vorurteilen aufräumen wollen. Die Börse ein Casino? Der böse Kapitalismus? Die extrem komplizierte Geldanlage? Da geht es dann auch ziemlich bald um unsere Einstellung zum Geld, um unser »Money Mindset«. Das gilt es zu überdenken.

Unser Verhältnis zu Geld ist ausgesprochen ambivalent. Einerseits wollen wir es haben, der eine mehr, der andere weniger. Andererseits ist es aber auch ein verbotenes Thema. Wir sprechen nicht offen über Geld. Ändern Sie das! Sprechen Sie über Geld, mit Ihrem Partner, Ihrer Familie, mit Freunden oder Beratern. Tauschen Sie sich aus. Die Bedeutung von Geld ist vielschichtig und auch sehr individuell. Für jeden Menschen bedeutet es etwas anderes, abhängig von seinen sozialen Prägungen, seinen verinnerlichten Glaubenssätzen und seiner Lebenssituation. Und wir können sicher viel von anderen lernen.

Nehmen Sie sich Zeit. Bringen Sie Ordnung in Ihre Finanzen, machen Sie einen Kassensturz. Es gibt immer Sparpotenzial, es gibt immer Optimierungsmöglichkeiten. Das ist mühsam. Aber es geht schließlich um unsere Zukunft. Das verdrängen wir aber leider regelmäßig. Schon verrückt, eigentlich wollen wir alle alt werden, aber wir wollen nicht ans Alter denken. Vor allem nicht an unsere Rente, die wohl nicht reichen wird, um unseren Lebensstandard auch nur annähernd zu sichern. Es muss also etwas passieren. Das Thema Altersvorsorge ist aber leider so furchtbar unsexy. Viele Verträge sind kompliziert, die Rendite der klassischen Vorsorgeprodukte ist mau. Es hilft aber nichts, wir müssen uns des Themas annehmen. Unser Ziel: Altersvorfreude statt Altersarmut.

Aller Anfang erscheint schwer, glauben wir oft. Und so mag es auch bei unseren Finanzen und vor allem beim Einstieg an der Börse sein. Es bedarf natürlich eines gewissen Maßes an Eigeninitiative, das Thema endlich in Angriff zu nehmen. Auch mag es konservativen Sparern gewagt erscheinen, plötzlich dem Auf und Ab der Finanzmärkte ausgesetzt zu sein. Wie schmerzhaft das sein kann, hat sich infolge der Coronakrise einmal mehr gezeigt. Doch den Risiken stehen enorme Chancen gegenüber. Wer effektiven Vermögensaufbau betreiben will, sollte auf jeden Fall über Aktien nachdenken.

Mit Blick auf unsere Finanzen bin ich überzeugt: Aller Anfang ist nicht schwer. Auch kleine Schritte zählen auf Ihrem Weg zu mehr finanzieller Freiheit. Viele haben Angst, etwas falsch zu machen. Und deshalb machen sie einfach gar nichts. Das ist aber der größte Fehler! Machen Sie lieber nur 80 Prozent richtig, als 100 Prozent gar nichts.

Ausgewählte Literatur

Bücher

Geldanlage allgemein

Hagstrom, Robert G.: Warren Buffett – Sein Weg. Seine Methode. Seine Strategie. 3., komplett überarbeitete Auflage. Kulmbach: Börsenbuchverlag, 2016.

Heller, Gottfried: Die Revolution der Geldanlage. Wie Sie mit ETFs einfach Vermögen schaffen und fürs Alter vorsorgen. München: FinanzBuch Verlag, 2020.

Heller, Gottfried: Der einfache Weg zum Wohlstand. Mehr verdienen, weniger riskieren und besser schlafen. München: FinanzBuch Verlag, 2012.

Heussinger, Werner H.; Röhl, Christian W.: Cool bleiben und Dividenden kassieren. Mit Aktien raus aus der Nullzins-Falle. München: FinanzBuch Verlag, 2017.

Kommer, Gerd: Souverän investieren mit Indexfonds und ETFs. Wie Privatanleger das Spiel gegen die Finanzbranche gewinnen. Deutsche Nationalbibliothek, 2019.

Kommer, Gerd; Gierhake, Olaf: Souverän Vermögen schützen. Wie sich Vermögende gegen Risiken absichern – ein praktischer Asset-Protection-Ratgeber. Frankfurt am Main: Campus Verlag, 2021.

Kostolany, André: Die Kunst, über Geld nachzudenken. Berlin: Ullstein, 2015.

Sander, Beate: Der Aktien- und Börsenführerschein – Jubiläums-
ausgabe. Aktien statt Sparbuch – die Lizenz zum Geldanlegen.
München: FinanzBuch Verlag, 2020.

Schwarzer, Jessica: Einfach erfolgreich anlegen. Entspannter Vermögensaufbau mit cleveren Strategien. Kulmbach: Börsenbuchverlag, 2015.

Bücher (nicht nur) für Frauen

Bremer, Katharina; Schwarzer Jessica (Hrsg.): Finanzheldinnen –
Der Finanzplaner für Frauen. Komplett-Media GmbH, 2020.

Honisch, Margarethe: Easy Money. Wie du deine Finanzen regelst,
endlich vorsorgst und trotzdem gut lebst. München: Piper,
2019.

Müller, Claudia: Finanzen – Freiheit – Vorsorge. Der Weg zur finanziellen Unabhängigkeit – nicht nur für Frauen. Wiesbaden:
Springer Fachmedien, 2020.

Schwarzer, Jessica: Damit sie sich keinen Millionär angeln muss
… Erfolgreiche Finanzplanung für Frauen, die unabhängig sein
und bleiben wollen. Kulmbach: Börsenbuchverlag, 2019.

Webseiten

Deutscher Fondsverband BVI

Jede Menge Wissenswertes zum Thema Kapitalanlage und Al-
tersvorsorge finden Privatanleger auf der Seite des deutschen
Fondsverbands BVI. Spannend sind vor allem die Statistiken zur
Fondsentwicklung. Es geht aber auch um Riester- und Rürup-
Rente, um Fondsspar- und Entnahmepläne, um Rentenirrtümer
und um die betriebliche Altersvorsorge – natürlich immer mit
Fondslösungen. Informationen zu Versicherungen gibt es hier

nicht. Absolut lesenswert ist die Serie »Finanzwissen für alle «, die wertvolle Tipps zum Vermögensaufbau allgemein, aber eben auch zum Sparen mit Investmentfonds gibt.

www.bvi.de

Deutsches Aktieninstitut

Das Deutsche Aktieninstitut (DAI) macht sich für die Aktienkultur stark. Es vertritt die Interessen der kapitalmarktorientierten Unternehmen, Banken, Börsen und Investoren. Zu den Letzteren zählen auch Privatanleger, die auf der Internetseite des DAI viel Wissenswertes rund um die Aktie finden. Meine absolute Lieblingsgrafik zum Thema ist das Renditedreieck für den Dax. Es zeigt eindrucksvoll, dass sich mit einer breit gestreuten Aktienanlage langfristig attraktive Renditen erwirtschaften lassen und die Risiken dabei durchaus beherrschbar sind. Außerdem gibt es auf der Seite des Aktieninstituts viele interessante Studien und Statistiken sowie Informationen zu aktuellen Themen. Auch für eine bessere Finanzbildung machen das DAI und seine Mitglieder sich stark. Eine Link-Liste führt Sie zu den Angeboten.

www.dai.de

Finanz-Heldinnen

Hier bin ich etwas voreingenommen, denn auch ich bin eine Finanz-Heldin und unterstütze die Initiative der Mitarbeiterinnen der Comdirect. Diese wollen Frauen dazu ermuntern, sich mit dem Thema Finanzen besser vertraut zu machen und sie auf ihrem Weg zur finanziellen Unabhängigkeit unterstützen. Das ist auch mein Ziel. Das Onlinemagazin der Initiative bietet jede Menge Informationen – leicht verständlich und sehr unterhaltsam aufbereitet. Ob Partnerschaft, Familie, Leben, Wohnen oder Karriere: Finanzen begegnen uns in jedem Bereich unseres Lebens. Und die Finanz-Heldinnen decken all diese Bereiche ab.

www.finanz-heldinnen.de

FMH-Finanzberatung

Die Website der FMH-Finanzberatung bietet aktuelle Informationen rund um Zinsen und Gebühren. Mithilfe vieler interaktiver Rechner finden Sie unter anderem die besten Konditionen für Tages- oder Festgeld, das passende Girokonto oder Depot sowie den besten Ratenkredit. Hinzu kommen einfachere Spar- und Renditerechner, Tools, die bei der Budgetplanung helfen und jede Menge Hintergrundinformationen. Die Tools von FMH finden Sie auf vielen Seiten im Netz, so zum Beispiel bei *Handelsblatt* und *WirtschaftsWoche*. Und auch in Tageszeitungen und Magazinen begegnen Ihnen die Zinsvergleiche der FMH-Finanzberatung.

www.fmh.de

Glossar

Aktie

Eine Aktie ist ein Wertpapier, mit dem Sie einen Anteil an einem Unternehmen erwerben. Sie ist damit eine Unternehmensbeteiligung. Gehandelt werden Aktien an der Börse. Angebot und Nachfrage bestimmen den Preis.

Aktienindex

Ein Aktienindex bildet die Bewertung eines definierten Aktienportfolios ab. Aktienindizes werden börsentäglich von Börsen, Banken, Beratungsfirmen, von der Wirtschaftspresse oder anderen Finanzexperten berechnet, aktualisiert und publiziert. Sie bilden einzelne Marktsegmente, Branchen, Aktiengruppen oder bestimmte Themen und Trends ab. Die meisten Indizes sind kapitalgewichtet, die nach Börsenwert größten Werte haben den größten Anteil im Index. Für Finanzinstrumente wie börsengehandelte Indexfonds, Zertifikate oder Optionen dienen Indizes als Basiswert und Bezugsgröße. Neben Aktienindizes gibt es unter anderem auch Renten-, Rohstoff- und Immobilienindizes.

Anleihe

Eine Anleihe ist eine Schuldverschreibung, die das Recht auf Rückzahlung des Nennwertes zuzüglich einer Verzinsung verbrieft. Anleihen werden von der »öffentlichen Hand«, von Kreditinstituten oder von Unternehmen begeben und über Banken verkauft. Sie dienen dem Emittenten zur langfristigen Finanzierung durch Fremdkapital. Die wichtigsten Ausstattungsmerkmale einer Anleihe sind: Laufzeit, Zinszahlung und Art der Verzinsung.

Asset Allocation

Die Aufteilung (Allocation) des Vermögens auf verschiedene Anlageklassen (Assets) wie Aktien, Anleihen, Rohstoffe oder Immobilien nennen Experten »Asset Allocation«.

Ausgabeaufschlag

Der Ausgabeaufschlag ist eine einmalige Gebühr, die beim Erwerb von aktiv gemanagten Investmentfonds anfällt. Sie wird üblicherweise als Prozentsatz angegeben. Die Höhe des Ausgabeaufschlags ist unterschiedlich und wird von der Fondsgesellschaft festgesetzt. Er variiert in der Regel zwischen null und 6 Prozent. Onlinebanken und Broker bieten oft Rabatte an. Anleger, die Fondsanteile über die Börse ordern, müssen den Aufschlag nicht zahlen.

Baisse

Eine Baisse ist eine Phase anhaltend starker Kursrückgänge an der Börse. Sie wird auch Bärenmarkt genannt.

Blue Chips

In Deutschland spricht man von Standardwerten, im Englischen von »Blue Chips«. Diese Papiere sind sehr marktbreite Aktien von großen und ertragsstarken Unternehmen mit hoher Solidität. »Blue Chips« sind in den großen Leitindizes notiert, also dem Dax in Deutschland, dem europäischen Euro Stoxx 50 oder dem amerikanischen Dow Jones. Ursprünglich bezeichnet der Begriff die blauen Jetons, die im Spielcasino den höchsten Wert haben.

Börsengehandelter Indexfonds

Börsengehandelte Indexfonds bilden die Entwicklung eines Index wie beispielsweise des deutschen Aktienindex Dax eins zu eins ab. Sie heißen auch ETFs, die Abkürzung für Exchange Traded Funds.

Börsengehandelte Indexfonds sind besonders günstig, da auf ein aktives Fondsmanagement verzichtet wird. Zudem sind sie sehr transparent. Sie bringen aber nicht mehr und nicht weniger (abzüglich der Kosten) Rendite als der zugrunde liegende Index. Wir sprechen auch von passiven Fonds.

Bonität

Die Bonität beschreibt die Kreditwürdigkeit, also Zahlungsfähigkeit eines Schuldners, auch Emittent genannt. Sie ist ein Maßstab für die Sicherheit einer Anleihe. Internationale Ratingagenturen wie Standard & Poor's (S&P), Moody's oder Fitch überprüfen regelmäßig die Bonität zahlreicher Schuldner, die sich aufgrund von Entwicklungen im gesamtwirtschaftlichen und unternehmensspezifischen Umfeld verändern kann. Kategorisiert werden Anleihen nach ihrer Bonität in investmentwürdige Anleihen (Investment Grade), Hochzinsanleihen beziehungsweise Ramschanleihen (Junkbonds) und Anleihen, bei denen Zahlungsausfälle unmittelbar bevorstehen.

Cashflow

Der Cashflow ist ein wichtiger Indikator, der bei der fundamentalen Analyse von Unternehmen und Aktien verwendet wird. Beim Cashflow wird der Nettozufluss liquider Mittel innerhalb einer bestimmten Zeit errechnet. Die Berechnung berücksichtigt die Beträge der Jahresüberschüsse, Abschreibungen, die langfristigen Rückstellungen und Steuern auf Gewinne. Je höher der Cashflow, desto besser.

Diversifizierung

Der Fachbegriff für Risikostreuung. Diese ist bei der Geldanlage oberste Pflicht. Anleger sollten ihre Anlage über verschiedene Anlageklassen wie Aktien, Anleihen, Rohstoffe und Immobilien, aber auch über verschiedene Branchen, Länder und Regionen sowie über verschiedene Risikoklassen wie etwa Wachstumsaktien und Dividendentitel streuen. Breit diversifizierte Depots schützen vor extremen Kursverlusten.

Dividende

Die Dividende ist die regelmäßige Ausschüttung der Gewinne an die Aktionäre. Viele Investoren legen sehr viel Wert auf diese jährliche, manchmal auch halbjährliche oder quartalsweise Zahlung. Die Zahlung einer Dividende wird von der Hauptversammlung einer Aktiengesellschaft beschlossen. Ihre Höhe richtet sich in erster Linie nach dem Bilanzgewinn und der wirtschaftlichen Perspektive des Unternehmens. Viele Unternehmen versuchen, ihren Aktionären eine gleichbleibende Dividende zu zahlen (Dividendenkontinuität). Dies soll in ertragsschwachen Phasen beruhigend auf die Investoren wirken und eine positive Ertragserwartung vermitteln.

Dividendenrendite

Die Dividendenrendite ist ein wichtiger Faktor für Investoren, die Wert auf regelmäßige Ausschüttungen legen. Teilt man die Dividende durch den aktuellen Aktienkurs multipliziert mit 100 Prozent, erhält man die Dividendenrendite. Sie gibt damit die Verzinsung des investierten Kapitals in Prozent an.

Exchange Traded Fund (ETF)

Siehe »Börsengehandelter Indexfonds«

Fonds

Investmentfonds – oder kurz: Fonds – sammeln das Geld vieler Anleger ein und investieren es in Aktien, Anleihen und andere Anlageformen. Durch den Kauf von Fondsanteilen werden Anleger

Miteigentümer an einem Fonds. Mit einem relativ geringen Betrag investieren sie damit gleichzeitig in verschiedene Anlagen und verteilen so ihr Risiko. Anlegern steht eine breite Auswahl an unterschiedlichen Anlageregionen, Branchen oder auch Strategien zur Auswahl. Das Vermögen eines Fonds wird bei einer Depotbank verwahrt und bildet Sondervermögen, das vom eigenen Vermögen der Fondsgesellschaft getrennt gehalten und im Falle einer Insolvenz der Investmentgesellschaft nicht angetastet wird, sondern den Anteilseignern vorbehalten bleibt.

Hausse

Die Hausse bezeichnet einen nachhaltigen Anstieg der Wertpapierkurse einzelner Marktbereiche oder des Gesamtmarktes über einen mittleren bis längeren Zeitraum. Die Hausse ist von einer positiven Kursentwicklung, die nur von kurzer Dauer ist, nicht exakt abzugrenzen. Gleichbedeutend mit Hausse ist das Wort Bullenmarkt. Das Gegenteil ist die Baisse oder der Bärenmarkt.

Index

Ein Index bildet die laufende Bewertung eines definierten Portfolios aus Aktien, Anleihen oder anderen Anlageformen ab. Siehe auch »Aktienindex«.

Investmentfonds

Siehe »Fonds«

Gewinn je Aktie

Der Gewinn je Aktie gibt den rechnerischen Anteil des erwirtschafteten Jahresüberschusses an, der auf eine einzelne Aktie entfällt. Sie misst damit die Ertragskraft unter Berücksichtigung der Aktienanzahl.

Kupon

Der Kupon (auch Coupon) ist der Zinsschein festverzinslicher Wertpapiere, der die vereinbarte Verzinsung pro Jahr angibt und zum Erhalt der Zinsen berechtigt.

Kurs-Gewinn-Verhältnis

Das Kurs-Gewinn-Verhältnis (KGV) ist eine Kennzahl, die zeigt, wie viel eine Aktie im Verhältnis zum Gewinn kostet. Das KGV lässt sich ganz einfach bestimmen, indem Sie den Aktienkurs durch den Gewinn pro Aktie teilen. Auf das gleiche Ergebnis kommen Sie, wenn Sie die Marktkapitalisierung des Unternehmens durch den Unternehmensgewinn dividieren.

Leitzins

Der Leitzins wird von den Zentralbanken festgesetzt. Es handelt sich dabei um den Zinssatz, zu dem die Geschäftsbanken sich Zentralbankgeld leihen können. Über die Veränderung der Leitzinsen versuchen die Zentralbanken das Zinsniveau, die Kreditvergabe und letztlich die Preisentwicklung oder die gesamtwirtschaftliche Entwicklung zu steuern.

Realzins

Der Realzins bezeichnet den Ertrag, der sich unter Berücksichtigung der eingetretenen Inflations- oder Deflationsrate ergibt. Zu seiner Ermittlung müssen Anleger einerseits das investierte Kapital mit dem Nominalzins auf- und andererseits mit der Inflationsrate abzinsen.

Rendite

Die Rendite bezeichnet den Gesamterfolg einer Kapitalanlage. Sie beruht auf den Ertragseinnahmen, also auf Zinsen und Dividenden, sowie (realisierten) Kursgewinnen.

Total Expense Ratio

Die Total Expense Ratio, kurz TER, wird auch Gesamtkostenquote genannt. Sie beinhaltet alle Aufwendungen und Gebühren, die vom Emittenten oder der Fondsgesellschaft für die Verwaltung eines Fonds erhoben werden, wie produktinterne Depotbankgebühren, Betriebskosten oder die Vergütung des Produktmanagers.

Transaktionskosten

Als Transaktionskosten bezeichnet man alle beim An- und Verkauf von Wertpapieren anfallenden Kosten.

Volatilität

Wertpapierkurse schwanken. Dieses Auf und Ab nennen Experten Volatilität. Es handelt sich dabei um eine mathematische Größe für das Maß des Risikos einer Kapitalanlage.

Über die Autorin

Jessica Schwarzer ist eine der renommiertesten Finanzjournalistinnen Deutschlands. Die langjährige Chefkorrespondentin und Börsenexpertin des Handelsblatts (2008 bis 2018) arbeitet heute selbstständig als Journalistin und Moderatorin. Die gebürtige Düsseldorferin ist Autorin mehrerer Bücher über Geldanlage und Finanzen.

Die deutsche Aktienkultur ist der leidenschaftlichen Börsianerin eine Herzensangelegenheit, für die sie sich auch mit Vorträgen und Seminaren bei der Initiative Finanz-Heldinnen starkmacht.

MONEY MAKERS

Aya Jaff

MONEY MAKERS zeigt dir, wie du den Schritt an die Börse schaffst und welche Anlagestrategien dir am besten zum Erfolg verhelfen. Du erfährst, wie man im Internet nach den richtigen Informationen sucht, wie man online investiert und welche Apps sinnvolle Begleiter sind.

MONEY MAKERS zeigt aber nicht nur, wie du die Börsen für dich entdecken kannst, sondern erläutert auch anhand von Alltagsbeispielen, warum du dich mit den Themen Wirtschaft und Börse beschäftigen solltest. Interviews mit erfolgreichen VIPs und Unternehmern wie Tim Draper, einem der angesehensten Investoren im Silicon Valley, bieten dir zudem einen interessanten Einblick in deren Alltag – mit handfesten Tipps der Profis.

240 Seiten | Softcover | 16,99 € (D) | 17,50 € (A) | ISBN 978-3-95972-022-9

Des klugen Investors Handbuch

Markus Elsässer

Die meisten Geldanleger und Sparer stehen im Regen. Aus dem Bankensystem heißt es »Nein, das kannst du nicht, dazu brauchst du uns!«. Eine Lüge, weiß Dr. Markus Elsässer. Er ist seit über 40 Jahren erfolgreich an der Börse unterwegs. Er kennt die Welt der Börse wie kaum ein anderer. Dieses Buch ist die Essenz einer Karriere, die schon in jungen Jahren mit dem Titel »Deutschlands Jungmanager des Jahres« begann.

Auf amüsante Weise lernt der Leser, mit welchen Familien-Großaktionären man sich ins Bett legen darf, was nicht in der Bilanz steht (aber dafür umso wichtiger ist) und warum man sich vor Gorillas auf dem Börsenparkett in Acht nehmen sollte. Dieses Buch unterstützt dabei, ein erfolgreicher Investor zu werden — unabhängig von Alter, Ausbildung und Beruf.

176 Seiten | Hardcover | 14,99 € (D) | 15,50 € (A) | ISBN 978-3-89879-996-6

Dieses Buch ist bares Geld wert

Markus Elsässer

Mit »Des klugen Investors Handbuch« ist Dr. Markus Elsässer ein Bestseller gelungen, mit »Dieses Buch ist bares Geld wert« zeigt er, dass es die vielen kleinen Tricks und Kniffe sind, die er sich im Laufe seines Lebens erst selbst aneignen musste, die den Unterschied ausmachen.

Als Topmanager hat er lange Jahre in Asien und Australien gearbeitet, als eigenverantwortlicher Investor ist er seit mehr als 25 Jahren erfolgreich. Dass man das Thema Beruf dreimal im Leben auf die Tagesordnung setzen sollte, wie man am besten Nein sagt und warum man Humor besser mit einem kleinen »h« schreibt, verrät er amüsant und kurzweilig.

176 Seiten | Hardcover | 14,99 € (D) | 15,50 € (A) | ISBN 978-3-95972-325-1

Finanzielles Fasten

Judith Engst

Der Wunsch, das eigene Leben zu verbessern ist ein Dauerbrenner. Geldsorgen können dabei genauso belastend sein wie überschüssige Pfunde, die wir mit uns herumschleppen. Höchste Zeit also für ein paar Ideen, die ohne Mühe oder Verzicht helfen, dem eigenen Leben eine positive Wendung zu geben, mehr Zeit zu haben und auch noch zu sparen. Gemeint ist: finanzielles Fasten. Im Vordergrund stehen praktische und leicht umsetzbare Tipps, um unnötige Ausgaben zu vermeiden, Zeitfresser und Bürokratiemonster zu bändigen. Mit der gewonnenen Zeit und dem gesparten Geld lassen sich wiederum ganz entspannt die Themen Vermögensaufbau, Immobilien und Vorsorge angehen – mit minimalem Einsatz und maximalem Effekt. Und selbst wer nur einen Teil der über 100 Tipps und Tricks beherzigt – die positiven Folgen für Leben und Geldbeutel werden dennoch spürbar sein.

208 Seiten | Softcover | 14,99 € (D) | 15,50 € (A) | ISBN 978-3-95972-274-2

Über die Psychologie des Geldes

Morgan Housel

Wir gehen davon aus, die Welt der Finanzen sei die Welt der Mathematik, in der Daten und Formeln einem exakt sagen, wie man sich verhalten soll – und die Menschen würden sich dann danach richten. Dabei ist das Gegenteil der Fall: In der realen Welt treffen Menschen ihre finanziellen Entscheidungen nicht aufgrund einer Tabellenkalkulation. Sie treffen sie beim Abendessen oder während eines Meetings, wo die persönliche Geschichte, der individuelle Blick auf die Welt, das eigene Ego und weitere krude Einflüsse zusammentreffen. Es geht also in erster Linie um Psychologie, um Emotionen und Grauzonen.
Anhand von 20 Kurzgeschichten vermittelt der preisgekrönte Autor Morgan Housel anschaulich, dass bei Geldthemen nicht entscheidend ist, über wie viel theoretisches Wissen jemand verfügt, sondern wie er sich in einer Stresssituation verhält.

224 Seiten | Softcover | 18,00 € (D) | 18,50 € (A) | ISBN 978-3-95972-443-2

Die Revolution der Geldanlage

Gottfried Heller

Geld bringt keine Zinsen mehr – wie also können Sie als Privatanleger Ihre Ersparnisse besser anlegen? Gottfried Heller, langjähriger Partner der Börsenlegende André Kostolany, ist seit 50 Jahren in der Vermögensverwaltung erfolgreich tätig. Er deckt auf, wie Sie ohne viel Aufwand und kostengünstig Aktien in Ihre Anlagestrategie einbauen können.

Denn die „Revolution der Geldanlage" mit Indexfonds im Mittelpunkt bietet Ihnen ungeahnte Möglichkeiten, Ihr Geld risikoarm und gleichzeitig ertragsstark anzulegen. Gottfried Heller zeigt, mit welch einfachen Methoden jeder seine Vermögensbildung und Altersvorsorge ganz unkompliziert in die Tat umsetzen kann. Das gilt sowohl für großes als auch für kleines Geld.

224 Seiten | Hardcover | 19,99 € (D) | 20,60 € (A) | ISBN 978-3-95972-078-6

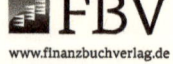